元華文創

荀子天人分合

之哲學思想

持「性惡論」為觀點，主張化性起偽、明分使羣、隆禮重法。

這是從「羣分」至「天人統合」的荀子哲學。

金春燕——著

Xun Zi's Philosophy on Distinction and Unity of Nature and Men

推薦序

　　孔子、孟子的儒家思想，是中國傳統學術文化的主流，稍晚於孔孟的荀子，則是儒學的旁支，在當時並未受到肯定和重視，他竟默默地老死於蘭陵。司馬遷《史記》對荀子生平事蹟的敘述，也只有約略百多言。但在先秦諸子百家之中，他的思想算是比較完整有體系，內容廣泛，組織嚴謹細密。他在齊國稷下曾三為祭酒，司馬遷稱「荀卿最為老師」。又說荀子「推儒、墨、道德之行事興壞，序列著數萬言」。這麼一位重要的思想家，在歷史上居然被冷落了二千多年，一直到清代才慢慢受到重視。其原因何在？又最近二、三十年來海峽兩岸學者，倡導「新荀學」，儼然成風，一些論斷有無過猶不及，都很值得學界作深入探討。

　　荀子、孟子同為儒家宗師，但二人思想有別，梁啟雄在《荀子柬釋》自序云：「孟子言性善，荀子言性惡；孟子重義輕利，荀子重義不輕利；孟子專法先王，荀子兼法後王；孟子專尚王道，荀子兼尚霸道。」透過孟、荀思想比較，很容易掌握二家思想的重點。其中有一點很重要的時空背景，會影響思想家觀點，應不容忽視。《史記・孟子荀卿列傳》說：「荀卿嫉濁世之政，亡國亂君相屬，不遂大道而營於巫祝，信機祥，鄙儒小拘，如莊周等又猾稽亂俗。」荀子雖然只略晚於孟子，但世亂每況愈下，國不國，君不君；百家爭鳴，各逞己說，道術為天下裂，可是一些邪說亦可以亂解天下。當時天意天命、明鬼的迷信思想歪風，已妨害社會進步和正常發展。「天人合一」本是人生崇高的理想境界，但在荀子時代，已走偏了方向。今天欲了解荀子思想的核心，如果能從天人關係的面向切入，則容易找到荀子思想的重點和特色。

　　學術界有關研究荀子的著作已相當豐富，為了避免重複或只是統整各

家說法的偏失，本書試從「天人分合」的觀點去探討《荀子》一書，將性惡論、隆禮樂、法後王、兼王霸、制天說、崇聖人……等主張，重新加以檢視，冀能得出與前人不同的結論。因此論述的系統架構，首先處理荀子當時和前代的尊天背景，以了解荀子思想產生的原委，和荀子所要處理的時代問題。為了扣緊「天人分合」的論文主軸，首論荀子的天道觀，以〈天論〉為主要基本素材。次論荀子對「人」的詮釋，以〈性惡〉、〈解蔽〉等為文本。三論「明天人之分」，除〈天論〉篇外，《荀子》其他各篇所提到明「天人之分」的文獻亦不少，一一加以歸納分析。四論荀子的「天人統合」。這一部分較被後人忽略，一般學者為了強調荀子外在的客觀思想，常以〈天論〉篇為依據，認為「天行有常」，天職、人職各自分立，能明天人之分，可謂至人。但〈天論〉篇也說：「天有其時，地有其財，人有其治，夫是之謂能參」，天、地、人配合而為參，參借為三。梁啟雄《柬釋》說：「所用參，謂人們用來三合『天時』、『地財』的『人治』。」今仔細研讀《荀子》三十二篇，「天人統合」仍是其潛隱不發的思想基調。五為論「天生人成」。以「化性起偽」歸結荀子的思想，重在鼓吹人要「有所做為」的重要。荀子論天、論人、論天人之分、論天人統合，都在說明「人成」的道理，「天生人成」可以說是儒家理想人生──「天人合一」的另一說法，但較具積極性。

金春燕博士大學讀商科，後來考進中文研究所，是跨領域的研習，這是她的興趣，所以特別專心用功，不但修完研究所應修的學分課程，更旁聽不少教授在研究所和大學部所開的課。因跨領域，有很多問題常可觸類旁通，而有新的見解，所以在碩士班以極優秀的成績畢業，並從事社會教育工作，旋考進中文博士班，仍一本初衷，積極努力向學，以「荀子分合思想」作為論文專題，除認真研讀《荀子》文本外，並博涉學術界有關荀子專著，深思析辨，完成本著作。因天人關係所涉及的內容極為廣泛，又先秦諸子也都談到天人關係，如老子說：「人法地，地法天……。」莊子說：「萬物皆一」、「道通為一」，孟子說：「盡心知性知天」，都談到天人合一，但內涵不完全相同，所以要把荀子的「天人分合」題目處理得

周延，並非容易，後續研究荀子的重要課題，只好留待春燕再繼續精進，
並將荀子學說發揚光大。也請讀者朋友、先進，多給予鼓勵指正。

逢甲大學榮譽教授兼特約講座

李威熊

2021 年 3 月 29 日

序　言

　　本書為了有別於一般學界對於荀子的研究，將荀子三十二篇文獻統整、分析、並融合前人學者的研究，將整個荀子思想以「分」與「和合」為核心價值，以「羣分」為主軸，去探討荀子的天論以及人能辨、能羣、能義、禮義之統類以至天生人成等有關荀子的思想，還要釐清荀子思想從分至合的新視角，爬梳荀子天人相合之政治哲學系統。最後研究與孔子、孟子人性論之不同，還要證實荀子「天人分合」思想對個人、社會、國家的價值，甚至於影響後代的傳承與發展，即使處於新世紀時代，荀子「天人分合」之哲學思想仍然有其時代意義。

　　儒家天人關係理論，分為兩種思想走向：一、是傳統孟子路線——天人合一，是繼承與轉化孔子天命論思想，以心釋天，天存在於人的心性之中，以四端向外擴充，通過盡心知性表現為道德義的天。二、是被儒家視為異端的荀學路線——天人相分。而荀子被當時視為歧出，就徐復觀所言：「他是把仁義當作客觀的知識，並沒有通過自己的精神去實踐體認，仁便在荀子思想中沒有生下根；於是荀子心目中的理想人生、宇宙，只是很合理地劃分明白，各盡其職的人生、宇宙。」荀子的主張只是用外王之學的「禮、法」等來建立合理的社會，缺乏精神上的融合，會讓儒家的至誠至信，盡心知性，存心養性的道德精神漸漸遠離，這是幾千年來儒家「性道合一」，以「天下為己任」的人文文化的終極目標。

　　儘管如此，荀子的天人相分，並未與天人合一對立，而是要認識人與自然是相分基礎上的合一，強調的天人之分，並不意味著天與人截然地斷分或對峙；這是以「天」為本源創生萬物和「人」，將人與自然分開，天與人各有不同職分，最後又通過「人」來達到統一的「合」，這是荀子為

了整個社會國家統一「和合」的目標。人既然是自然（天）的一部份，人與天便是合一的。因為一切萬物為其統攝，是人能參與其物化之中、有形可見的自然之天，荀子為破除迷信，強調這自然的天並無意志；既然自然現象會影響人類生活，所以我們應順應天，進而制天命而用之。

隨著人類的認識與實踐活動，為了合乎人的需要，達到物我合一，荀子以性偽之分為前提，主張「羣分」的觀念，強調人生不能無羣，人生不能沒有社會組織，「羣道當則萬物皆得其宜，六處皆得其長，羣生皆得其命。」荀子以「羣分」為思想基礎，也是先秦諸子中最早提出「羣學」的思想家。他指出：「義以分則和，和則一，一則多力，多力則強，強則勝物。」因為羣是力量、是智慧，只有羣才能勝物，羣還要善假於物，即外部的力量，這有穩定社會國家的功效，其社會學的思想對後代也有很深的影響。為了強調後天人為的重要，荀子提出人人皆可為聖的主張，由禮援法為社會立法，這是分中求合，天道與人道的統一，由天人之分以達到天人合一的境界。

然而為了救世之弊，力挽戰國時期天下紛亂的頹勢，首先荀子先打破了天命的觀念，提出不同於儒家人性論的學說──「性惡論」。「性惡論」為禮義、道德、君師等提出理論依據，也是探討社會國家由「亂」到「治」的過程。但是深入分析其中的意蘊，荀子的人性論仍是近於「性善論」。有別於孟子的「性善論」是荀子將孟子先驗的善，成為人為外在經驗的「禮義之善」，這替荀子的政治思想確立了理性基礎，更是落實「羣居和一」之道。

其次，人由惡向善需要聖人的教化，在強調後天人為的善外，還要強調本心固有向善的良心，荀子雖堅持性惡觀點，是因為不知節制，以致其性，離其樸，離其資，最終必失而喪之。此結果導向的性惡說是紛亂無序的社會狀態，所以荀子提出以「羣分」為基礎的「天人相合」之政治思想，這相合不只是以禮義成就君子，明理察勢，以誠化物，建立有序的社會，還要通過羣策羣力，以德治國，才能獲得更多的資源以滿足國家社會的基本需求。既然荀學與孔孟之學各有不同側重，可互為補充應用；內聖

可開啟外王之業,外王也可以啟發內聖,發揮道德力量。人類社會分中有合,合中有分,內聖的主觀精神與外王的客觀精神統一,才是人類安身立命與知識、政治、經濟發展最大的原動力。

金春燕 謹識

2021 年 4 月 6 日

目　次

推薦序／李威熊

序　言／金春燕

第一章　緒論

　　科技文明或人文社會科學的研究，不能只是流於學術研究，或書本的知識，最重要是用來解決社會問題的。由於現代社會重科技知識而「輕忽道德價值」，因重視經濟的發展而「迷失文化傳統」，這些隱藏的潛在危機，是現在社會應重視的問題。中國歷史文化的精神生命是儒家的「心性之學」，這「心性之學」主要建立在「自我覺知」與「實踐」的外在行為。這種道德文化意識，它代表著社會的良知，擔當著社會道義，是支持在位者義無反顧以「天下為己任」的動力，這動力不僅可充實內在的精神生活、解決社會問題意識，進而由家、國、天下而參贊天地之化育。

　　早在周初到戰國末期，由於社會禮樂崩壞，政治經濟結構驟變，周王朝在名義上無舉足輕重，統治權力嚴重被削弱，而各國諸侯王意圖在這裡建立一個強盛統一，經濟繁榮富庶的新社會，先秦儒學正是適應這種時代的要求而發展出來的。中國文化的精神主要是由儒家所奠定與陶冶的，這文化精神是一種人文的道德精神，而這一人文的道德精神是由周公、孔子、孟子培育的傳統學術思想傳承下來。

　　荀子正處於此時諸侯異政，百家爭鳴的戰國時代，各諸子百家著書以言治亂，面臨這種紛亂，荀子看到了人性欲望的「惡」，造成社會的紛爭，唯有透過政治的方法，才能解決社會問題。在荀子看來，善惡的分辨，應從社會組織來看待，是建立在「社會經驗主義的性惡論」。因此「援禮入法」，重視德治思想，以「天論」為出發點，結合人道思想，以「人」為本位，以人文為體，以化成天下為用，把孔子所開啟的儒學內聖外王的理想發展到一個新的階段，提高「人」的地位，強調人不是被動存在，並且能官天地役萬物，還要與天地鼎足而立。從荀子天人關係上可知，荀子主張「天人之分」，實質上，強調仍是「天人合一」，這是在「天人之分」基礎上所確立的天道和人道的統一。荀子並非背離儒家追求

的「天人合一」的宗旨，這種統一是開創原始儒家的人文道德精神，它不是直接的融合一體，也不是「反身而誠」、「由己外推」的合一，是以「分」為邏輯前提，認知天人之間有不同的區分，為了達到「天人合一」，「合」成為一種努力，來達到真正的統一。他強調天僅有「自然性」，人除了具有「自然性」之外，更具有「社會性」，在〈富國〉裡更提出了「兼足天下之道在明分」[1]，在〈君道〉也提出「明分達治以保萬世」[2]觀點，這是強化「明分」之重要性。

荀子「天人之分」理論以「性惡論」為出發點，以外在禮義法度為規範，不同於孟子以不忍人之心以發端，而行王道，施以仁政。荀子以「禮」作為人禽分別的標準，孔孟以「仁」為人禽之大不同，孟子以心言性，將禮歸於心，屬於自覺的功夫，荀子較重客觀精神，側重禮為社會政治效用，屬外在經驗的累積。兩相比較之下，荀子思想比孟子更多具備經驗法則，其思想更顯得具體與實用；它不只是具有單純認識論的意義，更具有深刻的「政治哲學」意涵。此一思想不僅豐富各類之人所分別創造之人文且深化了儒家天人關係理論，更影響宋明理學「理一分殊」之主張。荀子「天人分合」之道，即是吸取道家天道的自然觀，把它客觀化為外在的自然現象，強調天有其職，人有其分，倡天人分職，不與天爭職，強調人為的重要，人的能動性能改變外在的世界，使「道」上達天理，下應人心，天理與人性貫通合一，來充實儒家之天，就能達到「為聖為王」的境界。

荀子學說的中心思想，乃是在闡發國家如何正理平治，個人如何達到至善，此正理平治與至善之理即是「道」，故「道」即是「禮義」，「天」與「禮義」之關係即是「天生人成」之基本架構，「天」只是生，只是自然，屬於「被治」，「人成」是人為，是治人辨物以助成天地，是屬於「能治」，天生人成是人通過「禮義法度」來治人並「參」於天，與天合而為一。故〈王制〉云：「天地者，生之始也；禮義者，治之始也；君子者，禮義之始也。」又說：「天地生君子，君子理天地；君子者，天

---

[1]　王先謙：《荀子集解‧富國》（臺北市：華正書局，2003 年 10 月）卷 6 第 10，頁 118。

[2]　王先謙：《荀子集解‧君道》卷 8 第 12，頁 157。

地之參也，萬物之總也，民之父母也，無君子天地不理，禮義無統。」³荀子所說的禮義，是期望社會能羣居和一，天下和諧統一，儒家思想的重心與價值，乃是為人類尋找出解決自身問題的原則，這些原則本之於人類的心性、本之於歷史經驗法則、本之於自然宇宙論，「天」、「天命」、「天道」是宇宙萬物、生命的本源，它讓人類認識宗教性格，體悟生命思想的意義與超越，「天人合一」不僅是自然與人文的融合，更是現實與理想的統一，生命關懷與超越的合一。

　　在荀子三十二篇文獻裡，不僅有荀子分類哲學思想，而且還有與個人、生活、社會、政治國家息息相關的理路；除了「天人之分」之特殊理論之外，荀子還是先秦學術思想史的集大成，博採眾長，繼承孔子的正名思想，主張「制名以指實」，名必須依據於實，指出正確使用語言是實現良好秩序與和諧社會的重要條件，其思想具有很大的內張力與影響力，是先秦諸子百家爭鳴有系統的總結者與批評論辯者，又是儒家傳經之代表，特別是對禮樂文化與學說具有重大發明與貢獻。因此，荀學不僅是天、地、人協調發展的理論，更轉化了儒學思維方式與價值核心，重建了儒家「倫理經濟學」，兼收並蓄傳統的「心性之學」，接合現代生活的發展——修養心性、陶冶人格，積極向上的人生價值論，以及投入人羣中真生命、真精神，求實踐的「治平之學」。荀學的政治哲學思想與信念，其系統思考發展具有時代性與創造性；即使是現今人工智能發展的時代，荀子繼承儒家的倫理觀，仍是實現現實社會的最高依據，是重塑人生理想的價值取向，更是為社會國家的進步提供了理論依據。

第一節　《荀子》文獻與版本流傳

　　在西漢劉向編纂《荀子》注本以前，最原始的文獻應是《韓詩外傳》，因《韓詩外傳》裡有許多類似的文字或段落句子與《荀子》相同，

---

³ 王先謙：《荀子集解・王制》卷 5 第 9，頁 103-104。

《韓詩外傳》一書是搜集許多故事而組成的，並且藉由《詩經》的體例或引述《詩經》一節來當作總結，這種在結論部分引《詩》來引述自己論點的寫法與荀子完全一致。甚至《史記‧禮書》也引用了《荀子‧禮論》大量的相同文獻。皮錫瑞與徐復觀[4]亦曾提出韓嬰大量徵引出《荀子》材料，甚至其著書體裁，皆由荀子發展而來。可見在劉向以前，這些篇章文獻已普遍流行。《史記‧呂不韋列傳》云：「是時諸侯多辯士，如荀卿之徒，著書布天下。」荀書雖在荀子生前既已流傳於世，但後人對荀書的整理、編纂、校勘及注評出現的卻較晚。首先對荀書進行整理編定者為西漢劉向，他在《校書序錄》稱：所校讎中「孫卿」為名的書籍，總共有 322篇，互相比較核對後，除掉重複 290 篇，定著三十二篇。唐‧楊倞分易舊第，分為二十卷，更名為《荀子》而注釋之，是現今校勘最為完善之版本[5]。

　　在西元 818 年（元和 13 年），楊倞對當時流傳文本的校勘作變更，他把原來被稱為《孫卿書》或《孫卿子》的文本重新命名為《荀子》，難以讀通的部分加上注解，並按照篇章之間的相似性重新排列文本的順序。迄今《荀子》文本流傳，大抵上一致認為北宋的國子監刊本，到南宋時由唐仲友重刻，此版本後來稱為「臺州刊本」[6]。另外，「臺州刊本」在中國也失傳，但其中一本傳到日本的金澤文庫，而在轉手幾次後的德川時代，為當時著名的藏書家狩谷望之（棭齋，西元 1775—1835）獲得，在狩谷去世後，卻也遺失了。然而，狩谷還在世時，有一位諸侯向他借了原文本，並

---

[4] 徐復觀：《兩漢思想史》：「《外傳》中共引用荀子凡五十四次，其深受荀子影響……即《外傳》表達形式，除繼承《春秋》以事明義的傳統外，更將所述之事與詩結合起來，而成為事與詩的結合，時即史與詩。……荀子勸學篇第一的頭三段，接引詩作結，第四段引詩作結時，在詩後加一句『此之謂也』。……到了《韓詩外傳》，其引詩作結，也多援用荀子所用的格式。」（臺北市：臺灣學生書局，2002 年），頁 7-8。詳細內容亦可見拙著期刊，金春燕：〈荀子詩教之探微〉（臺北市：孔孟月刊第五十六卷第三、四期，2017 年 12 月 28 日），頁 19-20。

[5] 王先謙：《荀子集解考證上》（臺北市：華正書局有限公司，2003 年 10 月），頁 4-5。紀昀、陸錫熊、孫士毅等：《欽定四庫全書總目‧儒家類一‧荀子二十卷》云：「《漢志‧儒家》載『荀卿三十三篇，王應麟考證，謂當作三十二篇。劉向校書序錄稱：『孫卿書凡三百二十三篇，以相除重複二百九十篇，定著三十三篇，為十二卷，題目為新書。唐‧楊倞分易舊第，編為二十卷，為之作注，更名為《荀子》。』」（1997 年 1 月，頁 1194）。本論文以王先謙：《荀子集解考證上》為底本。

[6] 高正：《荀子版本源流考》（北京市：社會科學出版社，1992 年），頁 17。

製作了一本複本，而該複本在明治時，被東京大學「支那哲學」講座的教授島田重禮（西元 1837—1897）所購得，（西元 1880）楊守敬隨駐日公使何如璋、黎庶昌先後出使日本，期間多方留心蒐訪珍稀圖籍，後來島田重禮獲知黎庶昌有意願重刻此版，便把此抄本贈送給黎庶昌。《荀子二十卷：唐・楊倞注，景宋臺州本》，便被收入《古逸叢書》的第七卷，並在西元 1884 年出版。

在「臺州刊本」出現之前，有清代考證家盧文弨（1717—1796）廣泛地搜集當時存在的主要文本，進行了精緻的校勘，並由謝墉（生年未詳—1795）在 1786 年出版。盧刊本是各種《荀子》文本中最精良的文本，在傳至日本後由朝川鼎（善庵，1781—1849）於 1818 年出版。後來「臺州刊本」的出現，日本久保愛（西元 1759—1835，字君節，號筑水）先生，得以利用「臺州刊本」之原本進行校勘，並綜合在他之前德川學者的主要注解，在西元 1820 年出版了《荀子增注》。在中國能夠參考到《古逸叢書》所收之「臺州刊本」的王先謙（西元 1842—1917），也在西元 1891 年出版了《荀子集解》，可謂是清代考證《荀子》文本的集大成[7]。楊倞校勘包含三項作業：第一，他把原來被稱為《孫卿書》或《孫卿子》的文本重新命名為《荀子》。第二，他將文本難以讀通、辨認的文字做註解。第三，他按照篇章之間的相似性重新排列文本的順序。如〈禮論〉本為第 23 篇移動到第 19 篇，〈性惡〉本為第 26 篇移動到第 23 篇，現存的荀子版本，都是基於楊倞改過篇章次序的文本。[8]

今本《荀子》三十二篇，有「賦十篇」，包括賦五篇、詩兩篇。胡適說今本乃係後人雜湊而成的，如〈大略〉、〈宥坐〉、〈子道〉、〈法行〉等。還有許多篇的分段全無道理，如〈非相〉篇的後兩章全與「非相」無關；又如〈天論〉篇的末段也和〈天論〉無干。又有許多篇，如今都在大戴、小戴的書中，或在《韓詩外傳》之中，究竟不知是誰抄誰。大

---

[7] 佐藤將之：〈《荀子》文獻與荀卿思想的關係探析〉，〈邯鄲學院學報〉第 23 卷第 4 期，2013 年 12 月，頁 30。

[8] 佐藤將之：《參於天地之治——荀子禮治政治思想的起源與構造》(臺北市：國立臺灣大學出版中心，2016 年 9 月)，頁 35。

概〈天論〉、〈解蔽〉、〈正名〉、〈性惡〉四篇全是荀卿的精華所在。其餘的二十餘篇，即使真不是他的，也無關緊要了。[9]以上不管是文獻流傳的真偽，或者是否代表其作者的思想，我們仍然可從其許多篇章中，像〈富國〉、〈禮論〉、〈天論〉、〈解蔽〉、〈正名〉、〈性惡〉等篇中找出《荀子》獨特的哲學思想內容，和承繼儒學孔孟思想的影子，甚至統合集結前人思想的綜合著作，在當時混亂的社會，荀子的政治哲學思想研究，有穩定社會秩序，促成統一天下的莫大功能。

第二節　荀子「天人分合」思想之思維結構

荀子「天人分合」思想之思維結構是屬於政治哲學也是實踐的哲學，這是荀子因應戰國時代變法的潮流而產生的政治哲學，因為傳統孔孟形而上的天命道德觀，並不能有效地實施天下，這時代巨變的歷史走向必須要對政治哲學作界定，設定價值標準與建構系統。因此，探討人性的本質、「天」的認識論、政治權力與社會制度成為當下重要的價值意識。荀子「天人分合」思想之思維結構是荀子認為天不是抽象的本體，而是具體的自然界本身，這個自然界是供人們利用與改造。他提出的「天人之分」並非天人互不相關，而是強調人應在順應自然的前提下，去重視與改造自然。他認為人不只是與天地相並立，還要進一步參與天地運化之中，充分發揮出人的主動能量；荀子的思想是從天引出人文的價值與理想，成就內聖外王，實施合理的政治統治與秩序，從而觀天地役萬物，建立一個和諧的社會。

在人性論上，用「性惡論」試圖修正孟子的「性善論」；荀子指出：人性先天而善，那麼聖王、禮義教化與規範，就成為無用之地。如果先天性善並不意味著後天就能性善，孟子曰：「今人之性善，將皆喪失其性故也。」孟子認為人性本來是善的，而是因為後天的環境使「人性」亡失。

---

[9] 胡適：《中國古代哲學史》〈臺北市：五南圖書公司，2013 年 5 月〉，頁 416-417。

既然是先天之性善，怎麼會喪失？既然喪失其本來之性，就不是性善。這是性善在現實生活中無法得到驗證與施行，所以荀子在〈性惡〉批評孟子「無辨合符驗」。荀子提倡「去性存偽」，就是要在社會中，針對性惡，通過社會規範與禮儀制度和法律來改造人，藉著學習、思考和訓練來教化人性，改變人性使之為善，這是荀子政治哲學的基礎。

　　荀子建立「去性存偽」的政治社會化目的，就是要有一個有序的「羣」社會，人生不能無羣，荀子在〈王制〉云：「**君者，善羣也。**」[10]，荀子認為人要生存，必須戰勝自然，想戰勝自然，就必須過羣體的生活。人的行動源於衝動與欲望，但也是生命力的自然表現。[11]又人本性的無限欲求與物質資料的匱乏，使人類的生存面臨挑戰，人們必須思索生存出路，就此，荀子提出了「分」的應對策略。荀子「分」的思想是社會分工的歷程，只有社會成員之間各司其職，各盡所能，發揮專長，互相依賴，才能維持和發展一個正常而有序的社會關係。而社會角色的定位，乃是主張不同社會等級的人應享有不同的政治待遇。只有承認這種「維齊非齊」的等級合理性，才能使人各安其職，保證社會正常秩序，反對社會的不平等，並努力在這種不平等中求秩序。荀子進一步將「分」引申至倫理關係層面，認為人與其它生物的根本區別之一就在於人有「辨」，即區別君臣、父子、夫婦等社會倫理關係。只有羣分結合才能建立和諧而美好的社會關係，其中「分」猶為重要，只有「明分」才能「使羣」。荀子認為，除內在的修為外，還需要「義」，即外在的社會規範，社會羣體之成立與發展，「**不可少頃舍禮義**」[12]，由此荀子提出「隆禮重法」的社會治理思想。

　　荀子以「禮」治國，以性惡論為基礎，主張德治與法律兼用來進行社會治理，荀子認為，禮是制定法律的根據，法是為維護禮而制定的。他並不像孔子和孟子那樣強調道德的自律，而是將「禮」即道德，作為一種外

---

[10] 王先謙：《荀子集解・王制》卷 5 第 9，頁 105。

[11] 傅佩榮：《一本就通西方哲學史》：羅素對人有何看法？他認為，人的行動源於衝動與欲望，這是生命力的自然表現。(臺北市：聯經出版事業股份有限公司，2011 年 4 月)，頁 299。

[12] 王先謙：《荀子集解・王制》卷 5 第 9，頁 105。

在的社會規範和約束，注重道德的他律。但是對於社會治理而言，要「有治人，無治法」的觀念，有法律的同時，還要有英明的「聖王」來執行，即〈君道〉所說的：「君子者，法之原也。」並把「禮」，看作以養人之欲，給人以求之方法，「禮治」是荀子政治哲學的核心，實行禮治的關鍵在於君主，所以荀子非常強調君權。君主將「禮」體現在社會規範與制度的領導術，即是司馬遷所說的「帝王之術」[13]，這是肯定「擇術」對於道德人格塑造的重要意義。《荀子‧非相》云：

> 論心不如擇術。形不勝心，心不勝術。術正而心順之，則形相雖惡而心術善，無害為君子也；形相雖善而心術惡，無害為小人也。[14]

就維護個體生命而言，是「治氣養心之術」，就外在世界而言是「兼利天下」的帝王兼術[15]思想。在〈議兵〉中，凡兼人者也有三術。荀子言：

> 凡兼人者有三術：有以德兼人者，有以力兼人者，有以富兼人者。彼貴我名聲，美我德行，欲為我民，故辟門除涂，以迎吾入。因其民，襲其處，而百姓皆安。立法施令，莫不順比。是故得地而權彌重，兼人而兵俞強：是以德兼人者也。……故曰：以德兼人者王，以力兼人者弱，以富兼人者貧，古今一也。[16]

兼人能讓統治者為王，意即兼字有「天下之君王」的意涵。以分和禮是為政治哲學核心，就能成為兼利天下之君王。〈王制〉云：

---

13 司馬遷撰，楊家駱主編：《史記‧李斯列傳》第 27：乃從荀卿學帝王之術。(臺北市：鼎文書局，1993 年 2 月)，頁 2539。

14 王先謙：《荀子集解‧非相》卷 3 第 5，頁 46。

15 王先謙：《荀子集解‧非相》卷 3 第 5：君子之度己則以繩，接人則用抴。度己以繩，故足以為天下法則矣；接人用抴，故能寬容，因求以成天下之大事矣。故君子賢而能容罷，知而能容愚，博而能容淺，粹而能容雜，夫是之謂兼術。頁 54。

16 王先謙：《荀子集解‧非相》卷 10 第 15，頁 191-192。

> 人何以能羣？曰：分。分何以能行？曰：義。故義以分則和，和則
> 一，一則多力，多力則彊，彊則勝物，故宮室可得而居也。故序四
> 時，裁萬物，兼利天下，無它故焉，得之分義也。[17]

　　君王能做到「分」和「義」，王與君能分別對應於天下與國家，是天
下聖王與諸侯君主的分別，也體現著荀子理想政治與現實政治的分野。在
荀子所處的戰亂年代，王道政治是理想的政治目標，但霸道政治仍是現實
的不二法門。主張「從道不從君」之治國之術，來限制君權，君臣關係有
其名分與本分。在取人用人則是「取人之道，參之以禮；用人之法，禁之
以等」[18]，如此就能達到「序四時」、「裁萬物」、「兼利天下」的目
的。荀子倡「禮義」，以節制人欲，以養民富國；援法入禮，強調用禮法
來規範人與人、人對社會羣體的關係，即通過外在強制手段要個人承擔對
他人、對國家應盡的義務和責任，形成以循禮而治的「聖王之道」。要實
施「聖王之道」，還要以「勢」來實施道德教化的功能，荀子言：

> 君子以德，小人以力；力者，德之役也。百姓之力，待之而後功；
> 百姓之羣，待之而後和；百姓之財，待之而後聚；百姓之埶，待之
> 而後安。[19]

又〈正名〉言：

> 今聖王沒，天下亂，姦言起，君子無埶以臨之，無刑以禁之，故辨
> 說也。[20]

君子不得勢，正言就得不到有效宣傳，邪說也不會受到禁止。在〈性惡〉

---

[17]　王先謙：《荀子集解・王制》卷 5 第 9，頁 104-105。

[18]　王先謙：《荀子集解・君道》卷 8 第 12，頁 159。

[19]　王先謙：《荀子集解・富國》卷 6 第 10，頁 117-118。

[20]　王先謙：《荀子集解・正名》卷 16 第 22，頁 280。

又說：

> 古者聖人以人之性惡，以為偏險而不正，悖亂而不治，故為之立君
> 上之埶以臨之，明禮義以化之，起法正以治之，重刑罰以禁之，使
> 天下皆出於治，合於善也。是聖王之治，而禮義之化也。今當試去
> 君上之埶，無禮義之化，去法正之治，無刑罰之禁，倚而觀天下民
> 人之相與也。若是，則夫彊者害弱而奪之，眾者暴寡而譁之，天下
> 之悖亂而相亡，不待頃矣。[21]

荀子主張性惡，認為「埶」就是君王擁有地位和權力，才能實施自己的政
治主張，造福生民。在荀子看來，「立君上之埶」可以鞏固政治地位乃至
權力來強化道德教化的力量。在〈榮辱〉中更是提出「君子非得勢以臨
之，則無由得開內焉。」[22]在此，荀子的「勢」則是含有倫理道德與政治
權力的結合。

在戰國末年，禮樂征伐自諸侯出，荀子正處於「禮樂崩壞」的時代，
身為儒學大師的荀子最重禮樂。他說：「樂者，所以道樂也，金石絲竹，
所以道德也；樂行而民鄉方矣。」[23]音樂是引導喜樂的，君子從音樂的欣
賞中獲得禮義之道，從而獲得真正的快樂。如果樂是建立在人情快樂基礎
之上，又無違禮義道德，樂而有節，便會產生「樂道」，讓人民歸向於正
道。因為〈雅〉〈頌〉之聲以道之，足以感動人的善心，所以音樂是教化
人的性情的一種方法。除此之外，音樂還有移風易俗，使民和睦的功能。
《荀子・樂論》云：

> 樂者，審一以定和者也，比物以飾節者也，合奏以成文者也，足以

---

[21] 王先謙：《荀子集解・性惡》卷17 第23，頁293。

[22] 王先謙：《荀子集解・榮辱》：人之生固小人，無師無法則唯利之見耳！人之生固小人，又以遇亂
世，得亂俗，是以小重小也，以亂得亂也。君子非得埶以臨之，則無由得開內焉。卷 2 第 4，頁
40。

[23] 王先謙：《荀子集解・樂論》卷14 第20，頁254-255。

> 率一道，足以治萬變。……樂者，聖人之所樂也，而可以善民心，
> 其感人深，其移風易俗。[24]

在荀子看來：音樂審於中聲而定其和調，是比合樂器來飾其節奏；是聯合節奏以成文飾，使得天地自然與人心親和，使人性向善，讓人的心理情感與社會趨於和諧安寧。音樂使人心平氣和，感動人很深，造成和諧的人際關係，足以率行大道，治理萬變的。

> 故樂者，出所以征誅也，入所以揖讓也。征誅揖讓，其義一也。出
> 所以征誅，則莫不聽從；入所以揖讓，則莫不從服。故樂者，天下
> 之大齊也，中和之紀也，人情之所必不免也，是先王立樂之術也。[25]

所以音樂出外可以用於征伐，入內可用於揖讓。征伐揖讓道理都是一樣的，出外用來征伐，沒有不聽從的，入內用來揖讓，則沒有不順從的。所以音樂使天下整齊劃一、使人的性情符合禮法的要求，成為綱紀，是人情所不能免的，這就是先王立樂的道理。樂合同就是社會中的羣體，有這種共同的心理情感與道德理想，以禮義為基本規範，相互合作分工，禮樂相互為用，立中制節，合羣相聚以達到和一之境界。總之，荀子「天人分合」思想是將人在自然、社會中的活動作有差異性的和諧統一，他掌握天人關係的重要思想資源改造社會的實踐活動，是在相對的意義上才有其價值，是合中有分，分中有合，是在「天生人成」結構上體現的儒學實踐精神。

24　王先謙：《荀子集解‧樂論》卷 14 第 20，頁 252-253。

25　王先謙：《荀子集解‧樂論》卷 14 第 20，頁 252-253。

第三節　荀子「天人分合」思想與現代之展望

　　天人分合思想之研究範圍，涉獵整個荀學的研究，而荀學的政治哲學思想是以天人關係為主軸的哲學思想，融合以人為治世核心的政治思想。而遠古先秦荀學思想是否能與現代政治哲學思想相接軌？這是學術思想，亦是社會政治的問題。由於人類歷史發展的遞進與轉變，科技一日千里地轉化與提升，人類面對研究人性、社會現象、社會制度、與認知世界的能力，有不容忽視之課題。這些課題是實現人與自然、社會善的問題，關注人與社會善的行為是自孔子以來儒家的核心課題。不管是孔孟思想強調對人性、倫理的關注還是內化「仁」的自覺，或是荀學經驗外化「禮」的制度，都是追求人類在社會上向上提升的精神能力，與實現人類生存在這世界上的潛含價值與智慧，但最終都是以以世界和平為指向，以「天下」為視域，以「羣居和一」為目的。

　　荀子明確提出「反戰」主張。他說：「以德兼人者王，以力兼人者弱，以富兼人者貧，古今一也。」荀子反對「以力兼人」就是明確反對各諸侯國之間的非正義戰爭。他說：

> 推禮義之統，分是非之分，總天下之要，治海內之眾，若使一人，故操彌約而事彌大。[26]

荀子認為「禮義」是「總天下之要」，以「天下」為視域的，並且其最終目的是「治海內之眾」，亦即實現整個社會的和合局面。為了實現整個社會的和諧有序，荀子甚至主張普通民眾起來推翻暴君的統治，恢復到一種和合的社會局面，荀子稱之為「權險之平」。荀子在〈臣道〉言：

> 奪然後義，殺然後仁，上下易位然後貞，功參天地，澤被生民，夫

---

[26] 王先謙：《荀子集解‧不苟》卷2第3，頁30。

是之謂權險之平，湯、武是也。[27]

　　荀子最終所要達到的政治效果便是「澤被生民」，荀子汲取傳統民本思想，強調人心向背是國家治亂、社稷存亡的關鍵力量，由此可見，荀子所謂的「天下」觀念是與人民的生活緊密連接在一起，其最終的目標是謀求人類和合的實現。「禮」須源自「君子」，而「君子」來源於「天地」[28]，那麼，「禮」的終極依據仍是「天地」。荀子認為，「禮」是人類社會所應遵循的統一準則，有了「禮」，國家才得以安寧，也是現代社會實現和合的終極目標。

　　荀子由「人欲」而言「聖人制禮」，這是就禮的起源真實性來建構客觀的「禮論」，荀子試圖就此建構出的「禮義法度」，是以孔子之仁義理想作為客觀化的基礎，再由「禮」的經國定分功效，去建立一個井然有序合理的理想社會。因此禮的範圍幾乎無所不包，舉凡政治、經濟、倫理、教育等各方面，無不為禮所含攝，從而形成一個嚴謹的思想體系。荀子肯定人的欲望的重要性，認為人的一切經濟行為都是為了滿足人的欲望，以「制禮明分」為綱的分配論和以「開源節流」為基本原則的理財論，實現富國的目標。以「明分」思想提出君臣之道，從水與舟之關係[29]，建立民本主義的政治思想；以「天人之分」的自然論，明顯有現代生態經濟的自然觀。在人性論上主張「性惡」，有惡，才有教化的必要性和緊迫性，要教化就必須努力於「學」，學習不僅僅指知識的積累，更重要的是思想品德的修習，這是荀子教育學說的實現，也是現今社會要加強的課題。同時為了社會的需要，荀子制定了教育原理與具體實踐的方法。荀子認為，教育關係到國家的興衰、安危、榮辱。荀子〈大略〉說：

　　國將興，必貴師而重傅；貴師而重傅，則法度存。國將衰，必賤師

---

[27]　王先謙：《荀子集解・臣道》卷 9 第 13，頁 170。

[28]　王先謙：《荀子集解・王制》卷 5 第 9：「天地生君子，君子理天地。」，頁 104。

[29]　王先謙：《荀子集解・哀公》卷 20 第 31：「君者，舟也；庶人者，水也。水則載舟，水則覆舟」；〈大略〉卷 19 第 27：「天之生民，非為君也；天之立君，以為民也。」

而輕傳，賤師而輕傳，則人有快，人有快則法度壞。[30]

　　尊師重傳能使國家法令推行，賤師輕傳勢必致法令荒廢。他認為，教育的目的就是培養才德兼備、安邦定國的濟世扶危之才。「欲修政美國，則莫若求其人。」[31]〈成相〉云：「人主無賢，如瞽無相。」[32]〈大略〉亦言：「口能言之，身能行之，國寶也。」[33]荀子還論證了教育在國家政治中的地位和作用。他說：

　　　不富無以養民，不教無以理民性。……詩曰：「飲之食之，教之誨
　　　之，王事具矣。」[34]

通過教育調理民性，在提高物質生活的同時，並給予不斷的教育，王者之事就完備了。然而「不教誨，不調一，則入不可以守，出不可以戰；教誨之，調一之，則兵勁城固，敵國不敢嬰也。」[35]荀子將教育與國家的命運聯繫起來，是很有政治遠見的。然而現今之教育在吸取科學及民主理論與經驗時，仍應以「大中之道」的道德哲學思想為基礎，涵詠導引符合廣大民眾安居樂業的普遍心聲，關心人民疾苦而後實行。

　　荀子不但根據六經之旨，以作《荀子》三十二篇，且於羣經傳授，有莫大的貢獻。《汪中荀卿子通論》云：

　　　荀卿之學，出於孔氏，而尤有功於諸經，……蓋自七十子既歿，漢
　　　諸儒未興，中更戰國暴秦之亂，六藝之傳，賴以不絕者，荀卿也。

---

[30]　王先謙：《荀子集解・大略》卷 19 第 27，頁 336。

[31]　王先謙：《荀子集解・君道》卷 8 第 12，頁 155。

[32]　王先謙：《荀子集解・成相》卷 18 第 25，頁 304。

[33]　王先謙：《荀子集解・大略》卷 19 第 27，頁 328。

[34]　王先謙：《荀子集解・大略》卷 19 第 27，頁 328。

[35]　王先謙：《荀子集解・彊國》卷 11 第 16，頁 194。

周公作之，孔子述之，荀卿子傳之，其揆一也。[36]

主張五經之倫理意義與功能，落實荀子政治哲學之目的。在〈勸學〉云：

故書者、政事之紀也；詩者、中聲之所止也；禮者、法之大分，類之綱紀也。故學至乎禮而止矣。夫是之謂道德之極。禮之敬文也，樂之中和也，詩書之博也，春秋之微也，在天地之間者畢矣。[37]

由上反映出，荀子看待「禮」的層次高於「法」和「政事」，以提倡道德價值為最高目標，以五經的內容建構新的社會之倫理上的意義，並且藉此「五經」的功能，彼此以有機的方式結合，以此作為儒學修身理論中的實踐角色。荀子的禮論基礎不僅繼承孔子仁德思想，「禮義之統類」更是落實在社會政治秩序與實用價值上，是順應時代變化和趨勢，還能建立一個有秩序的理想社會。

　　荀子認為國家政權必須把倫理制度作為施政的根本措施加以推行。這種儒家倫理制度，轉化為政治化後，須要有客觀的標準，才能為國家政權執行和民眾遵行，而道德一旦制度化，就具有明確、具體的表達形式，從而就能成為普遍遵循的具體行為準則。荀子所建立的倫理制度，具有明顯的現代法律傾向。荀子的「禮」經由內化演變成現代的法律條文與規範，道德建設以法律為後盾，才能保障人民的社會安全。荀子「隆禮重法」這種進步的思維，讓孔孟的道德理想主義得以落實到現實社會，成為統治者轉用的工具，進而實現政治的穩定與統一，這是經驗主義的實踐者，更是現代主義的先驅。今天我們要在民主的基礎上制定符合大眾利益的倫理制度，應以民為本，不應以君本操控立法，尚賢任能，分親疏，序長幼；因人而用，德才兼備，德必稱位，位必稱祿，祿必稱用；推行禮義治國安邦亦不能輕視經濟活動，還要真正做到以政裕民、以政富國的大一統思想。

---

[36] 王先謙：《荀子集解‧考證下》，頁14。

[37] 王先謙：《荀子集解‧勸學》卷1第1，頁7。

第二章　荀子其人

由於本書題目是荀子「天人分合」之哲學思想，為了瞭解荀子思想的相關研究，所以只將荀子生平略述，然而荀子生卒年代眾說紛紜，不易確定，在所有有關荀子生平紀錄中，除了他卸任蘭陵令的西元前 238 年，可以確定外，其他事蹟的活動時期，當代學者都有不同的論述，只能用合理的推測來概述荀子的可能事蹟，在此亦不做荀子年譜各種考證研究。

第一節　荀子之生平

荀子，名況，字卿，趙國人，古代「荀」、「孫」二字聲音相近，故世人孫荀並稱[1]荀子之事蹟，戰國末期趙國人，依《史記‧孟荀列傳》記載，是信而有徵者，今引其文如下：

> 荀卿，趙人，年五十，始來游學於齊。騶衍之術迂大而閎辯；奭也文具難施；淳于髡久與處，時有得善言。故齊人頌曰：「談天衍，雕龍奭，炙轂過髡。」田駢之屬皆已死。齊襄王時，而荀卿最為老師。齊尚脩列大夫之缺，而荀卿三為祭酒焉。齊人或讒荀卿，荀卿乃適楚，而春申君以為蘭陵令。春申君死而荀卿廢，因家蘭陵。李斯嘗為弟子，已而相秦。荀卿嫉濁世之政，亡國亂君相屬，不遂大道而營於巫祝，信機祥；鄙儒小拘，如莊周等又猾稽亂俗，於是推

---

[1] 荀卿又稱孫卿，自司馬貞顏師古以來，相承以為，避漢宣帝諱，故改荀為孫。考漢宣名詢，漢時尚不諱嫌名。……荀音同孫，語遂移易。王先謙：《荀子集解‧謝墉荀子箋釋序考證上》，頁9。

儒、墨、道德之行事興壞，序列著數萬言而卒。因葬蘭陵。[2]

有關荀卿五十歲前之經歷，缺文獻可徵，在《史記》記載，雖顯簡略，但其中有幾點重要之敘述：

一是荀子五十歲時，來齊遊學。齊襄王（西元前 283—265）時，因田駢之屬皆已死，荀卿最為老師，且擔任三為祭酒。此段在齊襄王初年至楚春申君死，共四十餘年。若荀子五十歲時，來齊遊學，至楚春申君死，應有八、九十歲。而荀卿最為老師，應無問題。

二是李斯嘗為弟子，已而相秦。李斯相秦之時間，據《史記‧李斯列傳》記載：「始皇初二十餘年，竟并天下，尊王為皇帝，以斯為丞相」，考〈始皇本紀〉，二十六年初并天下，李斯為廷尉，二十八年尚為卿，三十四年始稱丞相李斯，荀卿聞之，為之不食，知其必敗，故為文刺之。荀子若人在世，以年逾百歲，較不合常理。

三是宋‧晁公武《郡齋讀書志》以為《史記‧孟荀列傳》所記之「年五十，始來遊學於齊」之「年五十」，當作「十五」，但《韓非子‧難三》云：「燕王噲賢子之而非孫卿，故身死為僇。」[3]按燕王噲在前三二〇年即位，前三一四年讓位子之，燕大亂，齊趁機攻衛，次年，噲被殺。若當年荀子在燕，因燕王被殺而來齊遊學，至湣王末，襄王初（西元前283），約五十歲。可見《史記》之記載，有其根據，又韓非為荀子弟子，其說亦可信。

四是游楚：荀子在齊國講學受小人讒言，去齊後至楚去游說，在楚國當過幾年的蘭陵令，這時楚國是春申君黃歇當政，春申君為政八年，這年是周朝滅亡的第二年（西元前 255 年），後春申君被刺，荀子蘭陵令被廢，春申君又聽人言，使人請之返楚，仍為蘭陵令，最後死葬在蘭陵。

從後人與荀書記載證實《史記》之記載是可信的：如荀子離開齊國後，曾經謁見秦昭王（西元前 325—251）和秦國首相范睢議論國事，荀子

---

[2] 司馬遷：《史記‧孟子荀卿列傳第十四》（臺北市：鼎文書局，1993 年 2 月），頁 2348。

[3] 張覺等撰：《韓非子譯注》（上海市：上海古籍出版社，2014 年 11 月），頁 564-565。

雖讚賞秦國的強盛，但禮學精神與秦國不協調，於是回到了趙國，在趙國曾與臨武君在趙孝王面前，辯論用兵之要術，臨武君認為用兵之道乃是「後之發，先之至」[4]，荀子則認為善用兵者，主要善附民，善附民就能上下百將一心，三軍同力，這才是攻戰之本，荀子最後到過的國家是楚國，終老在蘭陵，也在這裡開創了蘭陵文化學派。

　　至於當時之時代背景，以及對「儒道墨法名家」之批判，將敘述如下。

第二節　荀子之時代背景

　　荀子之時代，已由春秋五霸，逐漸進入戰國七雄時代，諸侯互相攻伐，周天子式微，王道思想淪喪不存，封建制度與禮治社會摧毀殆盡，社會政治分崩離析，周室天子、諸侯、卿大夫、士及庶人等固定之社會階級不能維繫，使得社會秩序大亂，加之，各國相互爭雄，貴族生活日趨腐化，不足以應付日趨複雜的朝廷政務，因此，任用賢才之風大盛。士以下階層抬頭，農民智慧日開，能力漸強，戰國時期，由於生產技術的進步，人口增多，生產工具之改良與土地分配之不合理，此時井田制度開始廢棄。又當時，工商業繁榮，經濟結構轉變，貧富懸殊很大，而荀子即處於這種舊封建制度已崩潰，新制度未建立的轉型期，面對此紛亂之時局，正是荀子欲解決以趨善之重要問題。

　　荀子以為，周初之政社會，所以能和諧穩定，全在於周朝禮制發揮了極大的功能與效用，而這種宗法制度下的行為模式，主要的內容在於「定分」，使人人的權利、義務和自己的爵位身分相稱，從而建立政治秩序，其後，此分際被破壞，欲重建社會之新秩序，唯有制禮義以分之，以「分」別貴賤，讓智者、能者各盡所能，各取所值。荀子以為，欲使社會財富不懸殊，當提倡農業之發展，不可太過重視工商業。

---

[4]　王先謙：《荀子集解·議兵》卷10第15，頁176。

在文化環境方面，荀子是趙國人，在春秋時代趙屬晉國，晉後分為韓、趙、魏，申不害曾為韓相，趙有慎到，魏有李克、吳起，商鞅在相秦時曾仕於魏，所以三晉為法家之發源地。荀子生於三晉之一的趙國，由於地理環境影響，又這三晉風氣較重現實主義[5]，流風所及，所以荀子後來成為儒法之間人物，即是順理成章之事。而三晉在春秋以來，由於當時封建制度的崩壞，政治制度走向集權，這也是荀子強調「尊君」的理由。所以荀子受了時代背景、文化環境與時勢所趨，主張性惡論，他的思想學說成為改進社會的先驅，不只能繼承儒學，而再創政治革新，由儒家側重的「禮學」主張，進而發展為「禮法」並重的主張，他是個社會客觀經驗主義者也是個積極開創之思想家，對促進社會歷史發展有莫大貢獻。

第三節　荀子對「儒道墨法名家」之批判

荀子一生，幾乎經歷整個戰國時代，在當時，許多游士，多往來諸國，欲一展抱負，因各人觀點不一，論述各異，遂形成不同之流派。司馬談將其流派分為儒、墨、名、法、道德、陰陽六家；班固《漢書‧藝文志》，則分為儒、道、陰陽、法、名、墨、縱橫、雜、農、小說十家。古人認為小說家是「街談巷語」不能與其他九家並稱，因此是為「九流十家」，小說家是不入流派的。

關於春秋戰國時代，遊歷諸侯之游士中，較為著名者，有儒家之孔子、孟子；道家之莊子、楊朱；墨家之宋鈃；法家之慎到，名家之惠施、公孫龍；陰陽家之鄒衍；農家之許行；稷下游說之士中，宋鈃、尹文、兒說、田八、季真、接子、環淵、彭蒙、田駢、慎到等人。慎到、田駢列入法家，宋鈃列入墨家，應無疑義。其他各人列入何家，有不同說辭。

荀子〈非十二子〉對它囂、魏牟、陳仲、史鰌、墨翟、宋鈃、慎到、田駢、惠施、鄧析、子思、孟軻等十二人，加以非議。從非議之內容分

---

[5] 韋政通：《先秦七大哲學家》(臺北市：水牛圖書出版事業有限公司，2005 年 11 月)，頁 147。

析，將知荀子之學術思想所論述之旨意為：

> 假今之世，飾邪說，文姦言，以梟亂天下，矞宇嵬瑣[6]，使天下混
> 然，不知是非治亂之所存者，有人矣。[7]

荀子批評當代有以邪說、姦言梟亂天下，行權詐、放蕩、狂險、姦細之
行，使天下混亂。不知是非治亂之理者，大有人在，因此，舉它囂等十二
人加以評論，而孟子都信崇孔子，並以其為學習楷模，但兩人的學說卻相
去甚遠。荀子一方面吸收了不少孟子的思想，但另一方面又對其大加批
評，首先在〈非十二子〉批評儒家之子思、孟軻說：

> 略法先王而不知其統，猶然而材劇志大，聞見雜博。案往舊造說，
> 謂之五行，甚僻違而無類，幽隱而無說，閉約而無解。案飾其辭而
> 祗敬之，曰：此真先君子之言也。子思唱之，孟軻和之。世俗之
> 溝，猶瞀儒，嚾嚾然不知其所非也，遂受而傳之，以為仲尼子游為
> 茲厚於後世，是則子思、孟軻之罪也。[8]

此言儒家之孟子、子弓、子思等人，取法先王，而不知其統類；此處所謂
「統」或「統類」，皆指客觀的禮法制度的建構，它側重於外在的具體的
制度，而非形而上的思想體系。因為孟子多言仁、義、禮、智，並視其為
人心固有，從而看輕具體的禮義法度，而荀子卻把禮義法度看成是統一天
下、穩定社會的關鍵，所以荀子有此批評。
　　可是在〈勸學〉說：「不聞先王之遺言，不知學問之大也。」[9]〈非

---

[6] 王先謙：《荀子集解·非十二子》卷3第6：「嵬謂為狂險之行者也，瑣者謂為姦細之行者也。」，頁57。

[7] 王先謙：《荀子集解·非十二子》卷3第6，頁57。

[8] 王先謙：《荀子集解·非十二子》卷3第6，頁59-60。

[9] 王先謙：《荀子集解·勸學》卷1第1，頁1-2。

相〉也說：「凡言不合先王，不順禮義，謂之姦言」[10]〈儒效〉又說：
「儒者法先王，隆禮義」[11]這是荀子讚賞先王的，尤其是先王所施行的禮
義，這是荀子主張「法後王」[12]的同時，也贊成「法先王」。他是把「先
王」看作是「禮義」和「道」的根據，荀子所謂的先王即是堯舜，蓋〈大
略〉有云：「先王之道，則堯舜已。」[13]其反對的是「略法先王而足亂世
術」的那些人。〈儒效〉說他們「不知法後王而一制度，不知隆禮義而殺
詩書。」因為那些人並沒有真正瞭解先王的根本綱領，自以為志向高大，
只依據古代臆造仁、義、禮、智、信五行邪說，邪說不倫不類，隱晦說不
出理由來，文飾其辭，說這是真正先王的言論。照荀子的看法，「禮義」
與「詩書」都是先王所傳，必須「隆禮義而殺詩書」才是知其統。才劇志
大，而聞見雜博，只是取往舊之資料，創立學說；言論幽閉隱微，而無有
系統之論說；閉藏簡約，而無解決之方法。因此，荀子主張法先王是有完
整之治國理論體系，有其原由的。

評論墨翟、宋鈃等墨家之說云：

不知壹天下，建國家之權稱，上功用，大儉約，而僈差等，曾不足
以容辨異，縣君臣；然而其持之有故，其言之成理，足以欺惑愚
眾。[14]

此言墨家之墨翟、宋鈃等人，不知用「禮」齊一天下，建立國家之權衡；
崇尚功利，節用，而講求無差等之兼愛，就不能分辨親疏貴賤，懸隔君臣
上下。禮要注意外在物質經濟條件與內在情感需求條件要協調，而荀子在
〈禮論〉批判墨家只看重外在物質實利，而忽略了內在的情性。他說：

---

[10] 王先謙：《荀子集解·非十二子》卷3第6，頁53。
[11] 王先謙：《荀子集解·儒效》卷4第8，頁75。
[12] 見本論文第七章第三節第一項〈發揚法後王之理念〉之敘述。
[13] 王先謙：《荀子集解·大略》卷19第27，頁332。
[14] 王先謙：《荀子集解·非十二子》卷3第6，頁58。

> 禮起於何也？曰：人生而有欲，欲而不得，則不能無求。求而無度
> 量分界，則不能不爭；爭則亂，亂則窮。先王惡其亂也，故制禮義
> 以分之，以養人之欲，給人之求。使欲必不窮乎物，物必不屈於
> 欲。兩者相持而長，是禮之所起也。故禮者養也。……孰知夫出死
> 要節之所以養生也，孰知夫出費用之所以養財也，孰知夫恭敬辭讓
> 之所以養安也，孰知夫禮義文理之所以養情也。故人苟生之為見，
> 若者必死；苟利之為見，若者必害；苟怠惰偷懦之為安，若者必
> 危；苟情說之為樂，若者必滅。故人一之於禮義，則兩得之矣；一
> 之於情性，則兩喪之矣。故儒者將使人兩得之者也，墨者將使人兩
> 喪之者也，是與儒墨之分也。[15]

故荀子言禮是對人的，是從人類經濟利益與生活之安定出發的。

批評慎到、田駢等法家云：

> 尚法而無法，下脩而好作，上則取聽於上，下則取從於俗，終日言
> 成文典，反紃察之，則倜然無所歸宿，不可以經國定分；然而其持
> 之有故，其言之成理，足以欺惑愚眾。[16]

此言法家尚法，卻不講禮制；只是下脩法令，而好創作新法；上取信於
君，下屈從世俗；終日談法度，而反覆循察其法；反而疏遠禮義，而無所
依從。因此法家無法治國定分。故荀子重隆禮定分，崇尚法律。

評論名家之惠施、鄧析等人則云：

> 不法先王，不是禮義，而好治怪說，玩琦辭，甚察而不惠，辯而無
> 用，多事而寡功，不可以為治綱紀；然而其持之有故，其言之成

---

15 王先謙：《荀子集解・禮論》卷 13 第 19，頁 231-233。

16 王先謙：《荀子集解・非十二子》卷 3 第 6，頁 58-59。

理，足以欺惑愚眾。[17]

此言名家不效法先王，亦不循禮義。喜好研治怪異之說，玩弄琦麗之說辭。雖然明察而無實惠，巧辯而無功用。多事而無功效，無法做為治國之準則。但是卻言之有理，欺惑百姓來擾亂社會國家。

評論縱欲主義之它囂、魏牟等人也說：

> 縱情性，安恣睢，禽獸行，不足以合文通治；然而其持之有故，其言之成理，足以欺惑愚眾。[18]

此言它囂、魏牟等縱欲主義者，放縱情性，安於縱恣暴戾，行為如禽獸。不能和於禮義，同達治理。因此，荀子主張性惡，以禮義化性起偽，當有其意義。評論苦行主義之陳仲、史鰌亦云：

> 忍情性，綦谿利跂，苟以分異人為高，不足以合大眾，明大分。然而其持之有故，其言之成理，足以欺惑愚眾。[19]

此言陳仲、史鰌等人，強忍其情性，其志深峭嚴峻，其行違俗獨行，以異於眾人為高，無法與眾人相合，亦無法有貴賤上下之分。荀子主張修身、知榮辱，其來有自。以上十二人，荀子認為身無置錐之地，不能與之親近；其學說無法教化百姓，使天下人蒙受利益。因此，須制訂禮制，使仲尼、子弓為師，以遏止十二子之說，聖賢之德方能彰顯。

在〈天論〉批評老子「有見於詘，無見於伸」[20]。因為老子認為人在自然和社會面前是無能為力的，只能消極順其自然，無為而治，反對積極制服自然，治理社會。這是和當時的「制天命而用之」」、「一天下」的

---

[17] 王先謙：《荀子集解・非十二子》卷3第6，頁59。

[18] 王先謙：《荀子集解・非十二子》卷3第6，頁57。

[19] 王先謙：《荀子集解・非十二子》卷3第6，頁58。

[20] 王先謙：《荀子集解・天論》卷11第17，頁213。

精神是違背的。因此批評老子只能柔屈，而無法剛伸。在〈解蔽〉也批評
莊子「蔽於天而不知人」²¹，只知道消極地順應自然，而看不到人為的力
量。

　　★以下整理荀子對主要的儒道墨法名家批評對照表：

荀子對「儒道墨法名家」之批評對照表

諸子 ＼ 篇名	《荀子·非十二子》	《荀子·天論》	《荀子·解蔽》	《荀子·禮論》
子思 孟軻	略法先王而不知其統，猶然而材劇志大，聞見雜博。案往舊造說，謂之五行，甚僻違而無類，幽隱而無說，閉約而無解。案飾其辭而祇敬之，曰：此真先君子之言也。子思唱之，孟軻和之。世俗之溝，猶瞀儒，嚾嚾然不知其所非也，遂受而傳之，以為仲尼子游為茲厚於後世，是則子思、孟軻之罪也。			
墨翟 宋鈃等	不知壹天下，建國家之權稱，上功用，大儉約，而僈差等，曾不足以容辨異，縣君臣；然而其持之有故，其言之成理，足以欺惑愚眾。			故人苟生之為見，若者必死；苟利之為見，若者必害；苟怠惰偷懦之為安，若者必危；苟情說之為樂，若者必滅。故人一之於

---
²¹　王先謙：《荀子集解·解蔽》卷15第21，頁262。

諸子 ＼ 篇名	《荀子・非十二子》	《荀子・天論》	《荀子・解蔽》	《荀子・禮論》
				禮義，則兩得之矣；一之於情性，則兩喪之矣。故儒者將使人兩得之者也，墨者將使人兩喪之者也，是儒墨之分也。
慎到田駢	尚法而無法，下脩而好作，上則取聽於上，下則取從於俗，終日言成文典，反紃察之，則偶然無所歸宿，不可以經國定分；然而其持之有故，其言之成理，足以欺惑愚眾。			
惠施鄧析	不法先王，不是禮義，而好治怪說，玩琦辭，甚察而不惠，辯而無用，多事而寡功，不可以為治綱紀；然而其持之有故，其言之成理，足以欺惑愚眾。		惠子蔽於辭而不知實。由辭謂之道，盡論矣。	
它囂魏牟	縱情性，安恣睢，禽獸行，不足以合文通治；然而其持之有故，其言之成理，足以欺惑愚眾。			

篇名\諸子	《荀子·非十二子》	《荀子·天論》	《荀子·解蔽》	《荀子·禮論》
陳仲 史䲡	忍情性，綦谿利跂，苟以分異人為高，不足以合大衆，明大分。然而其持之有故，其言之成理，足以欺惑愚衆。			
申子			申子蔽於埶而不知知。由埶謂之道，盡便矣。	
子張	弟佗其冠，衶禪其辭，禹行而舜趨，是子張氏之賤儒也。			
子夏	正其衣冠，齊其顏色，嗛然而終日不言，是子夏氏之賤儒也。			
子游	偷儒憚事，無廉恥而耆飲食，必曰君子固不用力，是子游氏之賤儒也。			
老子		有見於詘，無見於伸。		
莊子			蔽於天而不知人。由天謂之道，盡因矣	

第三章　荀子以前之天人思想

　　遠古先民的天人觀是「神人合一」觀念是屬於史前巫教文化，天人合一是由「神人合一」演化而來[1]。商湯代夏，以「天命」保有，作為政治得失的依據，把自己的政治生命完全寄託於「帝」也是「天」的信仰上[2]；到了周代認為永恆不變的天命是不存在的，它是可以轉移的，周人進而提出「天不可信」[3]的觀念，只有敬天重人，明德保民，才能永保疆土與人民。到孔子時代，以人道繼天道，主張下學上達，以「仁」貫通天人，認為天命必須歸結到人事，在現實社會上「盡人事以俟天命」，是建立在天人合德，內聖外王的統一思想。孟子繼承孔子學說，在內聖方面，充分展現孔子學說，它的外王理想是建立在性善論的基礎上，認為「仁義禮智根於心」，此四端之心猶人之四體〈肢〉乃與生俱來；所以存其心，養其性，所以事天，盡心就能知性，知性則能知天。儒家主張從人類社會自身出發，引領現實世界符合天理，這是由人至天的「天人合一」的境界。

　　老莊論天，認為天地生於道，人生息於天地之間，人應該效法天地，效法至道，而歸於自然無為，與天地精神合而為一，人能達到這精神境界，便是「至人」、「真人」、「聖人」，此時，體天體道，形體健全，精神充沛，隨天地而逍遙，這是道家從自然之道出發，以自然規範人的現實世界，走的是由天至人的「天人合一」的道路[4]。墨子論天，以自己的哲學宗旨出發，認為天為「上帝」、「天鬼」，天的人格神意義為天志、天

1　王志躍：《先秦儒學史概論》：「所謂神人合一，就是承認神與人間，具有交感互通的關係，天上人間，神與人不可分割，他們是相通的，異形而同構，神就是人，人也同樣是神。」(臺北市：天津出版社，1994 年 10 月)，頁 39。

2　郭沫若：《卜辭通纂》：「第三六三片至三六四片二字合書，均有帝稱上帝之觀念。」(臺北市：臺北大通書局，1976 年 5 月)，頁 364。

3　阮元：《十三經注疏‧周易正義‧君奭》(臺北市：藝文印書館，2011 年 12 月)，頁 245。

4　朱曉鵬：《老子哲學研究》(北京市：商務印書館，2009 年 12 月)，頁 243。

命，天是最高的主宰者，人們修身治國，以天為法，墨子認為既不能效法父母、師長，也不能效法君主，只能效法天。以天志作為視聽言動，天子行為善與不善皆受天的監視，順天之意才能兼愛天下，施行義政[5]，義政與力政是仁政與暴政的區別。由上可知，先秦時期探求天論思想的發展，始終人與天道密切聯繫在一起，以天道論人道，藉天道行人道，由此引發了天人之間的合與分，也規範了中國哲學思想的發展特色，更是有別於西方哲學思想的範疇。

第一節　夏朝的天人思想

夏朝是由原始宗教巫覡文化發展為祭祀文化的，而崇拜鬼神和上帝的宗教迷信，早在原始社會就已產生。在原始社會，由於人類生產力水準低下，認識自然和改造自然的能力都受到一定的限制，人們對一些自然現象感到恐懼或束手無策，便訴諸祖先和神靈，從而產生了最初的神權觀念。夏代和商代的天命神權思想，就具有明顯的早期宗教文化特徵，主要表現在：一是將「天」說成是本族的祖先神，自己君王獨得「天命」；二是「天」是一個有意志的人格神；三是嚴厲的「天命」表現為「天罰」，即「天討有罪」，由君王代「天」行罰。夏朝之所以把戰爭說成是「天」的意志，是「代天行罰」，無非是在殘酷的刑法制度上找到了合理的藉口，同時也借助「天」的威勢來增加自己的權勢。更重要的是，這成為中國最早的「刑罰」理念。因為夏朝的建立，不是通過和平方式而完成的，而是靠戰爭、殺戮、征服建立起來的。而戰爭本身就是罰罪，所以，發動戰爭的一方，總是要先宣佈對方有罪，然後出兵征伐，這種征伐本身就成為一種刑罰，「神權思想」就是這種理念的結果。

根據史料記載，龍是夏人的圖騰，是夏人的旗幟，龍的神話在夏代十

---

[5] 孫詒讓：《墨子閒詁上・天志下》：「順天之意者，兼也；反天之意者，別也。兼之為道也，義正；別之為道也，力正。」(北京市：中華書局，2001 年 4 月)，頁 213。

分盛行。如大禹就是一條龍。

> 「鯀死，三歲不腐，剖之以吳刀，化為黃龍。是用出禹。」[6]「大禹
> 治水時，有神龍相助，江河疏浚，夏禹治水，有應龍以尾畫地，即
> 水泉流通文獻還記載夏後氏為木德，有龍瑞。」[7]

《史記‧封禪書》載：

> 夏得木德，青龍止於郊。[8]

夏朝崇龍的同時，也掀起了狂熱的祖先崇拜。夏代神話的又一特徵是王權神授。夏人認為，國王是天神在人間的代表，夏後氏作為天下共主的夏人的形成及其神話論略合法性來自天神賜予。

相傳夏禹本人對鬼神相當虔誠，且非常重視祭祀。因為夏朝崇拜祖先，夏人的祖神是鯀與禹，他們對鯀與禹行祖宗祭祀，不僅是乞求風調雨順，更是要保佑政權的長治久安。夏朝是農耕社會，對賴以生存的土地非常重視，於是夏人在圖騰神話的基礎上創造了自然神——社神，也即土地神，對社神進行祭祀崇拜。夏代崇拜的社神實際上就是禹，他既是祖神，也是社神，他身兼二任，這是國家神話與民族神話合而為一，是神權與政權的結合。孔子在《論語‧泰伯》說：

> 禹，吾無間然矣。菲飲食，而致孝乎鬼神；惡衣服，而致美乎黻
> 冕；卑宮室，而盡力乎溝洫。禹，吾無間然矣！[9]

6　郭璞注：《山海經》(上海市：上海古籍出版社，2015 年)，頁 404。

7　黑興沛、金榮權主編：《中國古代神話通鑒》(中州古籍出版社，1992 年)，頁 73。

8　楊家駱主編：《新校本史記三家注并附編二種1~4冊》(臺北市：鼎文書局，1993 年 2 月)，頁 1366。

9　何晏注、邢昺疏：《論語‧泰伯》(臺北市：藝文印書館，2011 年 12 月)，頁 73-74。

對於禹，真是沒什麼可批評的。他自己粗茶淡飯，而祭品卻很豐盛；自己衣服樸素，而祭服卻很華美；自己宮殿簡陋，卻盡力興修水利。這說明瞭夏王朝從禹開始承傳天神信仰，以「天神」為統治政治核心，因為天神具有崇高至上、不可動搖的權威性，所以必須非常虔誠恭謹地去祭祀牠。《尚書・洪範》也云：「天乃錫禹『洪範』九疇，彝倫攸敘。」[10]這是天賜與禹九類安民大法。這些治國大法才有條理。其子夏啓也將天神作為政治統治的工具，如夏啟討伐有扈氏時的誓辭：

> 大戰于甘，乃召六卿。王曰：「嗟！六事之人，予誓告汝：有扈氏威侮五行，怠棄三正，天用勦絕其命。今予惟恭行天之罰。左不攻于左，汝不恭命；右不攻于右，汝不恭命；御非其馬之正，汝不恭命。用命賞于祖；弗用命，戮於社。」[11]

夏啟指責有扈氏犯了天條，自己在替天行道，然後警告部下：「用命賞于祖；弗用命，戮於社。」賞罰都是天神的旨意，同時認為王權是神所賜予的，把神權變為王權，藉神權行使國家政治的權力，以此來對夏朝諸侯國進行統治。

因此，夏王朝是屬於君權神授時代，它是繼承了部落聯盟時期的天神信仰，夏人認為帝王是天神在人間的代表，是天神賜與人間合法性的共主。這是「神人合一」的文化特徵，是統治者為了使自己的政權神聖化、合理化，有意創造了主宰天上地下的「至上神」，即帝王的旨意來自天神的意志體現，把一切都說成是天命，天神成為夏王朝統治者們手中的工具，凡事藉天神之命，以行用天之罰，這是天子受命於天的思想觀念。如《尚書・皋陶謨》說：

> 天敘有典，敕我五典五惇哉；天秩有禮，自我五禮有庸哉；同寅協

---

[10] 《尚書正義・洪範》，頁 168。

[11] 《尚書正義・甘誓》，頁 98。

恭和衷哉；天命有德，五服五章哉；天討有罪，五刑五用哉。政事
懋哉懋哉。天聰明，自我民聰明，天明畏自我民明威。[12]

這說明了上天的明察，來自於人民的意見，是非善惡，天民相通，此時天
和神的關係，亦即天人的關係。但是這種神權思想在形式、內容都比較簡
單，在夏朝卻佔有統治地位，並對後世產生了巨大的影響。

第二節　商朝的天人思想

　　商朝初期是典型祭祀時代，神權思想達到了高峰，商朝的「天命觀」
比夏朝有更進一步的發展。商朝直接把「天」與自己的祖先連在一起，稱
商的祖先是上帝(天)的兒子，《詩經・商頌・玄鳥》稱：「天命玄鳥，降
而生商」[13]，《詩經》的玄鳥是殷人崇拜的至上神[14]。此神是商人遠祖
「夒」或「簡狄」[15]《詩經・商頌・長發》也云：「有戎方將，帝立子生
商」[16]。這個天是至上神，存在於眾神之上，是創造並支配著一切的最高
神，是整個自然界和人類社會的主宰，不僅支配著自然界，還掌管著人間
的禍福。殷人把天上至高無上的至上神稱之為帝或上帝，殷人認為，天上
的神權與地上的王權是緊密結合的，神權是高於並統治一切的，商王的權
力和地位是上帝授予的，他所從事的每一項活動都被看作是在上帝的庇護
下完成的，這樣，商王就從血緣上找到了充當「帝」在人間代理人的合法
依據。同時商朝發展了完整的敬天事神的儀式，並專設神職人員以做天人

---

[12] 《尚書正義・皋陶謨》，頁 62-63。

[13] 阮元：《十三經注疏・毛詩正義・商頌・玄鳥》，頁 792。

[14] 葛志毅：《中國古代社會與思想文化研究論集》(哈爾濱：黑龍江人民出版社，2007 年 9 月)，頁
288-289。李申：《上帝—儒教的至上神》：「上天命令玄鳥下凡，降生了商的祖先(帝立子生
商)。」(臺北市：東大圖書(股)公司，2004 年 4 月)，頁 5。

[15] 鄒曉麗：《甲骨文文字學述要》：「卜辭的象形夒做吞物的樣子，與簡狄吞玄鳥卵生商的傳說相
符。」，頁 258。

[16] 《毛詩正義・商頌・長發》，頁 800。

媒介，傳達上天的意志，完成對國家的治理。《禮記‧表記》上說：「殷人尊神，率民以事神」[17]。商朝的神職人員被稱為「貞人」或「卜史」，這些神職人員還經常利用「占卜」或祭祀來獲取神諭或發布神命來實施神權統治，甲骨是統治者獲取神諭或神命的媒介，甲骨占卜就成為殷商王室與商代諸神之間溝通的媒介，巫祝貞人就成為他們的仲介人。

在殷商卜辭資料中，並沒有天字，只有帝或上帝，據王志躍認為：「帝的觀念提出是史前部落聯盟下所發生『絕地天通』[18]後所產生的結果，古代神靈系統進行了大的整理，從而形成了天，帝祖先崇拜的二元系統」[19] 所謂『絕天地通』，實際上是禁止民眾自作巫史溝通鬼神，而將「天地通」的權力集中壟斷於統治者手中。例如顓頊時代，這種神權已為統治者所專有，神鬼祭祀一類的神事專由南正重管理，人間的民事專由火正黎管理，這樣就把民事與神事徹底分開，不再雜糅混淆。也就是統治者把天神祭祀專管起來，交給自己的巫職人員管理，形成了為自己服務的巫史集團，使神權成為自己統治的有力工具。

古來一切稱帝之神王皆是宗神，每一步落都有其特殊之宗神。因部落混合，成為宗神之混合，後來為了部落的統一，各氏族被強而有力的統治者所領導，各氏族宗族神的崇拜，轉變為國家統一的宗祖神，最後國家統一再轉變為一神教，此神即對應於天下人間的人王。胡厚宣在〈殷卜辭中的上帝與王帝〉也說：

> 天上的上帝，是與人間的王帝相適應的，統一之神的形成，反映了當時已經出現了各部族聯合的統一王國，一個上帝，如沒有一個君王，永不會出現。支配許多自然現象，並結合各神乎相衝突的自然

---

[17] 阮元：《十三經注疏‧禮記‧表記》，頁915。

[18] 《尚書正義‧呂刑》：「苗民弗用靈，制以刑，惟作五虐之刑曰法。殺戮無辜，爰始淫為劓、刵、椓、黥。越茲麗刑並制，罔差有辭。民興胥漸，泯泯棼棼，罔中於信，以覆詛盟。虐威庶戮，方告無辜於上。上帝監民，罔有馨香德，刑發聞惟腥。皇帝哀矜庶戮之不辜，報虐以威，遏絕苗民，無世在下。乃命重、黎，絕地天通，罔有降格。」，頁296。

[19] 王志躍：《先秦儒學史概論》(臺北市：天津出版社)，頁52。

力的上帝的統一。[20]

　　這就像《山海經》和《史記・五帝本紀》將許多著名的天神，歸結在一個統治者的名下一樣，由原來的帝往上升，就成了上帝，成了天帝，人王被天帝所取代，因而帝號通攝天人。人們要服從帝，當然也要服從帝在人間的代理人商王的統治，違抗王命等於違抗神命，要受到「天罰」，約在西元前 17 世紀，商湯正式興兵討伐夏桀，發表了討伐夏桀的檄文，聲稱：

> 有夏多罪，天命殛之……予畏上帝，不敢不正……爾尚輔予一人，致天之罰。[21]

　　在這篇檄文中，商湯搬出了上帝，指出是上帝不滿夏桀犯下的諸多罪行，命令商湯去討伐夏桀，商湯由於敬畏上帝，不敢不去征討，同時要求自己的將士輔佐於己，行使上帝對夏桀的懲罰。商朝時期刑罰極為殘酷，為了對酷刑的實施有所遮掩，統治者極力宣稱「代天行罰」，利用「天罰」宣稱施行刑罰是上天的意志，是秉承神的指令，從而給刑罰蒙上一層神聖的外衣，強調天以及上帝的絕對權威，把自然災害、天下治亂以及生死禍福等現象都說成天行賞罰，因此，殷商神權與政治合而為一，天命神權是國家政治及國家意識形態的核心，「天命」是保佑殷商政權的，「天命」是恆常不變的，因而殷商政權也是恆常不變的，也因為這種邏輯思惟，使商紂王至死仍堅信：「嗚呼！我生不有命在天！」[22]殷王對上帝有絕對信任，認為有上帝的庇佑，即使大難臨頭，也會萬事大吉。這也是導致商王朝滅亡的原因，同時意味著殷商天命神權思想，面臨著崩潰和瓦解的命運。

---

[20]　胡厚宣：〈殷卜辭中的上帝與王帝〈上〉〉，《歷史研究》第 8 期，1959 年 8 月，頁 24。

[21]　《尚書正義・湯誓》，頁 108。

[22]　《尚書正義・西伯戡黎》，頁 145。

第三節　周代的天人思想

一、《周易》之天人思想

　　《周易》是我國最早的一部卜筮之書，《周易》的〈卦爻辭〉也就是巫師〈史官〉占卜後所作的紀錄。在周代時，當國家有重大之決策，如戰爭、祭祀、締盟、狩獵等事，仍由卜人占卜後，將吉凶告知執政之君主後，決定是否實行。周人創作《周易》，是在祭拜禮贊神明時，產生用蓍草占卜之方法；又創立以一、三、五奇數為陽、二、四、六偶數為陰之卦數。又觀察陰陽之變化而創立八卦；發揮陰陽與剛柔之作用而產生爻。和順於道德，從卦爻之涵義探討事理；窮盡事物之道理，盡知天地萬物之本性，以至於通達天命。〈說卦第九〉[23]云：

> 昔者聖人之作易也，將以順性命之理。是以立天之道，曰陰與陽，立地之道，曰柔與剛，立人之道，曰仁與義。[24]

此言聖人創作《周易》，是要順應性命之理。因此，確立天道是陰與陽，地道是柔與剛，人道是仁與義，天地人之道由此定位。

　　由說卦之聖人作《周易》，是觀察天地人之間之道理。由天道之陰陽，地道之柔剛，人之仁義，去推論性命之理。〈繫辭上第七〉云：

---

[23] 對於《易傳》作者眾說紛紜，但從《左傳》記載可知，孔子的時代已有《易經》與早期的《易傳》、《十翼》。如：1、《左傳‧昭公二年》傳：「二年，春，晉侯使韓宣子來聘，且告為政，而來見禮也，觀書於大史氏，見易象與魯春秋，曰，周禮盡在魯矣。」2、《左傳‧閔公元年》傳：「屯故比入」和「坤安震殺」。3、《左傳‧襄公九年》傳：穆姜對「元亨利貞」解釋曰：「亡！是於《周易》，曰：『隨，元亨利貞，無咎。元體之長也，亨嘉之會也，利義之和也，貞事之幹也。體仁足以長人，嘉德足以合禮，利物足以和義，貞固足以幹事』。4‧而徐復觀：《兩漢思想史》卷三，亦有明述。(上海市：華東師範大學出版社，2001年)。5、張岱年：《中國哲學史史料學》認為《荀子‧大略》篇中有一段話是和《易大傳》中的《象傳》相同：「咸，感也，柔上而剛下，二氣感應已相與，止而說，男下女。」(北京市：中華書局，2018年9月)。故本論文以部分《易傳》之注解作為荀子天人分合思想之佐證。

[24] 《周易正義‧說卦第九》，頁183。

天尊地卑，乾坤定矣。卑高以陳，貴賤位矣。動靜有常，剛柔斷矣。方以類聚，物以羣分，吉凶生矣。在天成象，在地成形，變化見矣。[25]

此〈繫辭〉開宗明義說明《周易》是從天在上而尊貴，地在下而卑微，說明天地有尊卑之關係，則天地間之事物就依尊卑各居其位，又天地間之事物有其動靜，動極必靜，靜極必動，有其恆常之規律；陽剛與陰柔就由此斷定。人道是同類相聚，萬物則按羣體區分，人與物皆有善惡之分，就產生吉凶之不同；天有日月星辰晦明等現象，地有山川河嶽不同之形態，其中複雜之變化，可以見到。因此，易經的道理在告訴我們：宇宙萬物隨時都在變化之中，但是這一切的變化，都有它的法則。〈繫辭上第七〉云：

《易》與天地準，故能彌綸天地之道。仰以觀於天文，俯以察於地理，是故知幽明之故。原始反終，故知死生之說。精氣為物，遊魂為變，是故知鬼神之情狀。[26]

此說明易道，是以天地作準繩，所以能包括天地間一切之道理，上觀天上日月星辰之文采，下察地面之山川河嶽之紋理，知道光明晦暗之道理。並從而推究萬事萬物之起始，並返求萬物之終結，所以從易道是知道生死循環之道理，精氣可以化成人類，遊魂則人類死亡後之靈魂。因此，可以推知鬼神之情狀。

由上可知，易道廣大，而且生生不息，變化無窮。古之聖人不僅見到易道之繁雜，而且能從易道中體會其理，而製做器物，造福百姓；周易人道觀念的產生，是人們對天文、地理、人事的各種現象進行觀察後產生的。〈繫辭上第七〉又云：

25　《周易正義・繫辭上第七》，頁143。
26　《周易正義・繫辭上第七》，頁147。

聖人有以見天下之賾，而擬諸其形容，象其物宜，是故謂之象。[27]

〈繫辭下第八〉亦云：

> 古者包犧氏之王天下也，仰則觀象於天，俯則觀法於地，觀鳥獸之
> 文與地之宜，近取諸身，遠取諸物，於是始作八卦，以通神明之
> 德，以類萬物之情。作結繩而為网罟，以佃以漁，蓋取諸離。庖犧
> 氏沒，神農氏作斲木為耜，煣木為耒，耒耨之利，以教天下，蓋取
> 諸益。日中為市，致天下之民，聚天下之貨，交易而退，各得其
> 所，蓋取諸噬嗑。神農氏沒，黃帝、堯、舜氏作，通其變、使民不
> 倦：神而化之，使民宜之。易窮則變，變則通，通則久。是以自天
> 祐之吉，无不利。黃帝、堯、舜垂衣裳而天下治，蓋取諸乾、坤。
> 刳木為舟，剡木為楫，舟楫之利，以濟不通，致遠，以利天下，蓋
> 取諸渙。服牛乘馬，引重致遠，以利天下，蓋取諸隨。重門擊柝，
> 以待暴客，蓋取諸豫。斷木為杵，掘地為臼，臼杵之利，萬民以
> 濟，蓋取諸小過。弦木為弧，剡木為矢，弧矢之利，以威天下，蓋
> 取諸睽，上古穴居而野處，後世聖人易之以宮室，上棟下宇，以待
> 風雨，蓋取諸大壯。古之葬者，厚衣之以薪，葬之中野，不封不
> 樹，喪期無數；後世聖人易之以棺椁，蓋取諸大過。上古結繩而
> 治，後世聖人易之以書契，百官以治，萬民以察，蓋取諸夬。[28]

此說明古昔伏羲氏、神農氏、黃帝、堯、舜以降之聖王，都從觀察卦象的
原理，來製作器物，改善人類生活。包犧氏從離卦發明网罟，以利漁獵；
神農氏從益卦原理製作耒耨，以利農耕；從噬嗑卦原理，有日中為市之制
度，以利民眾交易貨物；黃帝、堯、舜從乾卦、坤卦，建立衣裳之制度；
從渙卦發明舟楫，以便利交通；從隨卦之理，知道用牛馬負重致遠，便利

27　《周易正義・繫辭上第七》，頁 150。

28　《周易正義・繫辭下第八》，頁 166-168。

天下；從豫卦之理設置重門，擊柝巡夜，以防備盜賊；從小過卦之理製作臼杵，以助萬民舂米；從睽卦創造弧矢，以威服天下。從大壯卦原理製造宮室，以遮蔽風雨；從大過卦發明棺椁，以建立喪葬制度；從夬卦代替書契，以治理萬民。

　　《周易》天道與人道的關係，是「聖人」效天地而則之[29]。聖人又運用什麼方法去認知天地人的道理呢？是通過「仰則觀象於天，俯則觀法於地，觀鳥獸之文與地之宜，近取諸身，遠取諸物」象徵的手法來創作《周易》的卦爻，並順應萬物發展的規律，運用易卦來推演事物的道理，同時在卦象中將「天」、「地」、「人」三才以符號的形式展現出來，體現了天人間的關係。《周易》正是通過這種符號系統，把一切自然現象和人事吉凶全部納入六十四卦的卦象系統，按照萬物生成交替的規律，從天地到人倫，將六十四卦有系統地排列成一個天人合一的整體。由此可見，「天」、「地」與「人」和諧統一的天人合一思想貫穿於整個《周易》學說的體系之中。

　　三才之道最重要的是人道，要有天地化育萬物之功，即是天人合德。古之聖王深刻體會「崇孝天、卑法地。」[30]的天人合一之道，能從天地日月四時之變化，適時採取應變措施。故〈乾卦·文言傳〉云：

> 夫大人者，與天地合其德，與日月合其明，與四時合其序，與鬼神合其吉凶。先天而天弗違，后天而奉天時。天且弗違，而況於人乎？況於鬼神乎？[31]

這是強調天與人是有著相同的德性，遵循著共同的陰陽之道。這是由天道推及人道，從人與自然的和諧，達到天人合一的境界。

---

[29]　《周易正義·繫辭上第七》：「是故法象莫大乎天地，變通莫大乎四時，縣象著明莫大乎日月，崇高莫大乎富貴……是故，天生神物，聖人則之；天地變化，聖人效之。」，頁156-157。

[30]　《周易正義·繫辭上第七》，頁150。

[31]　《周易正義·乾》，頁17。

二、《詩經》之天人思想

　　《詩經》是最古之詩歌總集，包括十五國風、二雅、三頌。其中頌屬宗廟祭祀之詩歌，其詩歌中描寫夏商周各王朝之起源，及宗廟祭祀之情形。由於宗廟祭祀，必須祈禱神明，與天帝溝通，天人之關係極為密切。〈大雅・皇矣〉云：

> 皇矣上帝，臨下有赫。監觀四方，求民之莫。……維此王季，帝度其心。[32]

上帝監觀四方，是赫然而有威儀，並度量君主有無關懷民瘼。就如文王，天帝就度量其心，是否具有王者之德。所以天人之間之關係，是天在道德上，要求君主與眾民都要具有高尚之道德。在《詩經》雅、頌中，有許多天君同德的核心觀念。如〈大雅・假樂〉云：

> 假樂君子，顯顯令德。宜民宜人，受祿於天。……保右命之，自天申之。干祿百福，子孫千億，穆穆皇皇，宜君宜王。[33]

天君同德就是要求人君須順天保民，則風調雨順，擁有王位。否則，上天變其成命，覆其王位，以有德者代之。因為先民們生活的幸與不幸，很大程度取決於君的賢與不賢，要實現「樂土」的理想，必須讓人君順天養民。〈周頌・清廟〉亦云：

> 於穆清廟，肅雝顯相。濟濟多士，秉文之德。[34]

---

[32] 阮元：《十三經注疏・毛詩正義・大雅・皇矣》，頁 567-570。

[33] 《毛詩正義・大雅・假樂》，頁 615。

[34] 《毛詩正義・大雅・清廟》，頁 707。

〈大雅‧烝民〉云：

> 天生烝民，有物有則。民之秉彝、好是懿德。[35]

在上天監臨天下眾民之時，萬物都有其法則。民眾要秉持天賦之常性，喜好善美之德性。

君主承天命而統治天下，不僅天帝對帝王監臨，帝王本身亦應謹慎小心，侍奉上帝。《詩經》中，對周文王之敘述最多，如〈大雅‧大明〉：

> 維此文王，小心翼翼，昭事上帝，聿懷多福。厥德不回，以受方國。[36]

此言文王小心翼翼，以明德事奉上帝，所以得到許多福祿。文王之德性純正無邪，所以接受四方之國擁戴。〈周頌‧維天之命〉云：

> 維天之命，於穆不已。於乎不顯，文王之德之純。[37]

此言上天之道，剛健不息；文王之德是純一敬謹，故能與天道配合。〈大雅‧文王之什〉也云：

> 上天之載，無聲無臭。儀刑文王，萬邦作孚。[38]

此言上天之行事，無聲又無氣味。只有效法文王修德之行善之典型，使天下萬邦信服他。《詩經》中的人文思想，有很多表現天神權威墜落的一

---

[35] 《毛詩正義‧大雅‧烝民》，頁 674。

[36] 《毛詩正義‧大雅‧大明》，頁 541。

[37] 《毛詩正義‧周頌‧維天之命》，頁 708。

[38] 《毛詩正義‧大雅‧文王之什》，頁 537。

面，人民開始疑天，如：〈小雅・正月〉：

> 民今方殆，視天夢夢。[39]

〈小雅・雨無正〉：

> 浩浩昊天，不駿其德，降喪饑饉，斬伐四國，旻天疾威，弗慮弗圖。[40]

〈大雅・蕩〉：

> 疾威上帝，其命多辟。天生蒸民，其命匪諶。[41]

〈大雅・抑〉：

> 天方艱難，曰喪厥國，取譬不遠，昊天不忒。[42]

到了幽王時代，詩人們對天的態度已不只是懷疑、抱怨，而是無情的攻擊。如〈小雅・節南山〉：

> 昊天不傭，降此鞠訩，昊天不惠，降此大戾。……不弔昊天，亂靡有定。[43]

---

[39] 《毛詩正義・小雅・正月》，頁 398。

[40] 《毛詩正義・小雅・雨無正》，頁 409。

[41] 《毛詩正義・大雅・蕩》，頁 641。

[42] 《毛詩正義・大雅・抑》，頁 649。

[43] 《毛詩正義・小雅・節南山》，頁 395-396。

又云：

> 天方薦瘥，喪亂弘多。民言無嘉，憯莫懲嗟！……不弔昊天，不宜空我師。[44]
> 昊天不平，我王不寧。[45]

這些詩是人民對天激烈的呼告與埋怨，甚至深惡痛責，這是人民要求從天神中解放出來，也是人文思想的一大進步。這種思維的突破在當時具有重大的意義，標明了人類向傳統的「天命」的挑戰，開啟人類理性科學的大門。

三、《尚書》之天人思想

《尚書》是中國最早的一部史書，尚書之主要部分，皆政府誥命之文，當為公文之義，亦即古代之公文[46]。其體例漢·孔安國括為典、謨、訓、誥、誓、命六體。其中有關天人思想之記載，是古代政治思想之具體寫照。周代之時，認為天能藉占卜指示下民。《尚書·大誥》云：

> 寧王遺我大寶龜，紹天明。……我有大事、休，朕卜并吉。……予惟小子，不敢替上帝命，天休于寧王，興我小邦周，寧王惟卜用，克綏受茲命。今天其相民，矧亦惟卜用。……天命不僭，卜陳惟若茲。[47]

〈大誥〉是武王駕崩後，三監及淮夷叛，周公相成王，將黜殷，作

44　《毛詩正義·小雅·節南山》，頁 394。

45　《毛詩正義·小雅·節南山》，頁 396。

46　屈萬里：《尚書集釋》(臺北市：聯經出版社，1983 年 10 月)，頁 6-7。

47　《尚書正義·大誥》，頁 190-194。

〈大誥〉。文中知西周初年，仍用龜甲占卜。周公有國家大事，必須詢問天意。若天認為吉利，則依天意行之，周公覺得自己不敢廢棄上天的命令。上天嘉獎文王，使我們這個小小的周國興盛起來。文王通過占卜，繼承了上天所授予的大命。現在上天命令其臣民幫助我，何況我又通過占卜瞭解到上天的這番用意呢？因此作如此之陳述。天是可以命令帝王，並監視下界。君主須藉占卜體察天意。在《尚書》可以找到例證。如〈君奭〉云：君奭在昔上帝，割申勸寧王之德，其集大命于厥躬。[48]此篇中將天稱為上帝，比〈大誥〉更具體地人格化。文中周公勉勵召公，上帝將大命交付於你我，一定要修文王之德，輔佐成王。〈召誥〉中又云：今天其命哲，命吉凶，命歷年。[49]所謂天命，是天帝要觀察君主是否具有智慧，能領導天下百姓；天帝還會將吉凶顯示給君主知道，如天有異象、災異，都是天帝向君主示警之徵兆。甚至君主執政之年限，都由上帝決定。〈多方〉中亦有類似之敘述，其云：「天惟時求民主，乃大降顯休命于成湯，刑殄有夏。」[50] 此言周公強調上天尋求人民之君主，於是大降光明且美好之命令給商湯，消滅夏朝。可見君主亦由上天挑選，君主不可過於安樂，以免被天唾棄。〈無逸〉云：

> 昔在殷王中宗，嚴恭寅畏，天命自度，治民祇懼，不敢荒寧。[51]

此言周公往昔殷王中宗之時，莊嚴、恭敬、謹慎、畏懼，不敢過於安樂。因此須要與天溝通，明白天意，也就是與天同心，方能作君主。其實，話又說回來，天意到底為何？天何曾言語？〈泰誓中〉云：天視自我民視，天聽自我民聽。[52]〈皋陶謨〉亦云：

---

[48] 《尚書正義・君奭》，頁 247。

[49] 《尚書正義・召誥》，頁 223。

[50] 《尚書正義・多方》，頁 256。

[51] 《尚書正義・無逸》，頁 24。

[52] 《尚書正義・泰誓中》，頁 155。

天聰明自我民聰明，天明畏自我民明威。達於天下，敬哉有土。[53]

天意即是民意，因為天之觀察與聽聞，都來自民意。天之聰明，來自我們人民之聰明；天揚善懲惡，也來自我們人民之威嚴。所以天意與民意相通。〈泰誓上〉云：「天矜于民，民之所欲，天必從之。」[54]亦是言此。

隨著社會的變遷、政治的複雜化與人文素質的提高，天命思想越來越不能適應社會的需要，人民開始疑天，商末周初，社會動盪不安，人民處於飢寒交迫的狀態，原先的統治思想與政治觀念都受到極大的衝擊。人民發現天命並非永恆不變。如〈君奭〉云：「我受命無疆惟休，亦大惟艱。」[55]又說：「弗弔天降喪于殷，殷既墜厥命」[56]〈多士〉亦云：「弗弔旻天大降喪于殷，我有周佑命」[57]這些事實證明「天不可信」之想法。周武王滅商後，雖繼承了神權法思想，仍然以「天討」、「天罰」等神權觀念來證明自己推翻商朝統治的合法性，但也對殷人的天命說和推行的神權政治產生了動搖，周初統治者對以往歷史考察的基礎上，認識到上天授予或剝奪一姓一族的統治權是有一定的標準和依據的，這個標準和依據就是德治思想。「德」在西周受到統治者高度重視，因為它直接關係到天命的予奪。

周初時，「上帝」的觀念，不僅保持了「帝」的主宰和意志，還具有了與「天」虛遠神秘、廣大、造化萬物相似的特徵。而周人將其「帝」的觀念，在很多場合都稱為「天」[58]，並認為與天一樣來指稱至上神；並且從宗教性的「上帝」逐漸過渡到倫理道德的「天」。這是神權法思想在西周發生了重大變化，此時周公旦提出「以德配天」的思想修正了神權法思

---

[53] 《尚書正義・皋陶謨》，頁 63。

[54] 矜，憐也。言天除惡樹善與民同。《尚書正義・泰誓上》，頁 154。

[55] 《尚書正義・君奭》，頁 248。

[56] 《尚書正義・君奭》，頁 244。

[57] 《尚書正義・多士》，頁 236。

[58] 《毛詩正義・周頌》：「昊天有命，二后受之」、《毛詩正義・大雅》：「文王在上，於昭於天，周雖舊邦，其命維新」、《尚書正義・康誥》：「天亦大命文王殪戎殷」、《尚書正義・大誥》：「天休于寧王，興我小邦周，寧王惟卜用克綏受茲命……嗚呼！天明畏，弼我丕丕基」。

想，周公旦總結商朝滅亡教訓時，提出「天命靡常」，認為天命不是固定不變的，作君王應「以德配天」、「敬德保民」，才能長期獲得人民的擁護。天命不會永遠地保佑某一個人或某一個王朝，統治者必須小心謹慎地治理國家，否則，天命就會轉移。

「皇天無親，惟德是輔」[59]只有有德者，才可以承受天命，並受到上天的保佑，失德就會失去天命。過去，商朝的先王有德「克配上帝」[60]，所以天命歸商，後來由於商王失德，商王就被上天拋棄。周族之所以被上天選中取代商，是因為周王有德，既然代商而治是上天的旨意，周王也就不敢放棄天命的保佑。後來周公進行了發揮，把德上升到了天命的高度，認為民情可視天命。〈皋陶謨〉：「慎厥身修思永」[61]、〈君奭〉：「文王尚克修和我有夏」[62]，都是強調領導階層要修己。所以對君王來說，修己首先要注重道德，才能保有天命，天命的保有、演變與喪失，要看君王是否注重自身德行修養，是否以德治國，〈康誥〉說：

丕則敏德，用康乃心，顧乃德，遠乃猷，裕乃以民寧。[63]

這是肯定道德在政治統治中的地位作用。〈召誥〉亦曰：

「肆惟王其疾敬德，王其德之用，祈天永命。」[64]、「惟不敬厥德，乃早墜厥命。」[65]

---

[59] 《尚書正義‧蔡仲之命》：「天之於人，無有親疏，惟有德者，則輔佑之。」，頁254。

[60] 《毛詩正義‧大雅‧文王之什》，頁537。

[61] 《尚書正義‧皋陶謨》：「修其身，思為長久之道。」，頁59。

[62] 《尚書正義‧君奭》：「文王庶幾能修政化，以和我所有諸夏。」，頁246。

[63] 《尚書正義‧康誥》：「言當修己以敬，無為可怨之事，勿用非善謀、非常法，斷行是誠道，大法敏德，信則人任焉，敏則有功用，是誠道，安汝心，顧省汝德，無令有非，遠汝謀思為長久。」，頁206。

[64] 《尚書正義‧召誥》，頁223。

[65] 《尚書正義‧召誥》：「惟以不敬其德，故乃早墜失其王命。」，頁222。

君王應當用美德來祈求永久的天命，君王要認真做事，就不能不施行德政；不施行德政，就會失去天命。又說：

> 我不可不監於有夏，不可不監于有殷。[66]

召公認為，既要借鑒夏代興亡的經驗，也要借鑒殷代興亡的經驗。得之，天命；失之，也是天命。

　　所以商湯替夏之後，從歷史經驗中吸取教訓，要有領崇天道，永保天命的思想。領崇天道，就是要順從天運行的規律，就是要遵天命，重德治，順民心，就是要敬天、敬德。敬天是君王統治受命於天，所以敬天，是保有天命的首要條件。敬天是古代政治生活中的頭等大事，集中體現在祭祀天地諸神的禮儀上。〈酒誥〉：「水無於水監，當於民監」[67]，主政者不能把水當作鏡子來照影，而應通過民情來檢查自己的政事。敬德是保民的必要前提，而保民乃是敬德的具體表現，敬是恭敬謹慎[68]，要用恭敬和畏懼的心去對待「天命」和人事，只有取信於民，才能取信於天。

　　中國古代的德治思想具有神權法色彩，有鎮壓人民反抗的現象，這反映統治階級利益具有局限性，但是它在政權更替，社會動盪時，解決了國家思想和意識領域的問題，特別是周朝推翻商朝統治，論證了西周建立政權的合理、合法性。其次，它打破了以往神權法思想的壟斷地位，對神權法給予修正，引導著中國傳統社會沿著只重神事不重人事到既重神事又重人事，再到只重人事不重神事的方向發展，開始形成中國古代的以「人為本」的思想，並清晰的表現出道德的自我意識、重視民意和貴民愛民的思想，除了蘊含濃厚的人文精神，還是中國民本思想的先驅。在很長的歷史時期內，德觀念都無法能夠擺脫天道觀念的影響，一直到西周時期，德觀

---

[66] 《尚書正義・召誥》，頁 222。

[67] 《尚書正義・酒誥》：「古聖賢有言，人無於水監，當於民監，視水見已形，視民行事見吉凶，監工陷反下及注同」，頁 210。

[68] 《尚書正義・君奭》：「祇若茲，往、竟用治」，正義曰：「……恐召公不能終行善政，故戒之以慎終」，頁 249。

念才走出天命神意的迷霧，然而將它深入到人心靈的層面，則是春秋戰國時期思想家們的貢獻，也間接影響後世的政治思想。

第四節　孔孟的天人思想

　　孔子的天命思想，基本上是因襲周代的天命神學觀念，又從自然與道德去轉化傳統之天，把天和人緊密連結，作為現實社會人生的最高依據。以人事為中心，通過下學而上達，以人的內在仁性去溝通天人，把天看作是人的本質及人之所自來，既不是春秋時期神人合一中的神，也不是天命神學之天，而是被轉化的「天道」。

　　孔子認為天是自然界之主宰，雖然天看起來不言不語，但是天仍然是宇宙之主宰。如《論語‧陽貨》：「子曰：天何言哉？四時行焉，萬物生焉，天何言哉？」[69]孔子所說無言的天是客觀存在自然的天，天不說話但能支配四時的運行，百物之成長，而萬物皆是天孕育而生，故是造物主之天，是推動萬物之原動力，故天有主宰人類之力量。《論語》又說：「天生蒸民」、「天生德於予」、「天將以夫子為木鐸」[70]這是將「天」賦與一個道德義理的天，這指的是天生人時是賦予一道德意義的生命。「天將以夫子為木鐸」是儀封人見了孔子後，認為天下無道已久，天將以孔子為警世之木鐸，只有孔子能受天命，並以其道濟天下，使無道之天下歸於有道。〈泰伯〉也說：「大哉，堯之為君也。巍巍乎，唯天為大，唯堯則之。」[71]這是說「天」為崇高偉大，讚美堯德與天齊，堯是個偉大的人。

　　《論語‧公冶長》子貢曰：

---

[69] 何晏注‧邢昺疏：《十三經注疏‧論語注疏‧陽貨》：「孔子舉天亦不言，而令行以為譬也，天何嘗有言語哉？而四時之令遞行焉，百物皆依時而生焉，天何嘗有言語教命哉？以喻人若無言，但有其行，不亦可乎。」(臺北市：藝文印書館，2011年12月)，頁157。

[70] 《論語注疏‧八佾》，頁31。

[71] 《論語注疏‧泰伯》，頁72。

夫子之文章可得而聞也，夫子之言性與天道不可得而聞也。[72]

這是因為孔子將人道與天道結合在一起，重視人事，多講人道，少講天道，他認為有思想、有德性的君子，應該「知天命」[73]，他認為天命決定於大道的興廢，他說：「道之將行也與，命也，道之將廢也與，命也。」[74]又言：「生死有命，富貴在天」，人的生死富貴由天定，大道的興廢，文化的興亡，孔子將其歸結於天命，天命具有決定性的作用。孔子曰：

君子有三畏：畏天命，畏大人，畏聖人之言。小人不知天命而不畏，狎大人，侮聖人之言。[75]

其中，「畏天命」就是教導人們不要違背自然法則和客觀規律。要對上天有「敬畏」之心，大人、聖人順從天命，體現天道，天、大人、聖人三位一體，作為人類，要把自己的道德倫常和禮儀制度的規範，都要效法天而制定，盡人道便是盡天道。

孔子認為天是有意志的主宰之天，並對自然之天進行了發揮。孔子的德治思想本質上是周公旦思想的繼承，但作了更進一步的發揮，此時的孔子已不是在原始宗教的意義上去談論「以德配天」和「敬德保民」，而是把「德」上升到更加自覺的「德治」，此「德治」思想是以「仁」為核心，以仁為人的本性，是心靈的自覺，通過「克己復禮」[76]，以達到「修

---

[72] 《論語注疏・公冶長》，頁 43。

[73] 此「天命」非神性的天帝，而是孔子道德人格發展的進程，此處的「知」，亦非純粹客觀或科學的認知，而是經由道德實踐所產生的了悟，這是力行不輟的證知，所以知天命的同時，便能與天命契合無間。見劉瀚平：《儒家心性與天道》(臺北市：商鼎文化出版社，1996 年 12 月)，頁 81。

[74] 《論語注疏・憲問》，頁 129。

[75] 楊伯峻：《論語譯注・季氏》：大人──古代對於在高位的人叫「大人」，如《易・乾卦》：「利見大人」，對於有道德的人，也可以叫「大人」。此大人即聖人也，聖人與天地合其德，故君子畏之。見何晏注，邢昺疏，頁 149。又如《孟子・告子上》：「從其大體為大人。」北京：中華書局，1962 年 12 月，頁 199。

[76] 《論語注疏・顏淵》：「一日克己復禮，天下歸仁。為仁由己，而由人乎哉？」，頁 106。

己安人」[77]的道德修養，實現內聖外王之道，他認為人對道德的追求恰恰
體現了自然的規律，因此，孔子主張「不怨天，不尤人，下學而上達。知
我者，而天乎！」[78]天的實體融攝於人的主體人心之中，一切是非判斷存
乎心中，自我負責，因此不必怨天尤人，經由下學上達的具體實踐，達到
天人合德的境界。

　　孟子繼承了並發展了孔子以仁為核心的天人觀，保持了孔子重人事而
輕天命的態度，並承襲孔子天人合德，性道合一之道德基礎，繼續向前發
展，他將孔子所說的「命」與「天」加以界說為：「莫之為而為者，天
也。莫之致而致者，命也。」[79]這說明「命」與「天」非人之所能為也。
他說：

　　　　盡其心者，知其性也。知其性，則知天矣。存其心，養其性，所以
　　　　事天也。殀壽不貳，修身以俟之，所以立命也。[80]

當人擴充其善心，就能懂得人本來之性，因性之善，是由善心來表現的。
所以盡心就能知性，而性本為心之我予，性即是天，故由心能證知性，由
性必能證知天；又天地之間，往往有勞而不獲，善而不報之事，至於壽夭
福禍，亦無法預知，所以遇到此等情事，就歸之於「命」。所以孟子又
說：

　　　　莫非命也，順受其正。是故知命者不立乎巖牆之下。盡其道而死

---

[77] 《論語注疏・憲問》：「脩己以敬。曰：『如斯而已乎？』曰：『脩己以安人』曰：『如斯而已
　　乎？曰：『脩己以安百姓。』」」，頁 131。

[78] 《論語注疏・憲問》，頁 129。

[79] 楊伯峻：《孟子譯注・萬章上》：「沒有人叫他們這樣做，而竟這樣做了的，便是天意；沒有人叫
　　他來，而竟這樣來了的，便是命運。」，頁 223。

[80] 趙歧注・孫奭疏：《十三經注疏・孟子注疏・盡心章句下》(臺北市：藝文印書館，2011 年 12 月)，
　　頁 228。

者，正命也。[81]

雖然命運有很大的影響力與作用力，但是若順理而行，所接受的便是正命。所以懂得命運的人，不站在有傾倒危險的牆壁之下，盡力行道而死的人所受的是正命，只要順理而自修其身，則命運也可作為安身立命之處所。又言：「順天者存，逆天者亡」[82]孟子認為人不能違逆天意，只能順從天意，順從天意便能生存，違背天意，就會滅亡。又《孟子・梁惠王下》云：

> 苟為善，後世子孫必有王者矣。君子創業垂統，為可繼也。若夫成功，則天也。君如彼何哉？強為善而已矣。[83]

孟子認為君主創業垂統，繼往開來，是可以造就的，但是能否成功，則屬天意，現在只有努力行仁政罷了。

《孟子・盡心下》云：

> 口之於味也，目之於色也，耳之於聲也，鼻之於臭也，四肢之於安佚也，性也，有命焉，君子不謂性也。仁之於父子也，義之於君臣也，禮之於賓主也，知之於賢者也，聖人之於天道也，命也，有性焉，君子不謂命也。[84]

口、眼、耳、鼻各器官的愛好，都是天性使然，但是得到與否，卻屬於命運，君子不把它視為天性。孟子認為君子對於仁義禮知四者，屬於善性，不可歸之命，聖人得天道與否屬於命運，但也是屬於天性的必然，所以君

---

[81]　《孟子注疏・盡心章句上》，頁229。

[82]　《孟子注疏・離婁章句上》，頁127。

[83]　《孟子注疏・梁惠王章句上》，頁46。

[84]　《孟子注疏・盡心章句下》，頁253。

子不把它們認為是命運[85]。孟子言「仁義禮智根於心」，仁義禮智四端，猶人之四體，「非由外鑠我也，我固有之」，性本於天，天為道德來源，這裡天、命有別。孔子言「五十而知天命」，又言「生死有命，富貴在天」，將天與命合一。《中庸》雖言：「天命之謂性」，將天與性相連，但天仍與命相關。孟子雖將思想核心歸於天，但孟子並不否定命，他追求立命，通過天與命區分，要求人們努力於天道而不是命。

孟子所論之天，是天人相與的觀念，既是超越的，同時也是內在的，孟子認為作為宇宙萬物本體的天，存在於人的內心之中，孟子所說的盡心、盡性的態度，實即自反、自覺的功夫，由識仁、體仁、踐仁與天道之生生之大德相契合，此即天命與性的融合，也是魏元珪所說的：「仁德在自我實現中，所達到的最高體會。」[86]亦是義理之天，天是道德之本源，如何從個人心、性求得天道，盡心，才能呈現仁義禮智之善性四端，才能萬物皆備於我，反身而誠，樂莫大焉，孟子言天最終是為瞭解人事，以求天人合德的思想內涵。又說：

天降下民，作之君，作之師，惟曰其助上帝寵之。[87]

上天賦予人性命，且為百姓降生了君主和老師，讓他們代表自己去關愛萬民，聖人盡人道來配合天道，用禮樂治民，用道德教民。孟子認為，「天之生物也，使之一本」[88]，「萬物皆備於我矣。反身而誠，樂莫大焉。」[89]萬物之所以與我融為一體，是因為萬物之理都已經備於我身了。人與自然的合一也是以生生不已的「善」為基礎，孟子把天與人的心性聯繫起來，由人心本於性，而性乃受於天。但孟子所講的「天人合一」主要是道德價值意義上的合一，是天道也是人道，「誠身有道：不明乎善，不

---

[85] 楊伯峻：《孟子譯注‧盡心章句下》，頁 324。

[86] 魏元珪：《荀子哲學思想》(新店市：谷風出版社，1987 年 12 月)，頁 70。

[87] 《孟子注疏‧梁惠王章句下》，頁 32。

[88] 《孟子注疏‧滕文公章句上》：「天生萬物，只有一個根源。」見楊伯峻注譯，頁 136。

[89] 《孟子注疏‧盡心章句上》，頁 229。

誠其身矣。誠者，天之道也；思誠者，人之道也。」[90]誠是溝通天道和人
道的橋樑，「思誠」不是以誠作為客觀對象而思之，而是實踐地作自我反
思[91]，效法天道而獲得誠的品德，人道思誠，思誠則知天道[92]。

第五節　墨子的天人思想

墨子直承周初天帝之觀念，將天人相應之關係建立起來，認為天是有
意志、有人格的，天是全知全能的，是萬物之主宰，是兼愛萬民，實施賞
罰之神。《墨子·天志上）云：

> 子墨子言曰：「今天下之士君子，知小而不知大。何以知之？以其
> 處家者之知之。……焉而晏日，焉而得罪，將惡避逃之？」曰：無
> 所避逃之。夫天，不可為林谷幽門無人，明必見之。[93]

又說：

> 然則天亦何欲何惡？天欲義而惡不義。然則率天下之百姓以從事於
> 義，則我乃為天之所欲也。我為天之所欲，天亦為我所欲。[94]

[90] 《孟子注疏·離婁章句上》，頁133。

[91] 吳汝鈞：《儒家哲學》：「思誠不是以誠作為客觀對象而思之，而是實踐地作自我反思，淨化自己
的生命，使能臻於真實無妄的境地。這真實無妄也是天的性格。」(臺北市：臺灣商務印書館，
1995年12月)

[92] 所謂誠，就是誠實不欺，真心誠意。這本來是人所應具有的美好品德，然而，孟子並不僅僅以人論
人，而是以天論人。他先將誠說成是「天之道」，是天自然具有的品質，而人則是思誠者，是效法
天道而獲得誠的品德。人道思誠，思誠則知天道。見張立文：《天》(臺北市：七略出版社，1996
年1月)，頁47-48

[93] 孫詒讓：《墨子閒詁上·天志上》(北京市：中華書局，2001年4月)，頁192。

[94] 孫詒讓：《墨子閒詁上·天志上》，頁193。

> 今天下之君子，中實將欲遵道利民，本察仁義之本，天之意，不可
> 不慎也。[95]

墨子說，一個人得罪了家長，得罪了國君，他可以逃到鄰近的家族、逃到
鄰國去，但如果在光天化日下，得罪了上天，即使躲到幽暗的山林，上天
一樣可看到他，墨子認為天子應遵循天意，利益萬民，法天而行。墨子把
天人之間，視為一種互惠關係，天子仁愛百姓是符應天命，即「我為天之
所欲」。至於天覆育萬物，亦是「天亦為我所欲」之義。《墨子‧法儀》
[96]云：

> 天之行，廣而無私，其私，厚而不德，其明，久而不衰，故聖王法
> 之。[97]

墨子認為天的運行廣大無私，天的施惠豐厚而不自居，天的光明歷久不
衰，因此聖王以天為法則，聖王不做上天所希望的，卻做上天所不希望
的，這是率領天下的百姓，陷入災禍之中。因此，在〈天志中〉云：

> 人之所不欲者何也？曰病疾禍祟也。若己義不為天之所欲，而為天
> 之所不欲，是率天下之萬民以從事乎禍祟之中也。故古者聖王明知
> 天鬼之所福，而辟天鬼之所憎，以求興天下之利，而除天下之害。
> 天之為寒熱也節，四時調，陰陽雨露也時。五穀孰，六畜遂，疾菑
> 戾疫凶饑則不至。[98]

所以古時的聖王，明白地知道上天、鬼神所降福，而避免做上天、鬼神所

---

[95] 孫詒讓：《墨子閒詁上‧天志中》：「慎與順同，上下文屢云『順天意』」，頁199。

[96] 孫詒讓：《墨子閒詁上‧法儀》：「法借為法度，儀，義如渾天儀。《管子‧形勢》云：『法度者，萬民之儀表也。』」，頁20。

[97] 孫詒讓：《墨子閒詁上‧法儀》，頁22。

[98] 孫詒讓：《墨子閒詁上‧天志中》，頁201。

憎惡的事，以追求興天下之利，而除天下之害。所以天安排寒熱合節，四
時調順，陰陽雨露合乎時令，五穀熟，六畜繁殖，而疾病災禍瘟疫凶饑不
至。另外，天還能對人進行賞罰。《墨子‧天志中》云：

> 吾所以知天之貴且知於天子者，有矣。曰：天子為善，天能賞之；
> 天子為暴，天能罰之。天子有疾病禍祟，必齋戒沐浴，潔為酒醴粢
> 盛，以祭祀天鬼，則天能除去之，然吾未知天之祈福於天子也，此
> 吾所以知天之貴且知於天子者。[99]

為了顯示天之高貴偏智，墨子說天子為善政，則賞，天子行暴，則懲罰
他；天子有疾病災禍，必定齋戒沐浴，潔淨地準備酒醴粢盛，用來祭祀上
天鬼神，那麼上天就能幫他除去疾病災禍。只要天子能法天，就能像天一
樣高貴，故天子者，天下之窮貴也，天下之窮富也，故於富且貴者，當天
意而不可不順。[100]在墨子看來，順天意者，兼相愛，交相利，必得賞。反
天意者，別相惡，交相賊，必得罰，順天意者，義政也。反天意者，力政
也[101]。堯舜禹湯文武都是「從事兼」[102]，奉行兼愛之道，愛人利人，順天
之意，得天之賞者也，而桀紂幽厲者，則是「從事別」[103]，憎人賊人[104]，
反天之意，得天之罰的代表。
　　天、鬼、人三者是構成墨子天人觀的基本框架。在闡明天志的基礎
上，墨子又提出明鬼，所謂「明鬼」，就是證明鬼神的存在，目的是借助
鬼神進一步約束人們的思想，幫助天賞善罰惡，從而實現其理想。墨子認

---

[99]　孫詒讓：《墨子閒詁上‧天志中》，頁198。

[100]　孫詒讓：《墨子閒詁上‧天志上》：「窮，極也。」，頁195。

[101]　孫詒讓：《墨子閒詁上‧天志上》，頁196。

[102]　孫詒讓：《墨子閒詁上‧天志中》：「兼者，處大國不攻小國，處大家不亂小家，強不劫弱，眾
　　　不暴寡，詐不謀愚，貴不傲賤。」，頁204。

[103]　孫詒讓：《墨子閒詁上‧天志中》：「別者，處大國則攻小國，處大家則亂小家，強劫弱，眾暴
　　　寡，詐謀愚，貴傲賤。」，頁205-206。

[104]　孫詒讓：《墨子閒詁上‧天志中》：「上不利乎天，中不利乎鬼，下不利乎人，是謂天賊。」，
　　　頁206。

為鬼神是天下治亂的原因。墨子說：

> 逮至昔三代聖王既沒，天下失義，諸侯力正。……並做由此始，是
> 以天下亂。此其故何以然也？則皆以疑惑鬼神之有與無之別，不明
> 乎鬼神之能賞賢而罰暴也。今若使天下之人，偕若信鬼神之能賞賢
> 而罰暴也，則夫天下豈亂哉！[105]

墨子吸收了殷商重鬼神的文化傳統，認為鬼神實有，鬼神具有賞善罰惡的
能力，並建立了一套系統的鬼神觀，鬼神是實現墨家「義政」的保障。為
了證明鬼神的存在，墨子提出了三表法，《墨子・非命》云：

> 言必有三表，子墨子言曰：有本之者，有原之者，有用之者。於何
> 本之？上本之於古者聖王之事。於何原之？下原察百姓耳目之實。
> 於何用之？廢以為刑政，觀其中國家百姓人民之利。[106]

墨子認為有言論一定要有本、有原、有用這三種標準，上要本原於古時聖
王事蹟，向下要考察百姓的耳聞目見，同時把言論變為刑法政令，觀察是
否符合國家百姓人民的利益。利用上本之古代聖王事蹟和經典記載，下原
察眾人耳目的方法來論證鬼神實有。因此，墨子利用以下三表法來證明鬼
神的存在：

第一、鬼神的存在與古代聖王的事蹟相符：墨子斷言，鬼神的存在是
千真萬確的，正因如此，祭祀、事奉鬼神是古代聖王的重要活動內容。不
僅如此，為了讓後世子孫深信鬼神的存在，古代聖王還在書中頻頻記載鬼
神之事。不僅把鬼神書之竹帛，而且還琢之盤盂、鏤之金石。其用心良苦
便是讓後世子孫，篤信鬼神的存在。

第二、鬼神的存在符合人民的耳目之實：依據墨子的說法，斷定一個

---

[105] 孫詒讓：《墨子閒詁上・明鬼下》，頁 221-223。

[106] 孫詒讓：《墨子閒詁上・非命上》，頁 266。

事物是有是無的方式，就是看它與眾人的耳聞目見是否相符合。眾人聞見者為有，眾人未耳聞未見者為無。他進一步指出，鬼神的存在是有目共睹的，許多人都親自耳聞目見了鬼神的存在。在此舉了許多例子說明鬼神的存在。如論證了很多人都曾親眼目睹鬼神的模樣或聽到過鬼神的聲音，例如〈明鬼下〉云：

> 夫天下之為聞見鬼神之物者，不可勝計也……則若昔者杜伯是也……：「予為句芒。」……燕簡公殺其臣莊子儀而不辜……有臣曰祐觀辜……昔者，齊莊君之臣子，有所謂王里國、中里徼者……。[107]

　　第三、鬼神的存在與國家百姓人民之利益相符。其次，他還列舉古代聖王之事證明鬼神之實有，例如，他在〈明鬼下〉中寫到：

> 故武王必以鬼神為有，是故攻殷伐紂，使諸侯分其祭，若鬼神無有，則武王何祭分哉？[108]

最後，他以先王之書記載為據，證明鬼神的存在。若鬼神無有，則文王既死，彼豈能在帝之左右哉？這是〈周書〉之鬼也。

　　墨子天人關係除了提出天志、明鬼，又主張非命思想，非命的觀點是否定天命對人事的支配和影響。墨子明確地提出非命論，主要是為了反對儒家「生死有命，富貴在天」的命定論。他明確指出，政治上的安危治亂決定於執政者的所作所為，與天命無關，在〈非命中〉云：

> 其在湯武則治，其在桀紂則亂。安危治亂，在上之發政也，則豈可

---

[107]　孫詒讓：《墨子閒詁上・明鬼下》，頁 224-233。

[108]　孫詒讓：《墨子閒詁上・明鬼下》，頁 235。

謂有命哉。[109]

墨子並進一步指出：持天命者並非是像商湯、周文王、周武王這樣的聖人，而是像夏桀、商紂王這樣的暴君，這些暴君為了掩飾自己的過錯，將之歸於天命。墨子不僅僅說執有命說的人不仁，他認為「有命說」就是「暴人之道」，他說：

> 昔上世之窮民，貪於飲食，惰於從事，是以衣食之財不足，而饑寒凍餒之憂至，不知曰：「我罷不肖，從事不疾」，必曰：「我命固且貧」。昔上世暴王，不忍其耳目之淫、心涂之辟，不順其親戚，遂以亡失國家，傾覆社稷，不知曰：「我罷不肖，為政不善」，必曰：「吾命固失之。」[110]

按照「有命說」，執政者不會好好處理國家事務，勞動者不會盡力從事生產，那麼，刑政一亂，兼之財用不足，這個社會就會混亂，所以要主張「非命」。墨子講非命，於是主張尚力，強調人要發揮主觀能動性，宣導自強精神，通過不懈努力來改變自己的命運，是一種積極有為的人生哲學。

　　墨子所謂的天，是不可違的，命運是可以改變的。因此，將墨子天志、明鬼、非命三者合一，就是順天有為的天人觀。墨子的天志、明鬼、非命，一則打破統治者的特權，並給予其心理上的威懾和約束；二則激勵平民階層尚力向上，奮發有為。墨子認定人和天地、萬物同屬一體，天志與明鬼是天道對人的外在監督機制和懲罰工具，墨子的天志不是原始的宗教之天，而是一種義理之天，「天志」就是要「兼愛」。在現實中實踐了「兼愛」也就是順從了「天志」，達到了天人合一。

---

[109] 孫詒讓：《墨子閒詁上・非命中》，頁274。

[110] 孫詒讓：《墨子閒詁上・非命上》，頁271-272。

第六節　老莊的天人思想

　　老子主張與孔、孟不同，老子常將天地並稱，認為天地是萬物生成之所。《老子》第二十五章云：

> 有物混成，先天地生，寂兮寥兮，獨立不改[111]，周行而不殆，可以為天下母。吾不知其名，字之曰道。[112]

老子認為在天地生成之前，太初之物為道，道是天地之本體，萬物之母。它先天地存在，獨立長存，永不衰竭，循環運行生生不息。它說明道是永恆的，不會任意改變，可以為天下萬物的母體。《老子》第四十二章云：

> 道生一，一生二，二生三，三生萬物。[113]

此言天地萬物生成的過程。一、二、三是一個概念[114]，即由「無」而「有」、由簡而繁的層次。《老子》第四十章云：「萬物生於有，有生於無。」深言之，在天地混沌未分之時，蘊含著「有」與「無」兩面，道循著有無相生之原理，由無形質之狀態，變成有形體之物。老子說明自然與道之關係，在《老子》第二十五章云：

---

[111] 陳鼓應：《老子註譯及評介》：「獨立不改，形容道的絕對性和永存性。」北京市：中華書局，2009年2月，頁160。陳鼓應對道的體用引述又說：道是個絕對體，它絕於對待，現象界的一切事物都是相對待的，而道則是獨一無二，所以說獨立不改。「道」在《老子河上公注》中是「無」，被稱為「空虛」，但此空虛並非一無所有，而是建築在「豐」的基礎上，故「無」作為名詞使用時，其「空虛」並非完全虛無，而是充滿無限的生命力，萬物皆因「無」而有，故言「有生於無」。見王清祥：《「老子河上公注」之研究》(臺北市：新文豐出版(股)公司，1994年9月)，頁28。

[112] 王弼注・紀昀校訂：《老子道德經》(臺北市：文史哲出版社，2014年7月再版)，頁52。

[113] 王弼注・紀昀校訂：《老子道德經四十二章》，頁56。

[114] 道至大無偶，所以又稱為「一」。由道產生陰陽二氣，由陰陽二氣產生天地人三者，由天地人產生萬物，天地人產生於自然無為的道，因而天地人也像道一樣自然無為。見張立文等：《天》(臺北市：七畧出版社，1996年1月)，頁62。

　　　　人法地，地法天，天法道，道法自然。[115]

　　這不是說在道之上，還有一個自然，為道所取法。人應該效法大地無私，無不持載；地應該效法昊天無私，無不覆照；天應該效法道之運作原理，道皆應效法自然無為根本。[116]「道法自然」，依王邦雄認為：即「道」離不開它自身永遠如此的法則[117]，任何一物若是保持「自己如此的狀態」，就是與道同行，而且自然界本來如此的狀態，就可以維持長久，與道結合，亦即「順任本性而不強為的精神」[118]。

　　　　對於天與天道，《老子》第五章云：「天地不仁」[119]，指的是天地無私心偏愛。王弼注：「天地任自然，無為無造，萬物自相治理，故不仁也。」河上公注：「天施去化，不以仁恩，任自然也。」天地不行仁恩，亦無親情，純任自然。若視天地為仁，則天地就會如人一般，有意志，有目的，與自然之義相悖離。如第七十九章云：「天地無親。」第七章又云：「天長地久，天地所以長且久者，以其不自生，故能長生。」至於天地所以長且久，進一步解釋為：天地一切生存運作都不是為自己，所以能夠天長地久。人與天地同源，人應效法天地，毫無貪欲偏私，處後居下，先人後己，最終能身存保命，故能長久[120]。《老子》第七十三章云：「天之道，不爭而善勝，不言而善應。」說明天道謙卑而柔和之自然規律，不須強求即善於取勝。不須誇言即善得回應，都是自然無為之理。

---

[115] 王弼注・紀昀校訂：《老子道德經》，頁96。

[116] 陳鼓應：《老子註譯及評介》：「人取法地，地取法天，天取法道，道純任自然。」所謂道法自然就是說：道以自然為歸，道的本性就是自然。(北京市：中華書局，2009年2月)，頁164-165。

[117] 王邦雄：《老子道德經的現代解讀》(臺北市：源流出版(股)公司，2018年1月)，頁121。

[118] 朱曉鵬：《老子哲學研究》(北京市：商務印書館，2009年12月)，頁245。

[119] 王凱：《老子道德經釋解》：「『天地不仁』，因為天地不是人格神，沒有情感，沒有意志，也就沒有任何價值取向。但人是有情感、有意志的，是有價值取向的。「『聖人不仁』是因為聖人取法天地，讓萬物是其所是，讓百姓自然而然。天地、聖人都無心愛物，沒有愛也就沒有恨，才能做到對萬事萬物一視同仁，任其自生自滅。」(北京市：人民出版社，2012年12月)，頁29。

[120] 王凱：《老子道德經釋解》：「儒家講天地之大德曰生，天地自身是生生不息的，天地是否長生，是否永恆？永恆的東西是由無數的瞬間構成的，每個瞬間都是生有滅的，有生才有死。老子講得天地是思想的產物，是被思考出來的的天地，它是用來說明道的。是以聖人後其身而身先，外其身而身存。非以其無私邪？故能成其私。」頁35。

　　前言天法自然，其實人亦當法天，以達到「天人合德」之境界。《老子》第二十三章云：

> 希言自然，故飄風不終朝，驟雨不終日。孰為此者？天地。天地尚能久，而況於人乎？故從事於道者，同於道；德者，同於德；失者，同於失。[121]

老子見到天地狂暴，不論飄風、驟雨，尚且不能持久。何況人呢？在行為上失道、失德之人，會喪失所有。一位治國者，不以暴政鞭策百姓，不以賦稅苛待百姓，不以勞役辛苦百姓，行不言之教，無為之治，方能長治久安。《老子》第六十四章云：

> 是以聖人欲不欲，不貴難得之貨，……學不學，復眾人之所過，不學而能者，自然也。喻於不學者，過也。故學不學，以復眾人之所過，以輔萬物之自然而不敢為。[122]

聖人與眾人不同，聖人自然無為，只輔助萬物之自然發展，而不妄加干預，故能與天地合德。《老子》第五十七章云：

> 我無為而民自化，我好靜而民自正，我無事而民自富，我無欲而民自樸。[123]

執政者治理天下，要自然無為，使百姓安居樂業；執政者平靜而不滋擾百姓，百姓自然端正而無詭詐；執政者讓百姓不受繇役所困擾，百姓自然生活富足；執政者無貪欲逸樂之心，百姓自然樸實無華，就是在天人合德下

---

[121] 王弼注‧紀昀校訂：《老子道德經二十三章》，頁 49。

[122] 王弼注‧紀昀校訂：《老子道德經六十四章》，頁 143。

[123] 王弼注‧紀昀校訂：《老子道德經五十七章》，頁 126。

之美好境界。

　　莊子繼續開拓老子之思想，老子想用自然無為解決政治、社會問題。但是缺乏對心性之開展。莊子則經由心靈之虛靜功夫，追求與萬物冥合之精神境界。莊子出生於戰國時代，目睹諸侯互相征伐，民生痛苦，所以避世以離禍，但人生之中，仍有許多現實生活之苦痛。莊子無能為力，又不能逃避，就歸之於命。《莊子‧達生》云：

　　　　無始乎故，長乎性，成乎命……不知吾所以然而然，命也。[124]

又云：

　　　　達命之情者，不務知之所無可奈何。[125]

莊子是自然主義者，他把命賦予自然的意義，順從命運就是順乎自然，順從命運是出於現實的無奈，對這種無可奈何，只能安之若命。不必求取了解，亦即「不務知」。又云《莊子‧大宗師》云：

　　　　死生，命也。其有夜旦之常，天也。[126]

人的死生是自然而不可免的，正如晝夜的變化一樣，乃是自然的規律；其點出天人作用本不分，即天與人不相勝，人與自然為息息相關而不可分的整體。生來死歸，為自然變化的必然現象，能安於所化，精神才能獲得解放。[127]莊子言命，並非現實人生中之命運，而是在個體生命中，屬於生命之本身，代表自然與德合一之命。

──────────

[124] 郭慶藩：《莊子集釋‧外篇‧達生第十九》（臺北市：商周出版社，2018年1月），頁453。

[125] 郭慶藩：《莊子集釋‧外篇‧達生第十九》，頁434。

[126] 郭慶藩：《莊子集釋‧內篇‧大宗師第六》，頁173。

[127] 陳鼓應：《莊子今注今譯》：「人不當侷限於形軀我，當與大化同流；在自然萬化中求生命的安頓。」（臺北市：臺灣頁商務印書館），頁177。

又〈天地〉云：

> 泰初有無，無有無明。一之所起，有一而未形。物得以生，謂之
> 德；未形者有分，且然無間，謂之命。留動而生物，物成生理，謂
> 之形；形體保神，各有儀則，謂之性。性脩反德，德至同於初。同
> 乃虛，虛乃大。合喙鳴；喙鳴合，與天地為合。其合緡緡，若愚若
> 昏，是謂玄德，同乎大順。[128]

據徐復觀對「且然無間」的解析為：「且然無間」是緊承上句未形成者有
分而來的。未形之「一」，分散於各物(德)；每一物分得如此，就是如此
(且然)，毫無出入(無間)；這即是命[129]。宇宙原是「無」，萬物得「道」而
生成，便是「德」；沒有形體時，卻有陰陽之分，猶且流行便是命。現實
人生中的命，是由人生之初從「道」那裏而來，這個命不可改變[130]，但經
由修養可以轉化它的意義。「性脩反德」，生命通過修養可使重返於德，
在重返的過程中，遂使德與命合一，德，落在個體生命中，代表生命的本
真，代表自然，就是與德合一的命。[131]

　　莊子著重人之生命和精神，表現天和自然之狀況，與老子之道的天相
同，認為「無為為之之謂天」[132]，天生長萬物是自然的，是無為而為之，
無為而為之的自然存在和自然過程，就是天，天的無為性質，根源於道。
《莊子・刻意》云：「虛無恬淡，乃合天德。」[133]又《莊子・天地》云：
「忘己之人，是之謂入於天。」[134] 若能達到虛無恬淡、忘己之人，就能體

---

[128] 郭慶藩：《莊子集釋・外篇・天地第十二》：「泰，太；初始也，元氣始萌，謂之太初，言其氣
廣大，能為萬物之始本，故名太初。太初之時，惟有此無，未有於有，有既未有，明將安寄！故
無有無明。」頁296-297。

[129] 徐復觀：《中國人性論史先秦篇》，頁375。

[130] 郭慶藩：《莊子集釋・外篇・天運第十四》：「性不可易，命不可變。」，頁368。

[131] 楊慧傑：《天人關係論》(臺北市：水牛出版社，1994年8月)，頁125。

[132] 郭慶藩：《莊子集釋・內篇・天地第十二》，頁285。

[133] 郭慶藩：《莊子集釋・外篇・刻意第十五》，頁374。

[134] 郭慶藩：《莊子集釋・外篇・天地第十二》：「強物以從治，不如忘己而聽諸物之適然也。亦即

悟天道。莊子的天，是由修養而致的境界。由於莊子重視修養的功夫，所以天人的對立是由實際的體驗中而得。至於天人之分，莊子《莊子‧秋水》特別將天人之不同加以說明：

> 牛馬四足，是謂天。落馬首，穿牛鼻，是謂人。故曰，無以人滅天，無以故滅命。……謹守而勿失，是謂反其真。[135]

此處所謂之「天」，有天生或天然之義。「人為」是將天生之事物加工，就不合乎自然。至於「無以人滅天」，是說勿以人為毀滅天理，若互相對立，則有為之道日長，無為之道日消，天道與人道相去日遠，悖逆自然之事必然發生。反之，謹守人道而無失，就可以歸反至真樸之境界。莊子云：

> 何謂道？有天道，有人道。無為而尊者，天道也；有為而累者，人道也。主者，天道也；臣者，人道也。天道之與人道也，相去遠矣，不可不察也。[136]

莊子將天道說明君臣之關係，君無為，臣有為。此種論述，老子曾云：「以智治國，國之賊；不以智治國，國之福也。」[137]以無為治國，是莊子治國之準繩，《莊子‧達生》加以申論：

> 不開人之天，而開天之天，開天者德生，開人者賤生。不厭其天，不忽於人，民幾乎以其真。[138]

忘己之人能與天合德也。」，頁 298-300。

[135] 郭慶藩：《莊子集釋‧外篇‧秋水第十七》，頁 406。
[136] 郭慶藩：《莊子集釋‧外篇‧在宥第十一》，頁 281-282。
[137] 王弼注‧紀昀校訂：《老子道德經六十五章》，頁 144-145。
[138] 郭慶藩：《莊子集釋‧外篇‧達生第十九》，頁 439。

其中「開天者德生」是說順應自然則德生；「開人者賊生」則說悖逆自然者賊生。德生與賊生，「天」、「人」之間，應該相輔相成。「不厭其天，不忽於人。」[139]即常用自然之性，不厭天者也；任智自照於物，斯不乎人者也。因天任人，性動智用，既而天人不對立，人天無別，知用不殊，是率土盡真，蒼天無偽者也[140]。莊子稱此境界為「天人不相勝」。

《莊子・大宗師》云：

> 故其好之也一，其弗好之也一。其一也一，其不一也一。其一與天為徒，其不一與人為徒。天之於人不相勝也，是之謂真人。[141]

莊子要達到「天人合一」之目標，不因人之好惡而有而有所改變。天與人本來合一，把天和人看作不是互相對立，這才叫做真人。故莊子認為人要克制人為之衝動，「無以人滅天」，而此修養的功夫，要做到「壹性」、「養氣」、「心齋」[142]、「坐忘」[143]來達成，使自己「墮肢體，黜聰明，離形去知，同於大通。」[144]，這就是一種「天人不相勝」之真人境界。

---

[139] 郭慶藩：《莊子集釋・外篇・達生第十九》：「任其天性而動，則人理亦自全矣。」，頁 439。

[140] 郭慶藩：《莊子集釋・外篇・達生第十九》，頁 439。

[141] 郭慶藩：《莊子集釋・外篇・大宗師第六》，頁 170。

[142] 陳鼓應：《莊子今註今譯》：衛國暴亂，人間紛爭，衛君當權者專橫獨斷，一意孤行，輕用其國，輕用民死，全國死於權力鬥爭之下的人民滿溝遍野，多如蕉草。面對這樣一位君子，顏回提出了「端虛勉一」、「內直外曲」、「成而上比」三種方法，然而這幾種方法都被指出不足以用來感化衛君，最後提出「心齋」一法。「名」、「智」為造成人間糾紛的根源。去除求名鬥智的心念，使心境達於空明的境界，是為「心齋」。頁 115。《莊子・人間世》：顏回曰：「敢問心齋？仲尼曰：若一志；無聽之以耳，而聽之以心；無聽之以心，而聽之以氣：聽止於耳，心止於符。氣也者，虛而待物者也，唯道集虛，虛者，心齋也。」(臺北市：臺灣商務印書館，2005 年 5 月)，頁 126。

[143] 陳鼓應：《莊子今註今譯》：離形去知，同於大通，此為坐忘。「離形」即消解由生理所激起的貪慾，「去知」，即消解由心智作用所產生的偽詐。如此心靈才能開敞無礙，無所繫蔽，而通向廣大的外境。頁 178。《莊子・大宗師》：「回益矣。」仲尼曰：「何謂也？」曰：「回忘仁義矣。」曰：「可矣，猶未也。」他日復見，曰：「回益矣。」曰：「何謂也？」曰：「回忘禮樂矣。」曰：「可矣，猶未也。」他日復見，曰：「回益矣。」曰：「何謂也？」曰：「回坐忘矣。」仲尼蹴然曰：「何謂坐忘？」顏回曰：「墮肢體，黜聰明，離形去知，同於大通，此謂坐忘。」(臺北市：臺灣商務印書館，2005 年 5 月)，頁 217。

[144] 郭慶藩：《莊子集釋・外篇・大宗師第六》，頁 202。

真人因為順應自然，天人合一，所以能夠獲得至樂。《莊子‧天運》
云：

> 夫至樂者，先應之以人事，順之以天理，行之以五德，應之以自
> 然，然後調理四時，太和萬物。[145]

至樂之人，「喜怒哀樂不入於胸次」[146]，「備物以將形，藏不虞以生心，
敬中以達彼，若是而萬惡至者，皆天也，而非人也。不足以滑成，……不
可內於靈台。」[147]此言天地備物，養身而已。不宜退藏至不思虞之地，並
小心保存天然之本性，再於外物相遇，就不會被引誘。一個人能做到這一
步，仍不能避免萬惡侵擾，就不是人之責任，至於靈台[148]之清明，也不會
受情緒、欲望之影響。

其實虛靜靈明之心，是自然本性之別稱，要瞭解自然的本心，就必須
要做到至人的境界。《莊子‧應帝王》云：

> 至人之用心若鏡，不將不迎，應而不藏，故能勝物而不傷。[149]

莊子常以「鏡」來形容「照」的情態，所以莊子主要的功夫，便在使人的
心，如何能照物而不致隨物遷流，以保持心的原來的位置，原來的本性。

---

[145] 郭慶藩：《莊子集釋‧外篇‧天運第十四》，頁349。

[146] 郭慶藩：《莊子集釋‧外篇‧田子方第二十一》：「夫四者生崖之事也。而死生無變於己，喜怒
豈入於懷中也，胷『次』，中也。」，頁491。

[147] 郭慶藩：《莊子集釋‧雜篇‧庚桑楚第二十三》，頁546。

[148] 徐復觀：《中國人性論史》：莊子將心尊之為靈府。達生，庚桑楚又尊之為「靈臺」。莊子認為
心的本性是虛是靜，與道、德合體的，但由外物所引而離開了心原來的位置，逐外物去奔馳，惹
事招非，反而掩沒了他的本性，此時的人心，才是可怕的。但若心存於自己原來的位置，不隨物
轉，則此時之心，乃是人身神明發竅的所在，而成為人的靈府，靈臺。由靈府臺所直接發出的
知，即是道德的光輝，人生精神生活的顯現，是非常寶貴的。這種知，不是普通分解性的知識之
知，而有同於後來禪宗所說的「寂照同時」之照。頁382-383。

[149] 郭慶藩：《莊子集釋‧內篇‧應帝王第七》：「將，送也。夫物有去來而鏡無迎送，來者即照，
必不隱藏。亦即聖智虛凝，無幽不燭，物感斯應，應不以心，既無將迎，豈有情於隱匿哉！」，
頁219。

至於人靈台清明，心境若明鏡，明察萬物，面對萬物，不需退藏，故能保
有天性而不受外物所誘，至人之境界應是順應自然，天人合一之至高境
界。

第四章　荀子「天人分合」思想之意涵

　　荀子是儒家繼孟子以後，最具代表性的人物。荀子的哲學理路中，「仁」、「義」、「禮」、「法」的設定，都是為了定「分」，明分，才能兼足天下。習禮定分，就能順應天道。「分」的政治意義在於助其有「治」的達成。為了社會秩序的維持，有賴於社會上每個人對「職分」的良好遵循，此即「明分使羣」，明分達治就能保萬世。而所謂「分」，則是對人與自然各自責任和職能的劃分，並不是強調兩者之間相互對立的關係，在實際社會中仍是「分中有合，合中有分」，才是最合乎自然。它既顯示了人的能動性和創造性價值，又突出了自然的規律性和客觀性價值。

　　荀子認為自然界所蘊含的客觀發展規律，無法用人類社會的發展經驗加以說明和解釋，同時在〈富國〉還進一步提出了「天地生之，聖人成之。」[1]的哲學思想。指人的後天創造力，是指人適應萬物的發展，施展人的才能。荀子天人關係之論說，與道家不同，主要關鍵乃在於天有其職，人有其分，人之本性反映在人性上，因天生欲望使然，使得性本惡，需要外在禮儀規範對人性做改變，故荀子強調「化性起偽」，其化性起偽的方法則是以「修身」、「勸學」對治性惡，強調人為的重要。因此，天生萬物，成之者在人，透過「禮義」效用之「人成」，以構成天生人成之理論，達到「天人分合」之理想世界。

---

[1]　王先謙：《荀子集解・富國》卷 6 第 10，頁 118。

第一節　荀子論「天」觀念

　　荀子在《天論》認為「天行有常」[2]，「天有常道矣，地有常數矣。」[3]大自然之運行，有其常道、常數，亦即有永恆不變之法則，不受人事之影響，荀子理論中的「天」，本是「自然義」，但是若從《荀子》文本中價值根源觀之，《荀子・君道》云：

> 其於天地萬物也，不務說其所以然，而致善用其材；其於百官之事技藝之人也，不與之爭能，而致善用其功。[4]

此意為在自然現象的後面，是有其「所以然」之理的，只是君子不務說此而已。何以君子不務說此？蓋此理對於人生之事無所助益。荀子認為，天地萬物所提供的價值，只是備人取用的材質意義，至於其後的所以然之理，根本無任何價值。此即所謂「無用之辯，不急之察，棄而不治」[5]。因此，荀子言：

> 故大巧在所不為，大智在所不慮。所志於天者，已其見象之可以期者矣；所志於地者，已其見宜之可以息者矣；所志於四時者，已其見數之可以事者矣；所志於陰陽者，已其見知之可以治者矣。[6]

為何荀子認為形而上之創生意義之天，對人事無任何價值呢？其實，這背後隱藏著一個更深的價值論問題。同孔孟一樣，荀子肯定形而上之創生意

---

[2]　王先謙：《荀子集解・天論》卷 11 第 17，頁 205。

[3]　王先謙：《荀子集解・天論》卷 11 第 17，頁 208。

[4]　王先謙：《荀子集解・君道》卷 8 第 12，頁 153。

[5]　荀子是實用主義者。不切實用的論辯，對生活並無急需的考察，應該棄而不加研究。王先謙：《荀子集解・天論》卷 11 第 17，頁 211。

[6]　大巧、大智的聖人，只是專心致力於人事，對於天職、天功之事不去過問。王先謙：《荀子集解・天論》卷 11 第 17，頁 207。

義之天的價值為「天地之大德曰生。」此「生」不是上帝創造萬物那種「生」，而是一種超越無形創生的力量。在荀子看來，「天之功」所表現出來的美好德行是——萬物化育，這也是荀子把天稱為「神」的原因。此形而上之天是「天地之真」，而非天地之善[7]，只要心存「崇敬」即可而不需要去認識它。荀子亦承認天的功用與法則，他認為天的功用與法則，不含有意志，由天的法則所表現的功用與現象，只是天的自盡其職，不是天對人有所指示或要求[8]。因此荀子自然的天，從天之「所以然」可分為經驗層的所以然，這是事物本身的「形構之理」；超越層的所以然是，是事物所以存在的形上根據，是為存在之理。[9]因此，「天」從價值根源可分為：一、形而下之天；二、形而上之天。

一、形而下之天

荀子論「形而下之天」指的是實然的天。自然的天，是有形可見，如：日月、星辰、風雨等自然現象及其轉動變化。只有通過這些有形的現象之天，才能領悟到無形之天的存在和其神奇性。在《荀子・儒效》說：「至高謂之天，至下謂之地。」[10]〈禮論〉云：「天者，高之極也，地者，下之極也。」[11]這是說天是至高無上、不可超越的。〈天論〉亦云：

> 列星隨旋，日月遞炤，四時代御，陰陽大化，風雨博施，萬物各得其和以生，各得其養以成。[12]

---

[7]　荀子之天是指自然現象而言。蔡仁厚：《孔孟荀哲學》(臺北市：臺灣學生書局，19888 年 2 月)，頁 372。

[8]　徐復觀：《中國人性論史》(新北市：臺灣商務印書館，2018 年 12 月)，頁 227。

[9]　蔡仁厚：《孔孟荀哲學》，頁 377。

[10]　王先謙：《荀子集解・儒效》卷 4 第 8，頁 91。

[11]　王先謙：《荀子集解・禮論》卷 13 第 19，頁 237。

[12]　眾星相隨旋轉在天上，日月交替照耀大地，四時循環、陰陽二氣相互作用轉化，普遍施加萬物，御臨人間。王先謙：《荀子集解・天論》卷 11 第 17，頁 206。

荀子的天包括覆蓋於我們頭頂上「列星隨旋，日月遞昭」的天空，和能夠育載萬物的地，以及天地之間所出現的「四時代御」，「風雨博施」的氣候變化。作為自然界的「天」是有形的，且能夠為人們所觀察和感受到，這些自然現象是天地陰陽大化的結果，即使是一些特殊的現象或災害也是常道。

> 夫日月之有蝕，風雨之不時，怪星之黨見，是無世而不常有之。上明而政平，則是雖並世起，無傷也；上闇而政險，則是雖無一至者，無益也。夫星之隊、木之鳴，是天地之變，陰陽之化，物之罕至者也。怪之，可也；而畏之，非也。[13]

流星、木鳴、日月食、地震等自然現象都是平時所罕見的事物，但這些怪異的事物是不常有的，只是「天地之變，陰陽之化」所自然形成的。對於這些罕至之事物，只可怪之，不可畏之。縱使自然界物理現象的運動變化，如春夏秋冬、水旱、寒暑都是自然現象[14]，與人文世界無關。

　　荀子從天化育人的角度，闡述了天對人的價值作用時，認為人的形體、性命等許多特性，都來源於「天」，都由「天」造就，「天」代表了人之自然而然具有的屬性，是人存在的根本。他認為，無論是人，還是萬物，都是由天地化生的，因為「天地合而萬物生，陰陽接而變化起」，所以「天能生物」，「地能載人」。他指出：

> 「天生蒸民，有所以取之」[15]、「天地生之，聖人成之」[16]

又說：

---

[13]　王先謙：《荀子集解・天論》卷 11 第 17，頁 209。

[14]　王先謙：《荀子集解・天論》卷 11 第 17：「故水旱不能使之飢渴，寒暑不能使之疾，祆怪不能使之凶。」，頁 205。

[15]　王先謙：《荀子集解・榮辱》卷 2 第 4，頁 36。

[16]　王先謙：《荀子集解・富國》卷 6 第 10，頁 118。

　　天地生君子，君子理天地。[17]

這蘊含著「人由天生」的思想，所謂「天之生民，非為君也；天之立君，以為民也。」[18]人的形體，人的性命本身，是天所賦予的，所以《荀子・彊國》說：「人之命在天。」天地是自然而然，無知無識，故不能自理，要靠君子來「理」，由此自然性的「天」無形中即含有意志，使萬物各得其所、各得其時。《荀子・王制》云：

　　北海則有走馬吠犬焉，然而中國得而畜使之。南海則有羽翮、齒革、
　　曾青、丹干焉，然而中國得而財之。東海則有紫紶、魚、鹽焉，然而
　　中國得而衣食之。西海則有皮革、文旄焉，然而中國得而用之。[19]

　　荀子認為天地自然之萬物，只有被人們使用，其存在的價值才能顯現，才是「天功」的真正實現。故荀子說：

　　故天之所覆，地之所載，莫不盡其美，致其用，上以飾賢良，下以
　　養百姓而安樂之，夫是之謂大神。詩曰：「天作高山，大王荒之，
　　彼作矣，文王康之。」此之謂也。[20]

所謂「莫大盡其美，致其用。」而是在遵循自然規律的基礎上合理地使用萬物，順應自然規律。荀子還言「大天而思之，孰與物蓄而制之？從天而頌之，孰與制天命而用之？」荀子所謂的「制天命」，是人去順應自然、協調自然，不是一般學者所謂的戰勝自然。

---

[17]　王先謙：《荀子集解・王制》卷5第9，頁104。

[18]　王先謙：《荀子集解・大略》卷19第27，頁332。

[19]　王先謙：《荀子集解・王制》卷5第9，頁102-103。

[20]　王先謙：《荀子集解・王制》卷5第9，頁103。

二、形而上之天

　　形而上的天是應然的天，是為存在之理，是儒家所體證的「天道、天理」。在荀子所說的「天」中，作為無形之天，是指蘊藏於有形之後的無形[21]。它的特徵是人們「皆知其所以成，莫知其無形」[22]，「不見其事而見其功」[23]的變化，顯然，這裡的無形之天，是指有其內在的、不依人的意志為轉移的自然運行規律。這是一種超越無形的創生力量，例如：

　　　　誠心行義則理，理則明，明則能化矣。變化代興，謂之天德。[24]

其中，代表最高德行的「天德」，君子誠心行義，能變能化，與天一般，謂之天德。此「天德」就是誠。此「誠」就是一種超越無形的創生力量。讓「天不言而人推高焉，地不言而人推厚焉，四時不言而百姓期焉。」[25]
　　荀子繼承了《論語》、《孟子》、《中庸》、《易傳》中形而上之天，這形而上之天是一種道德義理之天，而不是宗教人格神之天，荀子吸取了先秦儒家天之生生不息，化生萬物的思想上確立一個作為本源性、超越性的天，並試圖以此天作為人之價值根源。孔孟之形而上之天是內在的，荀子之形而上之天則是超越外在於人的，它具有超越無形創生的力量，荀子也將此形而上之天稱為「神」[26]。此「神」是天給人生存的法則，即「禮」，《荀子‧禮論》云：

　　　　禮有三本：天地者，生之本也；先祖者，類之本也；君師者，治之

---

[21] 王先謙：《荀子集解‧天論》卷 11 第 17：「（人）皆知其所以成，莫知其無形，夫是之謂天。」王念孫曰：人功有形，天功無形故曰莫知其無形，夫是之謂天功。頁 206。

[22] 王先謙：《荀子集解‧天論》卷 11 第 17，頁 206 。

[23] 王先謙：《荀子集解‧天論》卷 11 第 17，頁 206 。

[24] 王先謙：《荀子集解‧不苟》卷 2 第 3，頁 28 。

[25] 四時不言，而人知其時候。王先謙：《荀子集解‧不苟》卷 2 第 3，頁 28 。

[26] 王先謙：《荀子集解‧天論》卷 11 第 17：「不見其事而見其功之謂神」，頁 206 。

本也。無天地，惡生？無先祖，惡出？無君師，惡治？三者偏亡，焉無安人。故禮，上事天，下事地，尊先祖，而隆君師，是禮之三本也。[27]

從荀子把天地作為禮之來源之一，天地是生命的根本，先祖是族類的根本，君師是治道的根本。沒有天地、沒有生命、沒有先祖、沒有君師，三者缺一則沒有安人。所以制禮，上以事天，下以事地，尊敬先祖而隆崇先師，這就是禮的三本。

三、知天、不求知天與事天

（一）知天

荀子所言的「知天」，主要針對「形而下之天」，其含義是知曉「天生萬物」的現實功效。

> 天職既立，天功既成，形具而神生，好惡喜怒哀樂臧焉，夫是之謂天情。耳目鼻口形能各有接而不相能也，夫是之謂天官。心居中虛，以治五官，夫是之謂天君。財非其類以養其類，夫是之謂天養。順其類者謂之福，逆其類者謂之禍，夫是之謂天政。暗其天君，亂其天官，棄其天養，逆其天政，背其天情，以喪天功，夫是之謂大凶。聖人清其天君，正其天官，備其天養，順其天政，養其天情，以全其天功；如是，則知其所為，知其所不為矣；則天地官而萬物役矣。其行曲治，其養曲適，其生不傷，夫是之謂知天。[28]

不僅人的形體是由天地化育的，人的許多與生俱來的特性，例如人性、五官、情感、心靈，也都來源於天，荀子分別稱這些特性為「天性」、「天

---

[27] 王先謙：《荀子集解・禮論》卷13第19，頁233。

[28] 王先謙：《荀子集解・天論》卷11第17，頁206-207。

官」、「天情」、「天君」。人在具備了形體後，人的精神活動隨之產生；人性是天地所賦予的，「**天地者，生之本也**」。也就是說，人的本性來源於天地；人的感官耳、目、鼻、口、形，有著各自不同、互不可替代的感受外界事物的能力，耳、目、鼻、口、形，能各有相接各有其能也，夫是之謂「天官」；人天生具有喜愛、厭惡、喜怒哀樂等各種情感，好惡、喜怒、哀樂等藏之於焉，夫是之謂天情；心靈處於胸膛中，管理五官，被稱作「天君」，若執政者昏亂其心（天君）、濫用五官（天官）、丟棄天所提供的物資供養、施行違逆天意的政治、背離天賦的情感，從而喪失了天所創生的現實功效，這就是大凶。

就如陳大齊先生所說的：

> 不求知天，一則不要為了知道天的意志而求知天，二則是不要為了知道天之所以然而求知天。[29]

君子只求善用天地萬物之材，這是不務說其所以然；天「不為而成，不求而得」，作用甚深，不必探求所以然[30]，天之所以然，是屬於「不急之察」[31]，探悉結果對生活無益，因此君子棄而不治。執政者應如聖人，清明其心（天君）、調正五官（天官）、儲蓄天所提供的物資供養、施行順合天意的政治、調養天賦的情感，才能保全了天所創生的現實功效。按照聖人這樣的做法，才是「知其所為，知其所不為」，則天地之職得以實現，萬物亦得任用。荀子所說的天，是自然變化莫測的天，不是人力所能盡參；不是人士所能當盡者，而且當時社會盛行陰陽五行之說，對天帶有神秘的色彩，用這種神祕的觀點去探測天，是偏頗的，因此只能專注於人事。所以說「**大巧在所不為，大智在所不慮**」[32]。天行不但不隨人的好惡而有所改變，也不會隨著時間的治亂而有所遷移，因此「**天行有常，不為**

---

[29] 陳大齊：《荀子學說》(臺北市：中國文化大學出版部，1989 年 6 月)，頁 27。

[30] 王先謙：《荀子集解・天論》卷 11 第 17，頁 211。

[31] 王先謙：《荀子集解・天論》卷 11 第 17，頁 211。

[32] 王先謙：《荀子集解・天論》卷 11 第 17，頁 207。

堯存，不為桀亡」[33]。只能從聖人的「知其所為，知其所不為」來表述「知天」。

　　荀子說的「知天」，指能知天的節序運行，並能生養、役使而不違天時，聖人的有所作為是「其行曲治，其養曲適，其生不傷」[34]。行事能合於治道，給養能夠各方面適合於民生，萬物生長就不受到傷害。人生有賴於天地萬物的給養，得其養者生存，不得其養則死亡。故荀子以裁萬物養萬民為天養。荀子主張保全「天功」[35]以致吉。《荀子・君道》云：

> 故君子……其於天地萬物也……而致善用其材。[36]

欲備其天養，在於善用天地萬物之材。能善用天地萬物，就能制天而用天。制天而用天的方法在於順應萬物的本性，要能順應，還要遵行萬物所遵循的法則。這宇宙便有條理而不紊亂。故〈天論〉云：

> 故君子敬其在己者，而不慕其在天者；小人錯其在己者，而慕其在天者。君子敬其在己者，而不慕其在天者，是以日進也；小人錯其在己者，而慕其在天者，是以日退也。故君子之所以日進，與小人之所以日退，一也。君子小人之所以相縣者，在此耳。[37]

總之，國家之治亂，品德之高尚，皆與天無關，最重要在於人為的努力。所以敬其在己者，始知道自然法則，而發揮制天用天的結果。而欲善用萬物之材，亦應以知天為基礎。

---

[33] 王先謙：《荀子集解・天論》卷11第17，頁205。

[34] 王先謙：《荀子集解・天論》卷11第17，頁207。

[35] 王先謙：《荀子集解・天論》卷11第17：「列星隨旋，日月遞炤，四時代御，陰陽大化，風雨博施，萬物各得其和以生，各得其養以成，不見其 事而見其功，夫是之謂神。皆知其所以成，莫知其無形，夫是之謂天功。」，頁206。

[36] 王先謙：《荀子集解・君道》卷8第12，頁153。

[37] 縣：同「懸」，指懸殊、差別。王先謙：《荀子集解・天論》卷11第17，頁208-209。

（二）不求知天

實際上不求知天，乃是著重於人的禮義之道，禮義之道不是天地自然之道，卻是「人之所以道」，也是「君子之所道」。荀子云：

> 人之命在天，國之命在禮。[38]

此說乃「人命」與「天」的關係，這裡的「天」指的是自然，並不是指「天命」涵義。言人的生命得自自然，國的生命得自禮義。重視人的有所作為，而不是依靠冥冥天命。人應積極關注自身，把精力投注在學習、實踐禮義之道，以求實現天下之正理平治，明白人之「所為」是與「天有其時，地有其財」相並立的「人有其治」，這才是人之價值所在。荀子的「不求知天」指的是：

> 不為而成，不求而得，夫是之謂天職。如是者，雖深，其人不加慮焉；雖大，不加能焉；雖精，不加察焉，夫是之謂不與天爭職。天有其時，地有其財，人有其治，夫是之謂能參。舍其所以參，而願其所參，則惑矣。列星隨旋，日月遞炤，四時代御，陰陽大化，風雨博施，萬物各得其和以生，各得其養以成，不見其事而見其功，夫是之謂神。皆知其所以成，莫知其無形，夫是之謂天功。唯聖人為不求知天。[39]

天只生成萬物，天功已成，成於無形，是自然而然，則人就不當對之加慮、加能、加察，天地只是自然，天只是「生」，只是被治，故不求知天。不求知天的另一層意味，人應該自覺地認識到自身的能力、意志、活動力的侷限性，對於至上無極、無所不能的天，應懷有敬畏的心。因為知天之至大、至上、至神，它非人所能想像，亦非人力所能企及，所以人要

38 王先謙：《荀子集解·彊國》卷11 第16，頁194。
39 王先謙：《荀子集解·天論》卷11 第17，頁205-206。

自覺地不與天爭職，這才是荀子提出天人之分的真正意義。「不求知天」
是對天而言的，「知天」是由「知天」進而對人而言。因此兩者並不矛
盾。

（三）事天

　　除了「知天」、「不求知天」有精闢的見解外，荀子還重視「事
天」，把事天事地視為「禮」的重要一環。荀子認為「天」是無意志的
天，「天」無福民禍民的迷信說法。因此〈天論〉云：

> 雩而雨，何也，曰：無何也，猶不雩而雨也。日月食而救之，天旱
> 而雩，卜筮然後決大事，非以為得求也，以文之也。故君子以為文
> [40]，而百姓以為神。以為文則吉，以為神則凶也。[41]

在上位者看見日蝕、月蝕就鳴鼓以救它，久旱不雨就祈禱以求雨，這表示
民情惶急，卜筮然後決定大事，這表示鄭重之意，並不是真的可以得其所
求，不過用來撫慰民情，荀子認為這是人文世界中可以被允許的活動，這
些舉動乃是政事上的文飾，不是經過祈雨禱祝可以求得，若人民事事禱
祝，則將荒廢人事，招致禍亂，故曰「以為神則凶也」。天下雨與否與人
是否求雨祈禱無關，在當時而言，是種進步的科學精神，而荀子主張不廢
天的理由是求雨祈禱、卜筮然後決大事，是世俗通行已久的習性，如果驟
然廢除，必引起人心不安或紛亂，故君子以為文則吉，而百姓以為神則
凶。除此之外，一則表示人之不忘本，二則安慰百姓的心，同時也有敬天
之意，同時事天可以慎終追遠，而使民德歸厚，這也是「報本返始」之
義。[42]

---

[40] 李滌生：《荀子集釋・天論》：「文：文飾；政治藝術」（臺北市：臺灣學生書局，2014 年 9 月），
　　頁 376。

[41] 王先謙：《荀子集解・天論》卷 11 第 17，頁 211。

[42] 天地是「生之始」，抑是「生之本」，事天以報本返始，是道德真誠之流露，亦是人文精神之表
　　現，而並非有所祈求於天。見蔡仁厚：《孔孟荀哲學》（臺北市：臺灣學生書局，1988 年 2 月），頁
　　384。

　　雖然如此，荀子反對慕天、頌天，而卻將事天事地與尊先祖隆君師並列，稱之為「禮之三本」[43]。〈禮論〉云：

> 祭者，志意思慕之情也，愅詭唈僾而不能無時至焉。故人之歡欣和合之時，則夫忠臣孝子亦愅詭而有所至矣，彼其所至者甚大動也。案屈然已，則其於志意之情者惆然不嗛，其於禮節者闕然不具。故先王案為之立文，尊尊親親之義至矣。故曰：祭者，志意思慕之情也。忠信愛敬之至矣，禮節文貌之盛矣，苟非聖人，莫之能知也。聖人明知之，士君子安行之，官人以為守，百姓以成俗。其在君子以為人道也，其在百姓以為鬼事也。[44]

所以說祭禮的意義是在表達志意思慕之情的，由祭禮之行，忠信（對君）愛敬(對父母)之情得以表達至盡，禮節儀式之文得以表現至盛，這番道理聖人知其意義而行之，士君子安而行之，政府以此為法守，社會以此成風俗，在君子以為是人道，在百姓以為是鬼事。

　　從上所述，周初的人文精神，在荀子時代達到成熟階段。人文精神的發展，將自然的天與創造性的人為一分為二，天既然只是自然現象，它並不能干涉人事，人間的吉凶禍福，悉由自取。自古人世間不測的天象所造成的恐慌，被視為迷信的破除，這種轉化對科學的認知是一大進步，但是荀子對自然性質的天，是有法則規律地存在，也有自然科學法則存在，但因為天人分途分得很清楚，使得人類對於科學的發展，產生一大阻礙。

---

[43] 王先謙：《荀子集解·禮論》卷 11 第 19：「禮有三本：天地者，性之本也；先祖者，類之本也；君師者，治之本也。無天地焉生？無先祖惡出？無君師惡治？三者偏亡，無安之人。故禮，上事天，下事地，宗事先祖，而寵君師，是禮之三本也。」，頁 233。

[44] 王先謙：《荀子集解·禮論》卷 11 第 19，頁 249-250。

第二節　荀子「分論」

　　荀子繼承孔孟思想，固守了由仁、義、禮等儒家核心觀念，又因處於列強兼併紛爭，百家爭鳴，天下昏暗不明，賢良不被任用，禮義不能實施，教化不能實現的混亂時代，提出了「天人之分」的思想。而在荀子那個紛亂的時代背景，要絕對地提出天人之分是不太可能，而是在整體上處於天人分合之實體。與其說天人之分，不如說天人合中有分[45]，這「分」的思想是依據人、事、物與生存環境的種種差異及關係，予以合理規定或分類，期望通過禮法的規定，明確釐訂社會成員的職分，並藉由外在制度的規範，使人人都能恪守職分，各守其分，各勤其事，各得其宜。在《荀子》全書中，對於「分」一詞，出現頻率也是先秦儒家之冠，它有多種解釋，一、從禮的角度而言是等級分配，是為禮而定分，肯定分配定有「等差」，二、在社會秩序方面，由分工分職而定分，分是規定人與人，人與物，物與事間的差別，此差別之「分」是為了達到「分則和，和則一」的羣居社會。《荀子‧王制》云：

> 人何以能羣？曰「分」。分何以能行？曰「義」。故義以分則和，和則一，一則多力，多力則彊，彊則勝物；故宮室可得而居也。故序四時，裁萬物，兼利天下，無它故焉，得之分義也。[46]

那麼，如何實現人與社會和諧相處的羣居和一之道？荀子不同於孟子內化的傾向，吸收孔子「禮別異」的思想，在社會人倫當中，區別貴與賤、長與幼、貧與富、輕與重，並根據每個人的道德狀況安排相應的職位，按照

---

[45] 劉又銘：〈合中有分——荀子、董仲舒天人關係論新詮〉：「絕對的天人之分說是極其不可能也極其不可思議的，明於天人之分這句話之邏輯上並不同時否定了『天人之合』的存在。……他其實主張一個有限度的『天人之合』，然後在這前提上強調一個有限度的『天人之分』。他對天人之分的強調，重點只在於否認天對人可以有過度的、全面的或神蹟式的作用和相關性，而不是要全盤否認天對人的一切作用和相關性。」，《臺北大學中文學報》第二期，2007年1月，頁5。

[46] 王先謙：《荀子集解‧王制》卷5第9，頁104。

每個人的職位給予相應的俸祿，使天子、諸侯、君子、小人各依其禮；父子、夫婦、兄弟各有其分，這是「制禮定分」，「羣居和一之道」[47]。而羣的本質亦是分，無分就不能形成職業分工、不能形成社會，更不能區分等級秩序，就容易形成羣爭，造成禍害。因而《荀子·富國》云：

> 無分者，人之大害也，有分者，天下之本利也。[48]

因為只有「分」，才能在社會中分工，組織企業，生產製造，得到利益收入，貢獻國家社會。

由上可知，分的思想具有強烈的社會現實性，道德上以「分定倫」[49]、制度上以「分定職」、職業上以「分定位」，由「分」建立一個以禮為制度的和諧社會秩序。又提出「性偽相分」、「性本惡」觀念，只有性惡才能生禮義，禮義是荀子合羣制分的最高準則。因此荀子分論可分為「天人之分」、「性偽之分」、「明分使羣」、「義分則和」四方面。

一、天人之分

在荀子看來，不管是形而上的天，還是形而下的天，是沒有人格、沒有意志的自然界，天不是荀子主要研究的範疇，所以不求知天，但物之生在天，成之則在人。「人治」才是荀子政治哲學目標，天的自然之性，並未含有道德之性，荀子追求的善來自人性外的「禮義之治」，他將道德哲學名分定位為追求社會秩序的目標，主張貴賤有等，以德確定分位等級

---

[47] 王先謙：《荀子集解·榮辱》卷 2 第 4：「故先王案為之制禮義以分之，使有貴賤之等，長幼之差，知愚能不能之分，皆使人載其事而各得其宜。然後使穀祿多少厚薄之稱，是夫羣居和一之道也。」，頁 44。

[48] 王先謙：《荀子集解·富國》卷 6 第 10，頁 116。

[49] 王先謙：《荀子集解·君道》卷 8 第 12：請問為人君？曰：要以禮分施，均偏而不偏；請問為人臣？曰：以禮待君，忠順而不懈。請問為人父？曰：寬惠而有禮。請問為人子？曰：敬愛而致文。請問為人兄？曰：慈愛而見友。請問為人弟？曰：敬詘而不苟。請問為人夫？曰：致功而不流，致臨而有辨。請問為人妻？曰：夫有禮則柔從聽侍，夫無禮則恐懼而自竦也。頁 152。

50。天人之分重在人事的道德和教化，隨著人的身分、地位不同，實踐道德責任的等差就不同。而「分」有「禮」的作用。「分」能別同異、等貴賤、飾其文，以養人之欲，給人之求，所以能防止禍亂，安定社會的功能。

荀子對於天主張不怨天尤人。他認為：

> 自知者不怨人，知命者不怨天；怨人者窮，怨天者無志。[51]

這裡的「天」，是指自然；「命」則是「節遇」[52]，即偶然遇到的事件，荀子認為，偶發事件，本身與自然運行沒有直接關係。荀子強調「君子敬其在己，而不慕其在天」[53]，在人生境遇與限制中，要懂得反求諸己，不慕天，要能夠知天、守道，進而治理自然和社會，參於天地，達到天、地、人三者和諧共存的境界。

要治理好自然和社會，荀子認為必須首先「明於天人之分」，「明於天人之分，則可謂至人矣」[54]，「分」有「職分」和「分別」的意思，明於天人之分應包括兩個內容：一是能明白天和人的是各有其不同的職分：「天行有常，不為堯存，不為桀亡」，說明了「天」不受人事影響，同時也揭示了人與天的相對獨立性，即人的治亂對自然界運行的規律毫無影響；人事的凶吉，完全取決於人們自己能否正確有效地應對自然和人事之變化，荀子認為，天化育自然，規律地運行，是天的職責；而認識自然，遵循自然規律，治理社會，則是人的職責。人與天各有不同的職責，各司其職，各盡其才。二是人與天各自的運行之道有相通之處：荀子說：「天見其明，地見其光，君子貴其全也。」人在學習上所要達到的「全」的境

50　王先謙：《荀子集解・儒效》卷4第8：「故明主譎德而序位，所以為不亂也。」，頁82。

51　王先謙：《荀子集解・天論》卷11第17，頁36。

52　王先謙：《荀子集解・天論》卷11第17：「楚王後車千乘，非知也；君子啜菽飲水，非愚也，是節然也。」，頁208。

53　王先謙：《荀子集解・天論》卷11第17，頁208。

54　王先謙：《荀子集解・天論》卷11第17，頁205。

界，就如「天」、「地」分別顯現的「明」和「光」一樣。荀子〈禮論〉
云：

> 禮者，人道之極也……天者，高之極也；地者，下之極也；無窮
> 者，廣之極也；聖人者，道之極也。[55]

禮，是人道的最高境界，正如天是高的極致，地是下的極致，無窮是廣闊
的極致，而聖人是道的最高境界的代表一樣。人之道與天之道的關係，相
互影響，並有相通之處。又說：

> 天地為大矣，不誠則不能化萬物，聖人為知矣，不誠則不能化萬
> 民，父子為親矣，不誠則疏；君上為尊矣，不誠則卑。[56]

這裡的「誠」，既是天地運行之道，也是人所需要遵行之道，人之道與天
地之道形成了類比。又如：

> 君臣、父子、兄弟、夫婦，始則終，終則始，與天地同理，與萬世
> 同久，夫是之謂大本。[57]

荀子認為君臣、父子、兄弟、夫婦之間的階層、倫理秩序，往復循環，與
天地有上下之分是同一個道理。再如：

> 天地者，生之始也；禮義者，治之始也；君子者，禮義之始也。[58]

---

[55] 王先謙：《荀子集解·禮論》卷13 第19，頁237。

[56] 王先謙：《荀子集解·不苟》卷2 第3，頁29。

[57] 王先謙：《荀子集解·王制》卷5 第9，頁104。

[58] 王先謙：《荀子集解·王制》卷5 第9，頁103-104。

天地是人性的起源，而禮義，則是人治理社會的起源，它的實施在於君子，此君子就是聖人了[59]。在《荀子・禮論》云：

> 天能生物，不能辨物也，地能載人，不能治人也。宇中萬物，生人之屬，待聖人然後分也。[60]

《荀子・王制》又云：「無君子，則天地不理。」[61]由此可知，聖人與君子，可以與天地共同完成化育萬物之事。在《荀子・富國》，將聖人協助天地，處理萬民之工作，做更詳細之論述，其云：

> 君子以德，小人以力；力者，德之役也。百姓之力，待之而後功；百姓之羣，待之而後和；百姓之財，待之而後聚；百姓之埶，待之而後安；百姓之壽，待之而後長；父子不得不親，兄弟不得不順，男女不得不歡。少者以長，老者以養。故曰：「天地生之，聖人成之。」[62]此之謂也。

荀子認為聖人以德治民，百姓以力事上，百姓受有德者之役使；百姓之勞力，要靠聖人才能見功效；百姓羣居之生活，要靠聖人才能和睦相處；百姓之財物，要靠聖人才能聚積；百姓之謂分，要靠聖人才能安定；百姓之壽命，要靠聖人才能長久。在聖人治理下，父子親愛，兄弟和順，男女歡愛，少者得到教養而成長，老者得到安養而高壽。聖人憑什麼解決百姓複雜之問題，就是「分」。綜上所言，荀子的「天人之分」是人依天地萬物之自然法則，而積善成德的人之道，是既主張天人分立又主張天人相合的道德倫理實踐。明於天人之分，在於明確認知天人分職，應安倫盡分，並建立向善的倫理系統與安定的社會秩序。

---

[59] 李滌生：《荀子集釋》，頁 364。

[60] 王先謙：《荀子集解・禮論》卷 13 第 19，頁 243。

[61] 王先謙：《荀子集解・王制》卷 5 第 9，頁 104。

[62] 王先謙：《荀子集解・富國》卷 6 第 10，頁 117-118。

二、明分使羣

「分」的社會意義在於其有助於「羣」的維繫。荀子認為：「離居不相待則窮」，在社會上，要充分體會「分」精神，明確分工，落實分層職責，上下成員和睦相處，欲望與財物就能兩者相持而長。反之，無分，人類會因人性的本能欲望與利益，產生爭奪犯分。荀子明確指出：

> 救患除禍，則莫若明分使羣矣。彊脅弱也，知懼愚也，民下違上，少陵長，不以德為政：如是，則老弱有失養之憂，而壯者有分爭之禍矣。事業所惡也，功利所好也，職業無分：如是，則人有樹事之患，而有爭功之禍矣。男女之合，夫婦之分，婚姻娉內，送逆無禮：如是，則人有失合之憂，而有爭色之禍矣。故知者為之分也。[63]

而社會人羣之分，應包括尊卑長幼之分、貴賤貧富輕重之分、智愚賢不肖之分、士農工商之分及政治官吏職等之分。荀子對於「明分」指的是：確定貴賤親疏以及長幼之別，使得人倫秩序差別有序；從職位而言是：「明分職，序事業，材技官能」，最後才能形成「德必稱位，位必稱祿、祿必稱用」的進步社會。

《荀子‧富國》云：

> 人之生不能無羣，羣而無分則爭，爭則亂，亂則窮矣。故無分者，人之大害也；有分者，天下之本利也；而人君者，所以管分之樞要也。[64]

人生於世，不能離羣索居，人羣之積聚，就必須有「成羣之道」，「成羣之道」以禮作為分際，使羣體能和諧相處，不致爭奪貪求。所以「分」是

---

[63] 王先謙：《荀子集解‧富國》卷6第10，頁114。

[64] 王先謙：《荀子集解‧富國》卷6第10，頁116。

禮之分別、分際。明分、合羣是推動禮法之基礎，羣道即是禮義之道。
《荀子‧榮辱》云：

> 先王案為之制禮義以分之，使有貴賤之等，長幼之差，知愚能不能
> 之分，皆使人載其事各得其宜。……是夫羣居和一之道也。[65]

古之先王，制定禮義制度，使君民百姓，各依其貴賤、親疏，定其名位。
使有貴賤之等，長幼之差，智愚之不同，能者與無能者之分。使人皆任其
事而各得其宜。此皆「分」與「羣」之功也。
　　《荀子‧王霸》云：

> 治國者，分已定，則主相臣下百吏，各謹其所聞，不務聽其所不
> 聞；各謹其所見，不務視其所不見。……百姓莫敢不敬分安制。[66]

此言治國者，若將名位確定，則君主、丞相、臣下、百官，都各自謹慎其
聽聞，不會致力於聽其不該聽聞之事；各自謹慎其所見，不會致力於見其
不該見之事；百姓也各自敬慎其名分，亦安於制度，這就是名分之功。又
云：

> 農分田而耕，賈分貨而販，百工分事而勸，士大夫分職而聽，建國
> 諸侯之君，分土而守，三公總方而議，則天子共己而止矣。……是
> 禮法之大分也。[67]

荀子以為禮法之大原則，適用於全國各階層，不論農、賈、百工、士大
夫、諸侯之君、三公、天子等，都因定名分而各安其事。農人分田而耕，

---

[65] 王先謙：《荀子集解‧榮辱》卷2第4，頁44。
[66] 王先謙：《荀子集解‧王霸》卷7第11，145-146頁。
[67] 王先謙：《荀子集解‧王霸》卷7第11，頁144。

商賈分貨販賣，百公分事而努力，士大夫分其職位而聽從朝廷安排，諸侯之君分土而守，三公總各方意見而議定國事，天子則天下之君臣百姓拱之而已。這就是能定名分之功。人需要合羣，合羣必須定名分，無名分就會爭奪，爭奪就會亂，亂就困窮無所適從。因此，無法定名分，會帶來禍害；有名分，本來就對天下有利。君主就是負責定名分之關鍵，為君者，必須要有經國定分之能力，來安頓百姓，解決民生之問題。

　　至於如何做到分，使人羣間有分別、分際，就需要「辨」，荀子區分了人和禽獸，他說：「人之所以為人者，非特二足而無毛也，以其有辨也。」[68]人之有辨，是指人具有明辨是非然否的能力，也就是孟子認為的人之所以為人者，在荀子則不同，人之所以貴於他物者，在於有氣、有知、有義，人能勝物，他說：

　　　　水火有氣而無生，草木有生而無知，禽獸有知而無義，人有氣、有生、有知，亦且有義，故最為天下貴也。[69]

所以，人與禽獸的最大區別就在於「有氣、有生、有知之外還有義」，又說：

　　　　辨莫大於分，分莫大於禮，禮莫大於聖王。[70]

「辨」是禮之基本功能，亦即〈富國〉篇所言之「貴賤有等，長幼有差，貧富輕重皆有稱。」[71]〈富國〉又云：「量地而立國，計利而富民，度分而授事。」[72]又云：「德必稱位，位必稱祿，祿必稱用。」[73]

---

[68]　王先謙：《荀子集解・非相》卷 3 第 5，頁 50。

[69]　王先謙：《荀子集解・王制》卷 5 第 9，頁 104。

[70]　王先謙：《荀子集解・非相》卷 3 第 5，頁 50。

[71]　王先謙：《荀子集解・富國》卷 6 第 10，頁 115。

[72]　王先謙：《荀子集解・富國》卷 6 第 10，頁 115。

[73]　王先謙：《荀子集解・富國》卷 6 第 10，頁 115。

　　由此可知，「辨」實踐分的方法，是立國之道，經國定分之根本。經由辨之功能，使君主量地而立國，計利而富民，度分而授事；使官吏度分而授事，德必稱位，位必稱祿，祿必稱用；百姓貴賤有等，長幼有差，貧富輕重皆有稱，就可以達到「羣道富」之目標。羣道富就是指聖人聰明睿智，能替百姓解決問題。使萬物皆得其宜，六畜皆得其長，羣生皆得其命。

三、義分則和

　　春秋戰國時期，由於諸侯爭霸，「禮樂征伐自諸侯出」，由於這種「不義之戰」的事實，在殘酷的爭奪中充分暴露出來了，人們在飽受戰亂之苦後，強烈需要社會重新進入和諧，於是荀子提出「義分則合」的理念。所謂「義」，就是「禮」的根本。《荀子・大略》也說：

> 親親、故故、庸庸、勞勞，仁之殺也。貴貴、尊尊、賢賢、老老、長長，義之倫也。行之得其節，禮之序也。仁，愛也，故親。義，理也，故行；禮，節也，故成。仁有里，義有門。仁，非其里而虛之，非禮也。義，非其門而由之，非義也。推恩而不理，不成仁。遂理而不敢，不成義。審節而不知，不成禮；和而不發，不成樂。故曰：仁義禮樂，其致一也。君子處仁以義，然後仁也；行義以禮，然後義也；制禮反本成末，然後禮也。三者皆通，然後道也。[74]

因此「禮」是仁義外在客觀的表現，仁義之價值須經「禮」來落實，意即「義」是禮之道理根據，「禮」是義的外在文理[75]。仁義是制禮之本，禮節是制禮之末，仁義禮節、本末相須，然後禮成。

　　義分則和，禮具有「和」和「分」兩種功能。義分就是禮分，「禮」

---

[74] 王先謙：《荀子集解・大略》卷19第27，頁324-325。

[75] 荀子經常用「文」來指稱「禮」如〈非相〉云：「文久而滅，節族久而絕」見《荀子集解・非相》卷3第5，頁52。

的關鍵功能則在於教化人民由此主張「禮」能夠幫助修身，並達成「公正地分配社會資源」以達到人類社會的共同目標。在〈王制〉中，有謂「禮義者，治之始也」，即著「禮」是達成「治」的方法。然而對荀子而言，荀子的禮治論是為了達成整體人類社會的秩序所提出來的論述。且此人間的秩序須以倫理的準則（即「義」）來建立，這也是《荀子》的禮治論，而常用「禮義論」的理由。對荀子而言，倫理（即「義」）和秩序（即「治」）不可分割。荀子禮制的功能在救患除禍，終極目標在使有「貧富貴賤之等，足以相兼臨，《書》曰：『維齊非齊』」[76]就是這個道理。在這制度中，荀子強調等級分配制度，社會資源之分配實現公平正義，以合乎禮與義；實現「義分」，主要還是「分」的標準。以建立「羣居和一」的社會秩序。

禮義是人與禽獸之區別，正因為「義」，才讓人類社會羣而有分，成為天下之貴也。「義」是禮內化於人類思想意識中的道德情操，具有形而上的抽象意義。「義」其實就是儒家中庸精神的一種表現形式。「義」除了具有中庸精神之外，更主要的是具備了充分的「仁的品格」。而孔子說：「克己復禮為仁」，孔子以仁釋禮，凡事處理事務小心謹慎，不違背禮的原則，可說是做到了仁。荀子繼承了這一點，他說「貴賢，仁也；賤不肖，亦仁也」[77]，「仁者必敬人」[78]，「貴賢」、「賤不肖」、「敬人」，是循禮的表現，也是仁的標誌。「義」本身就內含有「仁」這一儒家根本大義。又譬如〈不苟〉指出：

> 君子養心莫善於誠。致誠無它事矣，唯仁之為守，唯義之為行。[79]

在「致誠養心」的過程中，以仁為本心固守德性理念，以義為行仁處世的

---

[76] 王先謙：《荀子集解·王制》卷 5 第 9：先王惡其亂也，故制禮義以分之，使有貧、富、貴、賤之等，足以相兼臨者，是養天下之本也。書曰：「維齊非齊」此之謂也。頁 96。

[77] 王先謙：《荀子集解·非十二子》卷 3 第 6，頁 61。

[78] 王先謙：《荀子集解·臣道》卷 9 第 13，頁 169。

[79] 王先謙：《荀子集解·不苟》卷 2 第 3，頁 28。

標準，仁與義是「致誠」的兩個方面，彼此之間為一種守與行，亦即體與用的關係。《論語》中說「禮之用，和為貴」，〈學而〉就講到了制度的運用在於使社會和諧安樂，荀子強調「義分則和」，其終極目的也是為了社會的和諧，達到一種「義」的社會狀態。

　　仁與中庸是荀子「義」的主要內涵，其中，仁的涵義具有強烈的宗法倫理性，對人民的要求體現為尊君意識和嚴格的等級觀念，對於君主來講平政愛民的民本思想：中庸更多表現這種德性要求，強調制度的合理與公正，又因為中庸強調執兩用中而難以準確把握的特性，使得人治也成為了荀子禮、法制度一個重要的制度倫理特徵。〈王制〉中指出：「**故君人者，欲安，則莫若平政愛民矣**」[80]，〈天論〉又說：「**政險失民**」[81]。所謂得民心者得天下。〈王霸〉也說：「**人服而埶從之，人不服而埶去之，故王者已於服人矣**」[82]，又說：「**天下歸之之謂王**」[83]。君民是一種舟和水的關係，如果君主能夠勤於政事，以民生民情為己任，就能彼此相處融洽而和諧，如果君行險政，則有覆舟之虞。「平政」也就是「足國之道，利民即「愛民」，更是制度之「義」，「義立而王」，才能得人和而天下歸之。

四、從「性偽之分」至「人為」之教化

　　從「天人之分」到「人文化成」的過渡中，因人能「分」、能「羣」、能「辨」的過程中，產生一個天與人的關係問題，即「性」與「偽」的關係。「性」字由心、生兩部分組合而成，暗含了一種建立在「生」、「心」基礎上，荀子將心與性分開。《荀子·正名》云：

　　生之所以然者謂之性，性之和所生，精合感應，不事而自然，謂之

---

[80]　王先謙：《荀子集解·王制》卷 5 第 9，頁 97。

[81]　王先謙：《荀子集解·天論》卷 11 第 17，頁 209。

[82]　王先謙：《荀子集解·王霸》卷 7 第 11，頁 140。

[83]　王先謙：《荀子集解·王霸》卷 7 第 11，頁 147。

性。[84]

荀子的人性觀認為：「人之性」是人與動物相共的，即「生而有」、「無待而然」[85]、正是「性者，天之就也」[86]。荀子把人性的定義放在〈正名〉中，為的就是給人性正名，此意在於使人明白荀子之性是「天生的自然本能」，荀子用「生之所以然」和「天之就」來規定人性，正是為了說明人性和天的不可分割性，人之生命生於天，人的生命形成之後，才有所謂的人性內涵，一切不是生命形成之初就有的性質，都不是人性的內容，這就是人性「不可為」之特徵。因此荀子云：

> 「凡性者，天之就也，不可學，不可事。」[87]、「性者，本始材朴也。」[88]

荀子所言的天生人性，是上天所賦予人的功能和特性，人的行為是不能對它有所改變的，若人性可以由外在的行為加以改變，那麼便不能叫做人性。人天生而成的性，就是人生來所擁有的材質，這種材質是天然而成的，沒有任何人工雕琢的痕跡，因此也是質樸的「本始材朴」，說的正是人性乃人之生命的最初狀態，人性就如原料，和人為矯飾雕琢無關。

又云：

> 若夫目好色，耳好聲，口好味，心好利，骨體膚理好愉佚，是皆生於人之情性者也；感而自然，不待事而後生之者也。[89]

---

[84] 王先謙：《荀子集解·正名》卷16第22，頁274。

[85] 王先謙：《荀子集解·榮辱》卷2第4，頁39-40。

[86] 王先謙：《荀子集解·性惡》卷17第23，頁290。

[87] 王先謙：《荀子集解·性惡》卷17第23，頁257。

[88] 王先謙：《荀子集解·禮論》卷13第19，頁243。

[89] 王先謙：《荀子集解·性惡》卷17第23，頁291。

這些是指人官能所發生的欲望，荀子又說：

> 凡人有所一同：飢而欲食，寒而欲煖，勞而欲息，好利而惡害，是
> 人之所生而有也，是無待而然者也，是禹桀之所同也。目辨白黑美
> 惡，耳辨音聲清濁，口辨酸鹹甘苦，鼻辨芬芳腥臊，骨體膚理辨寒
> 暑疾養，是又人之所常生而有也，是無待而然者也，是禹桀之所同
> 也。可以為堯禹，可以為桀跖，可以為工匠，可以為農賈，在埶注
> 錯習俗之所積耳。是又人之所生而有也，是無待而然者也，是禹桀
> 之所同也。[90]

從上文來看荀子對性的定義，除了有官能的欲望，還有官能的能力。可知
荀子對「性」的定義可分為：
　　(一)感官本能：即「目辨白黑美惡，而耳辨音聲清濁，口辨酸鹹甘
苦」等。
　　(二)官能欲望：指的是「目好色、耳好聲、飢欲食，寒欲煖，勞欲
息」等。
　　《荀子・正名》云：

> 性之好、惡、喜、怒、哀、樂，謂之情。[91]

又云：

> 性者，天之就也；情者，性之質也；欲者，情之應也。[92]

又云：

---

[90] 王先謙：《荀子集解・榮辱》卷 2 第 4，頁 39-40。

[91] 王先謙：《荀子集解・正名》卷 16 第 22，頁 274。

[92] 《荀子集解・正名》卷 16 第 22，頁 284。

故雖為守門，欲不可去，性之具也。[93]

荀子以為人有性、情、欲三者。從性而言，性是天所成就者；情則是性之好、惡、喜、怒、哀、樂。欲是情之反應，亦是性本具有者。如此，性、情、欲三者在本質上，是一體之三面，可交互通貫。欲不可去，因為是性之具體呈現；情為性之所發，有好惡喜怒哀樂，因此以「欲」為性，正是荀子性論的特色[94]。

《荀子‧性惡》云：

不可學，不可事，而在人者，謂之性；可學而能、可事而成之在人者謂之偽，是性偽之分也。[95]

即「性」是不必學習、不必經過努力而做成，是出於天生的，而「偽」則可以學習、可以通過人為努力而做到，取決於人自己，這就是「性」和「偽」的區分。強調「性」、「偽」之分乃是因其對人的自然生理之性和人的社會道德性作嚴格的界定，二者是不同的。除此之外，「心知」是否為人性的一部分？他說：「心者，形之君，而神明之主也；出令而無所受令」[96]。心有「治五官」的功能，即心管治人的耳、目、鼻、口、形。就此看來，心作為天君，心屬「出令」，是支配一方，五官屬「受令」，是被支配一方，心能支配五官，作為神明之主，可以自由選擇與進行認識活動。「心」是建立認知理性基礎上的意志行為，此心未具道德本心，其知善、趨善乃是「心知」，而不在「性」本身。人性還有心理的反應，即「能思的心」，〈解蔽〉說：「凡以知，人之性也；可以知，物之理也」[97]，此心為認知心。

---

93 《荀子集解‧正名》卷 16 第 22，頁 285。

94 徐復觀：《中國人性論史》(臺北市：商務印書館，2018 年 12 月)，頁 234。

95 王先謙：《荀子集解‧性惡》卷 17 第 23，頁 290。

96 王先謙：《荀子集解‧解蔽》卷 15 第 21，頁 265。

97 王先謙：《荀子集解‧解蔽》卷 15 第 21，頁 270。

> 情然而心為之擇，謂之慮；心慮而能為之動，謂之偽；慮積焉，能
> 習焉，而後成，謂之偽。[98]

這段話顯示了「偽」的產生要有心和官能能力。然而要決定產生什麼樣的
情，由心來抉擇。欲望也同樣如此。

> 欲不待可得，而求者從所可；欲不待可得，所受乎天也。求者從所
> 可，受乎心也[99]。

這種考量抉擇就是「慮」。《荀子・正名》云：

> 人之所欲生甚矣；人之所惡死甚矣。然而人有從生成死者，非不欲
> 生而欲死也，不可以生而可以死也。故欲過之而動不及，心止之
> 也。心之所可中理，則欲雖多，奚傷於治，欲不及而動過之，心使
> 之也。心之所可失理，則欲雖寡，奚止於亂，故治亂在於心之所
> 可，亡於情之所欲。[100]

　　人的欲望是無窮無盡的，也就是在這無盡的欲望中，人要作出選擇，
使之想要的和人的行動合宜、適當，這是心的作用，「心慮而能為之動，
謂之偽」[101]，是說心經過抉擇後，來指導人的行為，並且使主觀與客觀事
物相符合，才能產生了偽。從這裡我們看出「偽」是選擇性、積累、能動
的過程。荀子云：

> 人積耨耕而為農夫，積斲削而為工匠，積反貨而為商賈，積禮義而

---

[98] 王先謙：《荀子集解・正名》卷 16 第 22，頁 274。

[99] 王先謙：《荀子集解・正名》卷 16 第 22，頁 284。

[100] 王先謙：《荀子集解・正名》卷 16 第 22，頁 284。

[101] 王先謙：《荀子集解・正名》卷 16 第 22，頁 274。

為君子。[102]

又說：

> 積土成山，風雨興焉；積水成淵，蛟龍生焉；積善成德，而神明自
> 德，聖心備焉[103]，故聖人者，人之所積而致矣。[104]

聖人之所以為聖人在於「積善」而成的。「偽」是經過心的主動選擇，實
踐能力的運用，並且在日積月累中，在漫漫歷史發展中，由聖人表現而
成。它包含了兩個層面的意義，即內在的「認識心與知慮之心」，另一層
面是「環境的力量」，荀子言：

> 注錯習俗，所以化性也……習俗移志，安久移質……而都國之民安
> 息其服，居楚而楚，居越而越，居夏而夏，是非天性也，積靡使然
> 也。[105]

這就是說人之習性，乃後天之所染，而非先天鑄成，故荀子所倡之化性起
偽，不但化生，更是化後天環境之習性。荀子說：

> 凡人之性者，堯舜之與桀、跖，其性一也；君子之與小人，其性一
> 也。[106]

是指人性中本能部分，賢聖如堯、舜，淫奸若桀、跖，秉賦相同，故在其
本性而言，並無道德上的善、惡之分。「性」作為各種本能，是賢聖與淫

---

[102] 王先謙：《荀子集解‧儒效》卷 4 第 8，頁 91。

[103] 王先謙：《荀子集解‧勸學》卷 1 第 1，頁 4。

[104] 王先謙：《荀子集解‧儒效》卷 4 第 8，頁 91。

[105] 王先謙：《荀子集解‧儒效》卷 4 第 8，頁 91。

[106] 王先謙：《荀子集解‧性惡》卷 17 第 23，頁 294。

奸相同的。那是人作為一種生物的感受與反應，包括各種生存欲望與生理官能，並無道德上的是與非，但「性」雖天賦，卻可以「化」：因後天環境或人為因素的積習而產生變化、或加以轉化，可以為堯、禹，可以為桀、跖，可以為工匠，可以為農賈，在於注錯習俗之所積而言。

　　「性」中的欲望部分，具有惡的潛能或基因，若加以放縱，便可變為一種引起紛亂爭奪之「情」，其結果在道德判斷上自可稱為「惡」。但這種「惡」是可以轉化的，以禮義之道化之，使歸於「治」──合乎社會文化背景下的道德規範，就是「禮義」，合乎這種規範，便是「善」。

> 凡古今天下之所謂善者，正理平治也；所謂惡者，偏險悖亂也，是善惡之分也已。[107]

　　化性、情之「惡」為「善」，正如縱性、情中之欲為惡，都是後天人為的「積習」，荀子稱為「偽」。要成為道德高尚的人，在於人的能動性，即在於「偽」，可學而能、可事而成之在人者謂之「偽」。故荀子在〈性惡〉說：「人之性惡，其善者偽也」[108]。又說：

> 凡禮義者，是生於聖人之偽，非故生於人之性也。故陶人埏埴而為器，然則器生於工人之偽，非故生於人之性也。故工人斲木而成器，然則器生於工人之偽，非故生於人之性也。聖人積思慮，習偽故，以生禮義而起法度，然則禮義法度者，是生於聖人之偽，非故生於人之性也。[109]

由上可知，所謂「偽」，是指人的行為，這種行為不是基於人內在惡的「性」，而是由於外在的因素，這種外在的因素就是「仁義法正」，荀子

---

[107] 王先謙：《荀子集解‧性惡》卷17第23，頁293。
[108] 王先謙：《荀子集解‧性惡》卷17第23，頁289。
[109] 王先謙：《荀子集解‧性惡》卷17第23，頁291。

說：

> 塗之人可以為禹，曷謂也？凡禹之所以為禹者，以其為仁義法正
> 也，然則仁義法正有可知可能之理，然而塗之人也，皆有可以知仁
> 義法正之質，皆有可以能仁義法正之具，然則其可以為禹明矣。[110]

「皆有可以知仁義法正之質，皆有可以能仁義法正之具」，前者指的是
「心」，後者指的是「耳目官能能力」，但「能」要靠「心」的判斷，這
「理」，就是社會的道德和法律規範，聖人積累思慮，習於作為和事理，
才產生禮義興起法度，那麼禮義法度是聖人所造作的，不是本來生於人的
本性。

> 故聖人之所以同於眾而不異於眾者，性也；所以異而過眾者，偽
> 也。[111]

荀子對性和偽進行了區分，我們可以概括幾點：
  第一：「性」是「天生自然的」，而「偽」是「後天人為的」。
  第二：「性不可學」，而「偽可以通過學習得到」。
  第三：性是固定的，而偽是變化的。
  第四：「偽」中有性，性中沒有「偽」。
  在荀子看來，「偽」的內容，就是禮義，就是善。人性是惡的，善的
來源在於先王、在於聖人。「偽」是什麼呢？「偽」是君子小人「所求之
道則異矣」，君子小人之所以發生差異就在於此，即人為方式的不同，偽
是相對於性而言的，「夫感而不能然，必且待事而後然者，謂之偽」，顯
然性偽之別就在於一是先天固有，一是後天習得。《荀子·禮論》云：

---

[110] 王先謙：《荀子集解·性惡》卷 17 第 23，頁 295。
[111] 王先謙：《荀子集解·性惡》卷 17 第 23，頁 292。

> 性者本始材朴也，偽者，文理隆盛也。無性，則偽之無所加，無
> 偽，則性不能自美。[112]

由此看來，性是原始素材，是指「人生而即有的能力」，即官能能力，就
如徐復觀所說的：「材朴指的是未經人力脩為之能力。」[113]偽是人為加之
以禮的文飾，沒有樸素的性，則禮的文飾無從加；沒有禮的文飾，則性不
能自行成就美好，因為「無性，則偽之無所加」，沒有性，偽亦無從成
立。

（一）性無分於善惡

就荀子性的內容和特性來看，人之需要、官能的能力、利害判斷的思
維傾向和由心而發的知的能力，這幾方面是人所必須的，是「天之就
也」，「不事而自然」的。從天人關係而言，這些內容也是屬於「天」的
層面。「天」既是一純粹之自然，它沒有任何的道德和價值屬性，所以來
自於天的這些內容的本身是無所謂善惡可言的，性惡的意思只能是「性」
本身不是善的，「性」可引生惡的結果。而人性趨惡，乃是因為人性的欲
望，處於放縱狀態導致醜惡現象的發生。荀子曰：

> 今人之性，生而有好利焉，順是，故爭奪生而辭讓亡焉；生而有疾
> 惡焉，順是，故殘賊生而忠信亡焉；生而有耳目之欲，有好聲色
> 焉，順是，故淫亂生而禮義文理亡焉。然則從人之性，順人之情，
> 必出於爭奪，合於犯分亂理，而歸於暴。[114]

荀子所謂的「性」指的乃是人生而有之的各種欲望，而且這些欲望既有先
天的，即本能；也有後天的，即社會性的欲望，「性」是自然而然產生
的，是先天的欲望自然而然地產生，後天的欲望如「好利」、「疾惡」、

---

[112] 王先謙：《荀子集解・禮論》卷 13 第 19，頁 243。

[113] 徐復觀：《中國人性論史・先秦篇》，頁 231。

[114] 王先謙：《荀子集解・性惡》卷 17 第 23，頁 289。

「耳目之欲」、「好聲色」等。而目辨白黑美惡，而耳辨音聲清濁，口辨酸鹹甘苦則是先天的，也是自然之性，並無善惡可言，這是人與動物共同的本能。

又《荀子・榮辱》言：

> 可以為堯禹，可以為桀跖，可以為工匠，可以為農賈，在埶注錯習俗之所積耳。是又人之所生而有也，是無待而然者也，是禹桀之所同也[115]。

指的是性無定向，也可以說「性的可塑性」，這與告子的水決諸東方則東流，決諸西方則西流的觀念相同。

（二）荀子「性惡論」與「人為教化」

所謂善者，正理平治也；所謂惡者，偏險悖亂也。善惡定義為治亂，而禮義之謂治，非禮義之謂亂也。荀子「性惡」之說法是針對孟子「性善」之主張而來。人之「性惡」並非居於主導地位，而只是用來強調「其善者偽也」。性本身無善惡，這是人與動物共有的本能。惡的關鍵乃是人「縱欲而不知節」。荀子所以倡言「性惡」，原是為了突顯禮義法度之重要性，亦即「人為」之重要性。性惡論為荀子政治哲學提供了理論依據。在政治社會而言，荀子針對性惡論，化性起偽，通過社會規範與他律行為，將人類生物屬性的行為，改造成具有「禮義教化」人之所以為人的社會化過程。

荀子論人之思想，首先應從心性著手，然荀子之心性思想，與儒家孔、孟之思想不同，孔子言性相近，習相遠。並未明言人性之善惡；孟子則直言性善，認為人有不忍人之心，所以異於禽獸者，就是在於人有天賦之善性，善性包含仁、義、禮、智四個善端，故有惻隱之心、羞惡之心、是非之心、辭讓之心。人應擴充四端。以臻於聖賢。同時，孟子強調聖人先得我心，知人具理、義之心，故能引導世人，向性善努力。孟子認為人

---

[115] 王先謙：《荀子集解・榮辱》卷2第4，頁39-40。

之惡有二。一受外物之陷溺，二是個人善性之放失。因此要存養心性，使臻於善。荀子不從人之天性著手，而是從人之情欲著手，主張性惡論。

　　荀子認為人的自然生理之性是與生俱來的，是先天的不加修飾改造的質樸之性；而社會道德性則是後天人為環境教育所造成的，是人積習所具的德性，人之性惡乃是人後天放縱（順是）欲望而成。從《荀子・榮辱》[116]可知，荀子所含的性，實指官能能力與官能欲望二方面，然而荀子的性惡卻只從「官能欲望」所生之流弊來說明性惡。這些「欲望」存於心，為人性也是惡之根源。「情不美」，即「性惡」，這就是荀子所說的「從人之性，順人之情」，那麼它們勢必會破壞社會規範，造成「偏險悖亂」之惡，所以荀子說「性」是惡的。《荀子・性惡》云：

　　　今人之性，目可以見，耳可以聽。夫可以見之明不離目，可以聽之
　　　聰不離耳，目明而耳聰，不可學明矣。[117]

目明耳聰之可以稱為性，是因明不離乎目，聰不離乎耳 。但人在行為上，卻常與這天資之朴離開，因此目明耳聰心慮即有與性並無不可離之關係，由此可知善與性可分離之關係，以證明性之惡。荀子以欲為性[118]，既肯定人性為惡，即重視師禮法與教化之功。

　　　故必將有師法之化，禮義之道，然後出於辭讓，合於文理，而歸於
　　　治。用此觀之，然則人之性惡明矣，其善者偽也。[119]

如前所述，心的知並沒有把握直接知道「仁義法正」，而須要靠師、法之

---

[116]　王先謙：《荀子集解・榮辱》卷 2 第 4，頁 39-40。

[117]　王先謙：《荀子集解・性惡》卷 17 第 23，頁 290。

[118]　王先謙：《荀子集解・性惡》卷 17 第 23：「人之欲為善者，為性惡也」(臺北市：華正書局，2003年 10 月)，頁 292。

[119]　王先謙：《荀子集解・性惡》卷 17 第 23，頁 289。

力，來讓心知「仁義法正」，而來糾正性惡，帶有強迫性質[120]，長久看來，此方式是否能收師法之化，有待商榷。儘管如此，荀子主張人性惡，強調性偽之分，正是強調禮義教化之重要性。

從上所引，可知荀子之性惡，偏重情欲之敘述，而此情欲，如飢寒飲食，以及口、耳、鼻、目、體等之情性，並認為堯舜禹桀之所同，君子與小人亦是如此。則人之情欲，具有人類之普遍性。此普遍原則，是荀子主張性惡之理論基礎。如據性惡之說推演，人類之行為將趨向暴亂而違禮。荀子認為，人若依情性而為，則必淫亂生而禮義文理亡，或出於爭奪，而犯分亂理而歸於暴。縱性情，安恣睢，違禮義，而淪為小人。由此，人之情欲，不可順性而為，必須有所節制，節制之方法，一者為勸學，學聖賢之學，以克制情欲；二者為學禮義，以化性起偽，人性將歸之於善。

（三）化性起偽

《荀子・正名》說：「狀變而實無別而為異者，謂之化，有化而無別，謂之一實。」[121]這句話的意思是指事物外貌變了，但實質並沒有變為另一事物，這叫做「化」，這種只有外貌改變，而沒有實質的不同，仍叫做同一實物。荀子的「化」是指本性無改變（性），只是後天環境（偽）的改變，這裡的化是指「師法之化」。「化性起偽」是荀子教育哲學的核心思想。荀子認為人與生而俱的本性易趨於為惡，因為人先天不識禮義；必須透過後天環境，師法之化，禮義之道的涵養，也就是教育的培養，才能有良好的道德。這裡「化」是指師法之化，「性」是指天生自然，「偽」是指後天人的作為。荀子所謂的「性」顯然不是《中庸》上說的「天命之謂性」（指天所賦予人之所為人的本質），也不是孟子所說的「性善」（指良知良能）。「性」是指人與生而俱的自然本能，包括生理的欲望以及心理的情欲。君子與天正如性與偽，二者相輔相成，天地受人的制裁，物為人所用。所以，「性」、「偽」二者不能分開。「性」、

---

[120] 王先謙：《荀子集解・性惡》卷 17 第 23：「今人之性，固無禮義，故彊學而求有之也。」，頁 292。

[121] 王先謙：《荀子集解・正名》卷 16 第 22，頁 279。

「偽」作為「人為」的「偽」，並不是指人的一切社會實踐，而是指人的道德倫理實踐。所謂「化性起偽」，不是指人的本性已經改變，而是說人能認知人的種種性惡，進而去進行改造外在的行為。因此，可將「化」分成三種含義：

1、變化

《易經‧恆卦‧象曰》：「日月得天而能久照；四時變化而能久成。」荀子所說的「化」首先是指大千世界，萬物流動變化的自然現象。天地間自然事物的變化，都是陰陽之氣地聚散分合所形成的結果。這種宇宙變化的道理，應用在人性上，就呈現出各式各樣的人為形式，但本性都是相同的。〈禮論〉說：

> 天地合而萬物生，陰陽接而變化起，性偽合而天下治。[122]

荀子論變化的特點，在於天不是滿足於一般性地描述變化現象，而是突出了對變化的偶然性及特殊變化的分析。例如：

> 星隊木鳴，國人皆恐，曰：是何也？曰：無何也！是天地之變，陰陽之化，物之罕至者也。[123]

在這裡，天地之變，也就是陰陽之化，「變」和「化」是作為同一概念對偶使用的[124]。星隊、木鳴之類都是自然界罕見現象，同樣也是天地陰陽變化的反映只不過反映的是偶然性的而已。又如：

> 堯禹者，非生而具者也，夫起於變故，成乎修修之為，待盡而後備

---

[122]　王先謙：《荀子集解‧禮論》卷 13 第 19，頁 243。

[123]　王先謙：《荀子集解‧天論》卷 11 第 17，頁 209。

[124]　張立文、向世陵：《變》(臺北市：七略出版社，2000 年 4 月)，頁 43。

者也。[125]

對於聖王而言，他們本生就是經歷了多種不同的「變故」才完善的，「變故」的之變也不是正常的。又說：

> 夫道者，體常而盡變，一隅不足以舉之。[126]
> 故君子之於禮，敬而安之，其於事也，徑而不失，……其應變故也，齊給便捷而不惑。[127]

這是說道以常為體，道之用窮盡了一切變化，猶天地常存。又性中本來也是沒有禮儀的，作為聖人的一切善行都是後天的修習改變。

2、教化

教化是一種外化結果，荀子讚堯舜，在〈正論〉云：「堯舜者，至天下之善教化者也。」[128]在儒效篇，尊周公孔子，也大部分就教化功能而言，荀子主張通過各種社會禮儀規範去教化人民，使人民處於和平安定的環境之中，〈性惡〉云：

> 古者聖王以人之性惡，以為偏險而不正，悖亂而不治，是以為之起禮義，制法度，以矯飾人之情性而正之，以擾化人之情性而導之也。[129]

這句話是指，聖王用「禮法」來教化人民，使人民行為合於禮義之道，然後人們就會彼此辭讓、有禮貌，國家才能得以治理，教化可以使社會得到良好的治理，荀子曰：

---

[125] 王先謙：《荀子集解・榮辱》卷 2 第 4，頁 40。

[126] 王先謙：《荀子集解・解蔽》卷 15 第 21，頁 262。

[127] 王先謙：《荀子集解・君道》卷 8 第 12，頁 153。

[128] 王先謙：《荀子集解・正論》卷 12 第 18，頁 224。

[129] 王先謙：《荀子集解・性惡》卷 17 第 23，頁 289-290。

今人之性惡，必將待聖王之治，禮義之化，然後皆出於治，合於善也。[130]

正因為人性不是善的，所以才需要禮儀和聖人的教化、法令的實行，來改造人性的惡。因此，荀子的教化，是以「統類」教，以「禮義」化，而孟子是以身教，以德化，雖然教化之所本不同，教化的方式是一樣的。

3、道化

道是宇宙變化背後的神秘力量，春去秋來，月圓月缺，變化的是季節和時間，但其中不變的是大道。「大道者，所以變化遂成萬物也。」[131]道乃宇宙之本，人若能化於此道，則人能與道同在，便可成為聖人。聖人和大道齊一，全善無惡，但人性卻是惡的，「化性起偽」的實質，就是以禮養欲，禮義存在的目的在於「養」，正是禮的這一功能才使得人的情、欲之性得以合理地釋放。

先王惡其亂也，故制禮義以分之，以養人之欲，給人之求。使欲必不窮乎物，物必不屈於欲。[132]

先王制定禮義法度並非是為了消除、禁止人的欲望，而是為了善養人的欲望，人有私欲，並且此種私欲不可以去除，然而禮義法度卻可以對人羣進行區分，對人的無限之私欲加以合理分配，從而使在特定的等級範圍內的人的情、欲得以滿足。在禮義教化的作用下，人的私欲需求能夠得到適當滿足，並不會引起人們對有限物資的爭奪，這就是先王制禮的原因和意圖。荀子曰：「故禮者，養也。」、「禮以養欲」、「以節求欲」都是對人的情、欲之性的節制。情、欲之性的節制並沒有改變情、欲之性的惡性，只是讓情、欲以一種正確的方式流淌出來罷了。

130　王先謙：《荀子集解‧性惡》卷 17 第 23，頁 294。

131　王先謙：《荀子集解‧哀公》卷 20 第 31，頁 355。

132　王先謙：《荀子集解‧禮論》卷 13 第 19，頁 231。

五、化性起偽之方法

　　人的性惡是用禮義來改變人性，荀子言性惡是人本能的性情發展，易流於性情之欲而不能自拔，唯有通過後天的師法與教化才能轉化自然之生命狀態而達善。荀子強調「聖人化性而起偽，偽起而生禮義，禮義生而制法度」[133]。「化性起偽」的目的是「生禮義」，而「禮義」又是「制法度」的前提，聖人以人為之力，制定禮義使人化除惡性，使國家平治。若無聖人，則悖亂而不治。這即表明荀子人性論的探討是以禮學為主，禮義之重要效用便是能夠統攝人思想言行的一切規範。

　　荀子制禮義以「養欲以求」，禮義能夠正確引導性之欲。「使欲必不窮乎物」，積極地順導和規範人欲，從而使性偽之分達到天下之治。這樣人的自然本性得到合理的發展，而不放任自然，強調後天人為，是後天環境對人性的影響。因此，性偽合一要通過兩方面來達成：第一、注錯習俗。第二、是積累學習和後天學習的重要，它們是促使化性起偽，達到平治天下的目的。〈儒效〉說：

> 注錯習俗，所以化性也，并一而不二，所以成積也，習俗移志，安久移質，并一而不二，則通於神明，參於天地矣。……而都國之民安息其服，居楚而楚，居越而越，居夏而夏，是非天性也，積靡使然也。[134]

人沒有師法，會擴大它的本然之性，所以不可獨立而治，性是用師法積習去變化的，錯置實行習俗，專一而不二，就可以成就良善積習，通於神明，和天地並參。所以沒有積學的功夫，人的自然本性就不能改變。荀子說：「今人之性，故無禮義，故彊學而求有之也；性不知禮義，故思慮而求知之也。」故「聖人也者，人之所積也」。用禮義去節制自然人性的

---

[133] 王先謙：《荀子集解·性惡》卷 17 第 23，頁 292。
[134] 王先謙：《荀子集解·儒效》卷 4 第 8，頁 91-92。

情慾，以達到化性起偽之功效。

化性起偽之方法可分為：

（一）荀子以勸學對治性惡

勸學是荀子之教育思想，包含教育之原則與方法，在前言性惡之思想中，治學可以在學習聖賢之學說中，潛移默化，積漸薰陶，以化除人性中情欲之氾濫，將是化性起偽之根本工夫。《荀子·勸學》云：

> 君子曰：「學不可以已。」……君子博學而日參省乎己，則智明而行無過矣。……學至乎沒而後止也[135]。

此說明君子為學，應終身行之，使智慧明達，行為亦無過失。而且在博學之餘，還要每日三次反省自己，檢討自己之言行，以淨化身心。　君子學習之內容，《荀子·勸學》云：

> 不聞先王之遺言，不知學問之大也。……學惡乎始？惡乎終？曰：其數則始乎誦經，終乎讀禮。……故書者、政事之紀也；詩者、中聲之所止也；禮者、法之大分，類之綱紀也。故學至乎禮而止矣。夫是之謂道德之極。禮之敬文也，樂之中和也，詩書之博也，春秋之微也，在天地之間者畢矣。[136]

君子之學，應是聽聞先王之遺言。先王為何？堯舜禹湯文武周公。先王之遺言為何？書、詩、禮、樂、春秋。其中《書經》記載虞、夏、商、周之政事；《詩經》中之樂歌，都是中正平和之聲，而且止於至善；《禮經》即今之《儀禮》，其中所記載之禮儀制度，是法律之大原則，而且是各類法令之綱要；《樂經》是中正平和之音樂；《春秋經》是春秋之歷史。學應從六經著手，而以《禮經》為止，因為禮所蘊含之道理，不論周旋揖讓

---

[135] 王先謙：《荀子集解·勸學》卷1第1，頁1。

[136] 王先謙：《荀子集解·勸學》卷1第1，頁1-7。

之恭敬，車服等級之文采，都是道德之最高典範。若再加上以中和之音樂，陶冶內在之心靈，《書經》淵博之知識，《春秋經》多蘊含微言大義，在天地間之一切道理。都以蘊藏於其中。君子為學之態度，就是專一。《荀子‧勸學》云：

> 螾無爪牙之利，筋骨之強，上食埃土，下飲黃泉，用心一也。蟹六跪而二螯，非蛇蟺之穴，無可寄託者，用心躁也。是故無冥冥之志者，無昭昭之明；無惛惛之事者，無赫赫之功。行衢道者不至，事兩君者不容。目不能兩視而明，耳不能兩聽而聰。螣蛇無足而飛，梧鼠五技而窮。《詩》曰：「尸鳩在桑，其子七兮。淑人君子，其儀一兮。其儀一兮，心如結兮。」故君子結於一也。[137]

為學需專心致志，心無旁騖。荀子不從求學論述，而是舉例以明之。如蚯蚓、螃蟹、事君、行衢道、耳、目、螣蛇、鼫鼠等，一一說明君子專心始能成事之道理。君子為學之方法，《荀子‧勸學》云：

> 君子之學也，入乎耳，箸乎心，布乎四體，形乎動靜。端而言，蝡而動，一可以為法則。小人之學也，入乎耳，出乎口；口耳之間，則四寸耳，曷足以美七尺之軀哉！古之學者為己，今之學者為人。君子之學也，以美其身；小人之學也，以為禽犢。[138]

君子為學之時，古代聖賢人之道理，聽入耳中，就要牢記不忘，還要表現在四肢言行之上。不論微言微動，都要合乎法則。君子為學，是用來美化自己，也是讓自己之言行合乎禮儀。與小人為學，不能美化其身，終如禽犢一般。君子為學之目標，《荀子‧勸學》云：「其義則始乎為士，終乎

---

[137] 王先謙：《荀子集解‧勸學》卷1第1，頁5-6。

[138] 王先謙：《荀子集解‧勸學》卷1第1，頁7-8。

為聖人」[139]。君子為學，讀聖賢之學，學成之後，當為國家棟樑，為士為賢，或終為聖人，聖人以為王者，雖不易成就，仍為君子為學之終極目標。君子為學，除自我要求外，從師問學，亦非常重要。《荀子・勸學》云：

> 學莫便乎近其人。禮樂法而不說，詩書故而不切，春秋約而不速。方其人之習君子之說，則尊以徧矣，周於世矣。故曰：學莫便乎近其人。[140]

為學最便利之捷徑，就是好賢而師之，因為禮樂是大法，而內容而未婉轉曲折地說明；詩書敘述古代先王之政事，亦不夠委曲切近；春秋文義隱約，褒貶難明；若能依傍親近賢師，習聞其學說，就可以秉仰師承，周遍於世務矣。

（二）荀子以修身對治性惡

　　荀子主張性惡之說，又力主勸學，以增進知識；親近賢師，以成為士或聖人。但對自我之要求，並未詳說。故以修身以達到自省、治氣、養身之目標，對化性起偽，有極重要之意義。荀子認為修身首在見善，《荀子・修身》云：

> 見善，修然必以自存也；見不善，愀然必以自省也。善在身，介然必以自好也；不善在身，菑然必以自惡也。故非我而當者，吾師也；是我而當者，吾友也；諂諛我者，吾賊也。故君子隆師而親友，以致惡其賊。好善無厭，受諫而能誡，雖欲無進，得乎哉？[141]

---

[139] 荀子分讀書人為士、君子、聖人三等。就治學意義而言，以修身為士為初階，次為君子，而以完成個人道德人格為聖人的終極目標。王先謙：《荀子集解・勸學》卷1第1，頁7。

[140] 王先謙：《荀子集解・勸學》卷1第1，頁8。

[141] 王先謙：《荀子集解・修身》卷1第2，頁12。

一個人見有善行，必修然整飭，並省察自身是否有善；見不善則愀然憂懼。如果自身良善，必如堅石般固守；自身不善，則有若災禍在身，必然深自厭惡。故非議我而得當者，是匡正我之良師；稱許我而得當者，是鼓勵我之益友；諂諛我者，是傷害我之讒賊。因此，君子尊重良師，親近益友，而厭惡讒賊之人。由此，能喜好善行，不會厭惡；接受規勸，而能深自警惕。雖欲不求進步，也不可能。

　　前言修身之道，還要依禮而行，得良師教誨。至於實踐力行，應專心一志，往士、君子、聖人之目標，努力以赴。又《荀子・修身》云：

　　　　道雖邇，不行不至；事雖小，不為不成。其為人也多暇日者，其出
　　　　入不遠矣！好法而行，士也；篤志而體，君子也；齊明而不竭，聖
　　　　人也。[142]

荀子認為道理雖然淺近，不做也不能到達目標；事情雖然很小，不做也不會完成。為人多閒暇怠惰者，終日遊手好閒，不會超出平常人很遠。喜好禮法，依禮而行之人，稱為士；篤厚其志，而識大體之人，稱為君子；智慮敏捷，而不困竭之人，稱為聖人。

　　此說與前相仿，說明士、君子、聖人，仍須踐履篤行，方能達成志向。其後又強調循禮與從師之重要性，其云：

　　　　禮者，所以正身也；師者，所以正禮也。無禮何以正身，無師吾安
　　　　知禮之為是也。禮然而然，則是情安禮也；師云而云，則是知若師
　　　　也。情安禮，知若師，則是聖人也。故非禮，是無法也；非師，是
　　　　無師也。不是師法而好自用，譬之是猶以盲辨色，以聾辨聲也；舍
　　　　亂妄，無為也。故學也者，禮法也。夫師，以身為正儀，而貴自安
　　　　者也。[143]

---

[142] 王先謙：《荀子集解・修身》卷 1 第 2，頁 19。
[143] 王先謙：《荀子集解・修身》卷 1 第 2，頁 20。

荀子以為禮是端正自己之身心，師是用來端正禮法之人，故無禮將如何端正身心，無師將如何知禮之合理。禮如此，吾亦如此，就是情性能安於禮；師如此說，吾亦如此說。則是知識與師相同。情性安於禮，知識與師相同，即與聖人無異矣。因此，以禮為非，是無法度可言；以師為非，是無師可言。不以禮與師為是，而好用私智者，譬猶盲人辨五色，聾人辨五聲。除妄亂之外，無所作為。故學者無它，禮法也。至於師，以自身為學者之儀則典範，而最可貴者，是自身要安於禮法。由上所述，荀子要對治性惡，必須學習聖賢之學說，六經之道理，將身心調理後，以禮端正身心，以師教導輔助，對性惡之矯治，甚為重要。

第三節　荀子「天人思想」由「分」至「合」之哲學意涵

天地運行化生之道，是一陰一陽，一剛一柔，順動不已。天地、日月、四時是按照固有的順序運行的。萬物的生長也必須順承天的化生之道。人也是天地化生之物，具有高度智慧與能動性，亦不能違反天地之道而恣意妄為，仍必須順天而行，與天地合其德，與日月合其明，與四時合其序。將「天」和「人」這兩種不同的「類」統一起來，就是「禮」。以禮為分是合羣社會秩序的基礎，「分」是制衡物欲的手段，荀子為了治亂，用「分」體現社會的等級制度，強調明分使羣、禮義之統類，這是解決人類因追求物質財富而引起的紛亂，是荀子道德倫理哲學思想的核心，也是儒家「禮之用，和為貴」的思想發展。「分」的思想發展，乃是荀子「政治統合」的終極目標。禮是天人合一的主要媒介，只要通過〈解蔽〉篇中的「虛壹而靜」以至「大清明」，就能使人們的欲望受到控制，宇宙自然便能和諧平衡地發展，達到天時地利人和之境，實現與天地相參，由此「天」與「人」便能相合而統一。

一、「氣」化生萬物

　　《易傳》最早將「氣」定義為「精氣」，是化育天地萬物的元素。[144]
《繫辭上傳》云：

> 精氣為物，遊魂為變，是故知鬼神之情狀，與天地相似，故不違。
> [145]

《易傳》認為「天地萬物和人體形神，甚至鬼神都是「精氣」所產生。由
此可知，「鬼神」同天地變化相似。這就是將自然之物、人類形體和精神
意識都歸屬於共同物質之上，使萬物統一歸於「精氣」。從《易傳》各卦
的闡釋可知：「精氣」不是固定不變的，而是陰陽二氣互相交感、轉化
後，在這變化過程中形成萬物。「氣」包括自然之氣，如雲氣、水氣、煙
氣、風氣等氣體，在人方面，如呼吸的氣息、元氣、血氣、以及引申表示
人的道德之氣，如勇氣、骨氣、志氣等。而孔子也提出「血氣」的觀念，
及人的生理機能和精神狀態。他說：

> 君子有三戒：少之時，血氣未定，戒之在色；及其壯也，血氣方
> 剛，戒之在鬥；及其老也，血氣既衰，戒之在得。[146]

血氣未定，要警戒女色，到壯年時，血氣正剛強，莫好勝喜鬥，到老年
時，血氣已經衰弱，不可貪得無厭，以保全晚節。此血氣乃是人之所待以

---

[144] 曾振宇：《中國氣論研究》，山東省：山東大學出版社，2003 年 1 月，頁 28。張立文：《氣》：
「《易傳》明確地將氣範疇的涵義規定為『精氣』，並認為精氣是構成天地萬物和人類的細微原
始物質。」（臺北市：漢興書局有限公司，1994 年 5 月），頁 33。

[145] 朱熹：《周易本義》（臺南市：靝巨書局，1984 年 9 月），頁 264。

[146] 何晏注、邢昺疏：《論語注疏・季氏》（臺北市：藝文印書館，2011 年 12 月），頁 149。

生者，也是生命所繫。孟子認為這「氣」藏於人體，為「至大至剛」配「義和道」的「浩然之氣」[147]。繼孔子和孟子之後，荀子提出了「自然之氣」和「治氣養心」的思想。

　　荀子為了將天的神祕觀念破解，將「天」轉變為物質性的存在[148]，將「天」重新定義，他在〈禮論〉說：「天地合而萬物生，陰陽接而變化起，性偽合而天下治。」[149]亦即就「天的本質」而言是由陰陽二氣交感變化、相互消長所形成。其間並沒有神秘的上帝存在，荀子認為天地人物都有氣，是人類萬物共同含有的元素。荀子以氣、生、知、義等順序來分別對應不同存在物。他說：

> 水火有氣而無生，草木有生而無知，禽獸有知而無義；人有氣、有生、有知、亦且有義，最為天下貴也。[150]

在〈天論〉亦指出：

> 列星隨旋，日月遞炤，四時代御，陰陽大化，風雨博施，萬物各得其和以生，各得其養以成。[151]

「水火有氣」說明了「氣」是天地萬物的組成元素，天地間無論是無生命之物，還是有生命之物，都是由天地合氣，陰陽交接而化生。因為有生命、懂禮義，而成為天下最尊貴的人。「氣」是構成萬物的共同物質，荀

---

[147] 趙岐注、孫奭疏：《孟子·公孫丑上》：「其為氣也，至大至剛，以直養而無害，則塞于天地之間。其為氣也，配義與道；無是餒也。是集義所生者，非義襲而取之也。行有不慊於心，則餒矣。」，頁54-55。

[148] 熊公哲：《荀子今註今譯·天論》：「荀子所謂天，有廣狹二義，就狹義言之，天只包日月，星辰、陰陽、風雨、水旱、寒暑，寒暑且有時另稱為時而以天地並列。就廣義言，則天並包天地萬物，且泛泛於人之身心，故有天情、天官、天君等名目。」(臺北市：臺灣商務印書館，2010年12月)，頁376。

[149] 王先謙：《荀子集解·禮論》卷13第19，頁243。

[150] 王先謙：《荀子集解·王制》卷5第9，頁104。

[151] 王先謙：《荀子集解·天論》卷11第17，頁206。

子更重視氣及其運動變化與人的心性修養、倫理道德和治國的哲學關係。人與天地雖然各有差異，卻共同在「氣」運行中互相連續與融合，這印證了天、人間「合中有分」、「分中有合」，這就是荀子所說的「天地合而萬物生」、「陰陽接而變化生」[152]之意涵。天地陰陽二氣交感合和，產生天地萬物，引起事物的轉動變化，即使是自然之怪異象亦是如此。荀子云：

> 夫日月之有蝕，風雨之不時，怪星之黨見，是無世而不常有之。上明而政平，則是雖並世起，無傷也；上闇而政險，則是雖無一至者，無益也。夫星之隊，木之鳴，是天地之變，陰陽之化，物之罕至者也；怪之，可也；而畏之，非也。[153]

至於星辰殞落、枯木鳴響、日蝕月蝕、風雨不調，是世代皆有的自然現象；而星墜木鳴更是天地陰陽變化的自然道理，不因此對它產生恐懼。

在〈禮論〉又說：

> 凡禮，始乎梲，成乎文，終乎悅校。故至備，情文俱盡。其次，情文代勝；其下復情以歸大一也。天地以合，日月以明，四時以序，星辰以行，江河以流，萬物以昌，好惡以節，喜怒以當，以為下則順，以為上則明，萬物變而不亂，貳之則喪也。禮豈不至矣哉！立隆以為極，而天下莫之能損益也。本末相順，終始相應，至文以有別，至察以有說，天下從之者治，不從者亂，從之者安，不從者危，從之者存，不從者亡，小人不能測也。[154]

接著又強調：

---

[152] 王先謙：《荀子集解·禮論》卷13 第19，頁243。

[153] 王先謙：《荀子集解·天論》卷11 第17，頁209。

[154] 王先謙：《荀子集解·禮論》卷13 第19，頁236。

> 禮之理誠深矣，堅白同異之察，入焉而溺；其理誠大矣，擅作典制
> 辟陋之說，入焉而喪；其理誠高矣，暴慢恣睢輕俗以為高之屬，入
> 焉而隊。故繩墨誠陳矣，則不可欺以曲直；衡誠縣矣，則不可欺以
> 輕重；規矩誠設矣，則不可欺以方圓；君子審於禮，則不可欺以詐
> 偽。故繩者，直之至，衡者，平之至，規矩者，方圓之至，禮者，
> 人道之極也。然而不法禮不足禮，謂之無方之民；法禮足禮，謂之
> 有方之士。禮之中焉能思索，謂之能慮；禮之中焉能勿易，謂之能
> 固。能慮、能固，加好者焉，斯聖人矣。故天者，高之極也，地
> 者，下之極也，無窮者，廣之極也，聖人者，道之極也。[155]

上文乃是以天地氣化所呈現的「生之理」來說明道德善惡[156]。而「禮」是
聖人所制定，作為善惡標準之具體化制度，教人趨善而抑惡，以體現「生
之理」。此生之「理」乃是韋政通所說的「禮之統纇」，知統類一義是為
發現禮義發展中之共理而提供者，共理者即禮義法制所共有或共同所依之
「理」[157]。這個「禮」存在於天地萬物中，具有極大重要性，「禮」者
「理」也，以氣為性而言，氣質之性須靠禮才能平治，不隨從它就混亂，
隨從它就安定，不隨從它就危殆，隨從它就從立，不隨從它就敗亡。這種
「禮」與「理」，說明了人存在於宇宙萬物間，共存於一「氣」，同屬於
此「分」即「禮」，這是天、人間的分與合。

　　此外，荀子以「治氣養心之術」來修養身心，通過陰陽之氣，使其變
化規律合於常道，達到內心血氣平和，明達萬物，而為聖人君子。《荀
子‧修身》云：

> 治氣養心之術：血氣剛強，則柔之以調和；知慮漸深，則一之以易
> 良；勇膽猛戾，則輔之以道順；齊給便利，則節之以動止；狹隘褊

---

[155] 王先謙：《荀子集解‧禮論》卷 13 第 19，頁 236。

[156] 楊儒賓、祝平次：《荀學的氣論與功夫論》(臺北市：國立臺灣大學出版中心，2012 年 5 月)，頁 262。

[157] 韋政通：《荀子與古代哲學》(臺北市：臺灣商務印書館，1997 年 4 月)，頁 21。

> 小，則廓之以廣大；卑溼重遲貪利，則抗之以高志；庸衆駑散，則
> 刧之以師友；怠慢僄弃，則炤之以禍災；愚款端慤，則合之以禮
> 樂，通之以思索。凡治氣養心術，莫徑由禮，莫要得師，莫神一
> 好。夫是之謂治氣養心之術也。[158]

治氣養心之道理和方法，就是要調和陰陽之氣。可以在血氣剛強時，以柔和調和之；在智慮深沉時，以平易溫良來諧一之；勇膽猛戾時，以訓導輔助之；舉止迅捷時，則節制使安徐；氣量狹小時，則擴之使廣大；卑下遲鈍貪利時，就激發其高遠之志；材下散漫時，就以師友去其舊性；怠慢又自輕其身，則以災禍顯示之；愚誠忠厚時，使符合禮樂。治氣養心最直接之方法，是依禮而行，最重要的是得良師，最神妙之作用是專心一志。

　　由上可知，荀子認為「氣」能化生萬物，強調人們進行生產、治理社會和治氣養心都必須遵循天地陰陽之氣的規律，此陰陽之氣，亦是天人分合之媒介與重要元素。因此，凡用血氣、志意、知慮，由禮則治通，不由禮則勃亂提僈。這是說無論是血氣剛柔還是志意廣大，順著禮去做就能順治通達，不順禮就悖亂怠慢。

二、「天人相統」由「虛壹而靜」至「大清明」

　　人有認識客觀事物的能力，但是人常常「蔽於一曲，而闇於大理」，就是要以「虛壹而靜」的方法去「解蔽,「解蔽」是希望通過「大清明」，來澄清百家異說與治理者的蒙蔽。同時正確地認識和實踐自然的規律和治國之道，這是由「知道」落實到「體道」，虛壹而靜的努力過程便是「道」與「人心」的統一過程，這一過程的達成便是天人相統的實現。所謂虛壹而靜，就是虛心、專心、靜心三種心理因素，相互結合並發揮作用，形成一種主體精神上，無所偏蔽的境界——大清明。實現大清明境界

也是天人和諧的統一，這裡的大清明、虛壹而靜，不只是主觀性的精神世界，更是一種有客觀內容的主體存在方式。就天人關係而，它屬於認識論意義上的天人相統。這種天人相統，是有我存在的，保存天人界限的理性合一，是主體客體在認識規律基礎上的統一，是感覺經驗與理性思維，在反映客觀事物及其規律基礎上的統一。

　　荀子重思辨之作用，必須仁義禮智合一，以達到大清明之目標，屬認識之心。荀子在心之認知上，荀子言人之心必須運用在有經驗之事物，才不會盲目漫遊，混淆是非，《荀子・解蔽》即在解開人蔽惑之心，以恢復清明之認知。其云：「心者，形之君也，而神明之主也，出令而無所受令。」[159]心是形體之主人，也是智慧、精神之主宰，心有主宰行為之能力，要通過「認知善的心」來「對治性惡」，因此，荀子的認知心是向善的，與心性之善惡不同。《荀子・天論》云：

> 耳目鼻口形能各有接而不相能也。夫是為之天官。心居中虛以治五
> 官，夫是謂之天君。[160]

人之感官雖有耳目鼻口形接能與外物接觸，但不能互相替代。而由心來統理五官。可是人性中有欲，欲會蔽惑人心。故《荀子・解蔽》云：「凡萬物異則莫不相為蔽，此心術之公患也。」[161]凡事只見其一面，不見其另一面，則生蔽，欲惡得其正則不蔽，欲而不知其惡，就會產生惡性，此惡性是受情欲所蔽之人心。因此，荀子主張止欲，止欲可以清其天君，達到大清明之境界，與性惡不同。《荀子・正名》云：

> 欲過之而動不及，心止之也；……欲不及而動過之，心使之也。[162]

---

[159] 王先謙：《荀子集解・解蔽》卷 15 第 21，頁 265。

[160] 王先謙：《荀子集解・天論》卷 11 第 17，頁 206。

[161] 王先謙：《荀子集解・解蔽》卷 15 第 21，頁 259。

[162] 王先謙：《荀子集解・正名》卷 16 第 22，頁 284。

當欲望太強烈，而行動卻全然不及，是心有所節制；當欲望不強烈，而行動超過它，是心指使他所致。由此，心可以節制欲望之太過，亦可指使欲望之氾濫。如何使心節制欲望，不氾濫，而合於道？《荀子·解蔽》云：

> 心不可以不知道，心不知道，則不可道，而可非道。人孰欲得恣，
> 而守其所不可，以禁其所可？以其不可道之心取人，則必合於不道
> 人，而不合於道人。以其不可道之心與不道人論道人，亂之本也。
> 夫何以知？曰：心知道，然後可道，可道然後守道以禁非道。以其
> 可道之心取人，則合於道人，而不合於不道之人矣。以其可道之心
> 與道人論非道，治之要也。[163]

道為何？即禮義之道。心不可以不知道，心不了解道，則不會認同道，而否定道。誰能恣意守著自己不認同之事，而去禁止自己認同之事呢？如以否定道之心擇取人才，必定是不守道之人，以不守道之心與不合道之人，論說守道之人，是國家混亂之根本。因此，心了解道，然後認同道，認同道，然後守道，而禁止不守道之人。以認同道之心擇取人才，就會擇取合於正道之人；以認同道之心與守道之人，論說不守道之人，是治國之要點。故治國之要，在於知道，也就是要執守禮義之道。

荀子要君主禮義之道，以禮義為治國之要件。禮義不可為淪為口說，荀子認為要以聖、王為師。《荀子·解蔽》云：

> 聖也者，盡倫者也；王也者，盡制者也；兩盡者，足以為天下極
> 矣。故學者以聖王為師。[164]

所謂聖人，是通達萬物倫理之人，王者是精通治國禮制之人。如兩者皆精通，是天下人之最高標準。故學者必須以古之聖王為師。聖人之令人推

---

[163] 王先謙：《荀子集解·解蔽》卷 15 第 21，頁 263。

[164] 王先謙：《荀子集解·解蔽》卷 15 第 21，頁 271。

崇，是聖人能知心有所閉塞之患。《荀子，解蔽》云：

> 聖人知心術之患，見蔽塞之禍，故無欲無惡，無始無終，無近無
> 遠，無博無淺，無古無今，兼陳萬物而中縣衡焉。是故衆異不得相
> 蔽以亂其倫也。[165]

聖人聰明睿智，深知在心智上有所閉塞之病，也見到閉塞帶來之禍患，故
不要有欲、惡等情感上之偏曲，不要在始、終等觀念上有偏曲，不要在
近、遠等距離上有偏見，不要博、淺等見識上有壅蔽，不要在古、今等時
間上有誤解。在萬物紛呈之中，內心要有衡量事物之客觀標準。因此，各
種異說就不會相蔽，而迷亂萬物之理。

人之心，如何在萬物紛呈中，能清楚認識萬物之真相，荀子提出「虛
壹而靜」之修養功夫。「虛壹而靜」是指虛心、專一、靜心三種行為，
《荀子·解蔽》云：

> 人何以知道？曰：心。心何以知？曰：虛壹而靜。心未嘗不臧也，
> 然而有所謂虛；心未嘗不兩也，然而有所謂壹；心未嘗不動也，然
> 而有所謂靜。人生而有知，知而有志；志也者，臧也；然而有所謂
> 虛，不以所已臧害所將受，謂之虛。心生而有知，知而有異。異也
> 者，同時兼知之；同時兼知之，兩也。然而有所謂一，不以夫一害
> 此一，謂之壹。心臥則夢，偷則自行，使之則謀；故心未嘗不動
> 也，然而有所謂靜，不以夢劇亂知，謂之靜。未得道而求道者，謂
> 之虛壹而靜。作之，則將須道者之虛則人，將事道者之壹則盡，將
> 思道者靜則察。知道察，知道行，體道者也。虛壹而靜，謂之大清
> 明。[166]

---

[165] 王先謙：《荀子集解·解蔽》卷15第21，頁263。

[166] 王先謙：《荀子集解·解蔽》卷15第21，頁263。

人之心有認識道的作用，道是外在的，以此規定的心，稱做「認識心」。荀子認為要虛壹而靜，乃是「不以所已藏害所將受」，「所已藏」指的是心認知事物後，將其藏記在心裡。「所將受」即將要認知存放在心裡。不以所已藏害所將受謂之「虛」；荀子認為，「心未嘗不藏也」，「人生而有知，知而有志；志也者，藏也」。人心天生有認識的能力，對事物進行了某種認識之後，就會轉化為記憶藏在心裡。「虛」就是「不害所將受」，不因已有的認識去妨害將要接受的知識，是對各類知識「虛心以待」。虛心地看待「已藏」的知識，就不會因為自己已獲得部分知識而故步自封、夜郎自大，而是「見善則遷，不滯於積習」，在獲得知識時，「將受」變成「已藏」之後，也要虛心看待這個「將受」的知識，這樣平等地看待各類知識而無所蒙蔽，這就是「壹」，所以有所謂「專一」；心生而有認知客觀事物之能力，認知而有辨別各種事物不同之差異。差異是同時兼知不同之事物，同時兼知就是兩。然而所謂一，即不以夫一害此一，稱為壹。「夫一」即猶如「彼一」是彼此相對而言，即有心就有知，而「知」依所知對象不同而「有異」。即「知」本身就要求「有異」，這種差異使得心必「同時兼知之」，而且對象只能存在一個地方。同時兼知「異」與「同」，這也是「兩」的功能。

　　心在睡臥時會做夢，偷懶時就胡思亂想，使用它時就謀慮；故心一直在活動，心有知慮的作用，不以夢境或雜念擾亂認知稱為靜。用虛壹而靜時，將求道者從虛心進人，將致力道者從專一而窮盡之，將思道者從靜而明察之，從認知道而明察，從認知道而實踐，由力行道而清明，稱為大清明。如此：

　　　　人心譬如槃水，正錯而勿動，則湛濁在下，而清明在上，則足以見
　　　　鬚眉而察理矣。微風過之，湛濁動乎下，清明亂於上，則不可以得
　　　　大形之正也。心亦如是矣。故導之以理，養之以清，物莫之傾，則
　　　　足以定是非決嫌疑矣。小物引之，則其正外易，其心內傾，則不足

以決庶理矣。¹⁶⁷

這段話告訴我們，人心如同雜有泥渣的水，若正置而不搖動，則泥渣沉澱
在下，水面清明，足可以辨察人的鬚眉和肌膚的紋理。微風吹過，泥渣在
下面浮動，在上面清明的水也混濁了，即使再大的形體也無法映照清楚。
人心也是如此，必須開導以理，導之以道使其正，養之以虛靜使其清，則
異端不能傾移其心志，就可以判定事物是非粗淺對錯之理。

　　由上可知，「心」可以通過「虛壹而靜」而知「道」，當一個人的心
專一、平靜下來，他可以通過各種各樣的思維活動虛心、謙卑地吸取和包
容各種知識，統一這些繁雜的知識和思維模式並專心於「道」。虛、壹、
靜三者統一，自能處理自身認識外在的環境，以通過虛心、專一、靜心達
到至善至美的「道」。大清明之心，即道心，是聖人制作禮義之道，聖人
之心，不蔽於一曲，不阻於一偏，故能由虛心入道、由專一而盡道，由靜
心而明道，此為人心之極致，此屬人心與天心不同。若深言之，即言天道
與人事不同，天生養萬物，人之命在天，聖王深明天地生養之道，而不與
天爭，而著力於禮義治國。雖然荀子將天、人劃分為二元模式，並致力於
人治世界的開闢，但從天人關係來看，在「分」中看到「不分」，即
「合」的理性統合力量（禮義），而讓這社會達到「大清明」的和諧境
界。

三、「禮義之統類」由「分而統合」

　　荀子強調用「禮義之統類」將「天」、「人」相統，由此通過
「分」，即天人相分，達到天人合一。荀子講統類重在「禮義之道」的應
用和實踐，重在道德文化之建立與社會秩序之維持。在禮之涵義中，荀子
提出統、類觀念。荀子云：

---

¹⁶⁷　王先謙：《荀子集解·解蔽》卷 15 第 21，頁 267。

> 若夫總方略，齊言行，壹統類。[168]

〈儒效〉云：

> 脩脩兮其用統類之行也。……卒然起一方，舉統類以應之。無所儗
> 怎，張法而度之。……志安公，行安脩，知通統類，如是則可謂大
> 儒矣。[169]

在《荀子・性惡》又云：

> 多言則文而類，終日議其所以。言之千舉萬變，其統類一也。是聖
> 人之知也。[170]

依以上所舉之例，可知荀子將統類並舉。其意義為何？荀子以為舜、禹等
先王，能行禮法而知其統類；又先王猝然理政於一方，則能統類以應之，
無所疑滯，施行禮法以測度之；又大儒之志向是安於公正，行事則安於脩
潔，而且知曉通達統類之道。又言聖人之智慧，多言而文雅有條理，終日
議論所以然之理。其言千舉萬變，其條理系統都是一致不變。

　　由此可知，統類不論先王、聖人、大儒，在言行、禮法上，都應知其
統類。若分言之，統指系統、綱紀，有理論之統合意義；類指種類、同
類，包含禮法中同類之事物。禮法涵蓋廣泛，若知其統類，將能掌握其核
心思想，並將其分類異同，都通曉於心，此大儒、聖人之思維也。統類是
在既有的類別中，理出一個共同的道理，是比分類再高一層次的能力，故
知類而能統。例如「禮義之統類」乃是從禮義發展中理出之共理，此共理
中是禮義法制所共同所依之理。又如禮法與統類之關係，《荀子・王制》

168　王先謙：《荀子集解・非十二子》卷 3 第 6，頁 60。

169　王先謙：《荀子集解・儒效》卷 4 第 8，頁 84-92。

170　王先謙：《荀子集解・性惡》卷 17 第 23，頁 297。

云：「有法者，以法行；無法者，以類舉。」[171]

《荀子‧修身》云：

> 人無法，則倀倀然；有法而無志其義，則渠渠然；依乎法，而又深
> 其類，然後溫溫然。[172]

《荀子‧解蔽》云：

> 案以聖王之制為法，法其法以求其統類，以務象效其人。[173]

以上所舉三例，皆法與類、或統類相關。依荀子所言，法為具體之禮法，若禮法有規範，則可依法行事。但禮法範圍甚廣，無法鉅細靡遺，如禮法無明文規定則依同類事物之理而推論之。故人無法，則處事無所規範，就倀然不知所從；有禮法可循，卻不能記其義理，則瞿然無所遵行；若能依據禮法，又深知同類可推之理，就可以溫然行事有所餘裕矣。聖王制定之禮制為法，法聖王之禮法，以求通知其統類，並致力於效法聖王。

荀子認為聖王制定禮法，使執政者能依禮法行事。禮法是大原則，是綱紀，若遇到無理法可循之事，則從統類推求，可見統類比法更深一層。《荀子‧不苟》云：「君子……知則明通而類，愚則端愨而法。」[174]《荀子‧非十二子》云：「故多言而類，聖人也；少言而法，君子也。」[175]此亦言君子具有智慧，能明曉通達，且知統類。愚者則僅知守法而已。又言聖人多言而知統類，君子只做到守法而已，亦看出統類比法更高一層。

綜前所論，統類是禮法制度之原理、綱要，能知統類，方能將繁雜之禮法，由繁化簡，靈活運用。荀子隆禮義，殺詩書，就是深禮法之統類。

---

[171] 王先謙：《荀子集解‧王制》卷5第9，頁96。
[172] 王先謙：《荀子集解‧修身》卷1第2，頁20。
[173] 王先謙：《荀子集解‧解蔽》卷15第21，頁271。
[174] 王先謙：《荀子集解‧不苟》卷2第3，頁26。
[175] 王先謙：《荀子集解‧非十二子》卷3第6，頁61。

《荀子‧不苟》云：

> 君子審後王之道，而論於百王之前。若端拜而議。推禮義之統，分
> 是非之分，總天下之要，治海內之眾，若使一人。故操彌約，而事
> 彌大。五寸之矩，盡天下之方也。故君子不下室堂，而海內之情舉
> 積此者，則操術然也。[176]

荀子以為君子詳審後王之道，而追論百王之前，即周代之前。若是端坐垂
拱地共相議論，推論禮義之系統，分辨事理之是非，總理天下之要務，治
理天下之眾民，就像驅使一人一般。所以操持愈簡約，所處理之事愈大。
譬如用五寸之方矩，可以度量天下之方形。所以君子不必下堂室，而天下
之情事，都聚積於眼前似的，就是操持之方法使之如此。

由上可知，能推論禮義之系統，分辨事理之是非，總理天下之要務，
治理天下之眾民，就能化以繁雜為簡便，只要舉其樞要，就可以應付萬變
之事務。何以如此？天下事務，皆有其成類之理。只要有分類，就有脈絡
可循。故《荀子‧非相》云：「類不悖，雖久同理。」《荀子‧王制》
云：「以類行雜，以一行萬。」《荀子‧解蔽》云：「坐於室而見四海，
處於今而論久遠。」天下古今之禮法，能知其統類，就可以應萬變而不窮
矣。

荀子之禮法思想中，不僅要知統類，還要有辨、分、羣之觀念。荀子
以為禮法是一切制度之規範，範圍廣泛，上自治國，自至個人之立身處
世，皆涵攝於禮法中。因此，禮除統類外，辨、分、羣亦甚重要。

荀子之「辨」是以社會之共同體之「分」、「義」來表示。「辨」不
只是認知能力，還含有自我理解與詮釋能力。《荀子‧正名》云：「辯說
也者，心之象道也」[177]「辯說」是「心」符合於「道」、「心合於道，說
合於心」[178]此道是聖王之道。

---

[176] 王先謙：《荀子集解‧不苟》卷2第3，頁30。

[177] 王先謙：《荀子集解‧正名》卷16第22，頁281。

[178] 王先謙：《荀子集解‧正名》卷16第22，頁281。

故學者以聖王為師，案以聖王之制為法，法其法，以求其統類，以務象效其人。[179]

荀子以先王之道為主，而樂於言先王之言。「凡言不合先王，不順禮義，謂之姦言，雖辯，君子不言」[180]。從這裡可知，荀子之言「辯說」，是以禮義為終極目標。且有強烈的目的性和現實性。荀子言辨，常與治字連稱。「治辨」一詞，應以「辨」義為準。如「禮義」一詞，應以「禮」為主。《荀子‧非相》云：「人之所以為人者，何已也？以其有辨也。」[181]荀子認為人應有分辨之能力，因為禮法必須治辨。《荀子‧樂論》云：「樂合同，禮別異。」[182]因為樂重在和諧，禮則須別同異，凡貴賤、隆殺、繁省、內外、親疏、厚薄等禮，皆應定其位分，方能使禮合宜適當。

《荀子‧議兵》云：「禮者，治辨之極。」[183]《荀子‧儒效》亦云：「分不亂於上，能不窮於下，治辨之極也。」[184]《荀子‧王霸》亦云：「天下莫不平均，莫不治辨，是百王之所同，禮法之大分也。」[185]可見治辨可以可以別異、定紛，使禮法做到均平，可以說是禮法之大原則。而荀子何以辯說？主要可分為：一、作為儒者承擔社會道義、為儒家宣言正義。二、辯說是非之道與正名別異。三、辯說「人之所以為人」之義。

分與辨有密切關係，因為在辨莫大於分，《荀子‧非相》云：「故人道莫不有辨。辨莫大於分，分莫大於禮。」[186]分是辨別異中最重要之事，此分，荀子從人之所以為人說起。《荀子‧王制》云：

人有氣、有生、有知，亦且有義。故最為天下貴也。力不若牛，走

---

[179] 王先謙：《荀子集解‧正名》卷16第22，頁271。

[180] 王先謙：《荀子集解‧非相》卷3第5，頁53。

[181] 王先謙：《荀子集解‧非相》卷3第5，頁50。

[182] 王先謙：《荀子集解‧樂論》卷14第20，頁255。

[183] 王先謙：《荀子集解‧議兵》卷10第15，頁187。

[184] 王先謙：《荀子集解‧儒效》卷4第8，頁82。

[185] 王先謙：《荀子集解‧王霸》卷7第11，頁139。

[186] 王先謙：《荀子集解‧非相》卷3第5，頁50。

不若馬，而牛馬為用，何也？曰：人能羣，彼不能羣也。[187]

又曰：

人何以能羣？曰：分。分何以能行？曰：義。故義以分則和，和則一，一則多力，多力則彊，彊則勝物，故宮室可得而居也。……故序四時，裁萬物，兼利天下，無他故焉，得之分義也。[188]

此處所引，說明人勝過牛馬之原因，在於人能分，能羣。人能明分，各安其位，各行其事，而無互相爭奪之事。又因為能合羣，以羣體之力完成各種事務。人之所以「最為天下貴」，在於人之有義，而人所以為人的原因是「人能羣」，而禽獸不能羣，此羣不是單純羣聚，而是人能組成「組織」，讓社會按照等級分配有序，這是「分」的功能，「有分者，天下之本利也」。此分是「禮義」，因先王惡其亂也，故治禮義以分之。人從辨、分、羣、義，而有禮義制度、道德觀念、社會組織以至形成一個「合」的有機體，這「分到合」的有機體，是荀子特重客觀經驗之君權主義國家。

四、「天人相參」與「天生人成」

所謂的「參」是「三」的古文。參還有「並立」之義。，據孔子所謂「立則見其參於前也，在輿則見其倚於衡也，夫然後行。」[189]一文，可知「參」又有「並立」之義。荀子認為天、地、人並列為三，不僅代表了天、地、人之間相互錯雜、相互調和且天、地、人在宇宙間的地位是平等的關係。能參要具備三要素：一、人治：就是治理萬物，利用萬物。天地

---

[187] 王先謙：《荀子集解・王制》卷5第9，頁104。

[188] 王先謙：《荀子集解・王制》卷5第9，頁104-105。

[189] 何晏注・邢昺疏：《論語・衛靈公》，頁138。

只是自然，是被治。二、人有義。他說：「水火有氣而無生，草木有生而無知，禽獸有知而無義。」[190]人有氣、有生、有知，亦且有義，故最為天下貴，也正因為人的有知、有義，能與天地相參，即如荀子所云：

> 君子者，天地之參也，萬物之摠也，民之父母也。無君子，則天地不理。禮義無統，上無君師，下無父子、夫婦，是之謂至亂。[191]

君子是宇宙間的最高管理者，必須充分認識人參於天地的重要意義，而自然法則又是人間社會秩序合理性的依據，所以荀子又說：

> 君臣、父子、兄弟、夫婦，始則終，終則始，與天地同理，與萬世同久，夫是之謂大本。[192]

人類社會中的忠孝仁義等如天地之理，具有永恆的合理性，三、人能羣，善用合羣之道，使用聖人之治組織羣體，來治理萬物，人有道德意識和倫理情感，就能定名分、倫理制度，實現人與自然的和諧。人如何參於天地？荀子認為首先是要有知，即所謂一心為學，積善成德。

> 今使塗之人伏術為學，專心一志，思索孰察，加日縣久，積善而不息，則通於神明，參於天地矣。[193]

君子只要積善不息，兼備「知」與「德」兩個方面。其次，君子還要懂得「道」，包括天道、人道和管理之道。〈解蔽〉說：

190　王先謙：《荀子集解・王制》卷5第9，頁104。

191　王先謙：《荀子集解・王制》卷5第9，頁104。

192　王先謙：《荀子集解・王制》卷5第9，頁104。

193　王先謙：《荀子集解・性惡》卷17第23，頁296。

> 精於物者以物物，精於道者兼物物。故君子壹於道，而以贊稽物。
> 壹於道則正，以贊稽物則察，以正志行察論，則萬物官矣。[194]

這是說人精通具體事物的人，只能治理某一類事物，而精通「道」的人，卻能治理一切事物。君子能切實做到了這些時，就能「天有其時，地有其財，人有其治，夫是之謂能參。」[195]這說明了天地只能供給「時」與「財」，而人能知「道」加以管理，能善於利用天時地財而治理，就叫做「能參」。因此，管理者如懂得「善羣」之道，那麼「羣道當，則萬物皆得其宜，六畜皆得其長，羣生皆得其命。」[196]

人要尊重和掌握自然規律的變化，並且發揮人的主觀能動性，利用自然，倡天人分工說，禍福治亂皆非天意，全在人為，凡事盡其在我，強調「君子敬其在己，而不慕其在天。」[197]制天用天的方法，在於順應萬物的本性，合理利用萬物，順天而治之，知道自然法則，利用生物資源，保護自然資源，「時禁」與「天養」就是這方面的成就，「時禁」就是以時禁發，則春耕、夏耘、秋收、冬藏四時不失時，「天養」是自然界各種生物間的互養共生，此時自然資源就不斷再生。同時還要避免不當之為，這樣有為之「參」才不會導致天地失序。

人既要認識到天、地、人的不同角色及人在其中的應有作為，也要根據萬物生長的規律而規範人自身的行為。否則「舍其所以參，而願其所參，則惑矣。」[198]荀子以「誠」規定天道和人道，以「參」關聯天地人，將整個宇宙視作一個相互依存、相互規定的整體，而在實踐過程中又引入「禮」作為管理手段以彰顯社會之仁德，強調禮「上取象於天，下取象於地，中取則於人，人所以羣居和一之理盡矣。」[199]禮能上調天時而下節人

---

[194] 王先謙：《荀子集解・解蔽》卷15第21，頁266。

[195] 王先謙：《荀子集解・天論》卷11第17，頁266。

[196] 王先謙：《荀子集解・王制》卷5第9，頁105。

[197] 王先謙：《荀子集解・天論》卷11第17，頁209。

[198] 王先謙：《荀子集解・天論》卷11第17，頁206。

[199] 王先謙：《荀子集解・禮論》卷13第19，頁248。

情，沒有了禮，天時人事都將陷入混亂，仁德不能顯現，誠信不能實行；反之，禮義以行，「德」則顯矣，「誠」則至矣，天地人則「相參」矣。通過「參」與「誠」，天人相通而和諧。此時「天地生君子，君子理天地。」[200]、「宇中萬物生人之屬，待聖人然後分也。」[201]

　　天地是「生之始」，但天只能生而不能治，必須以禮義行其治，天生萬物，成知者在人，能理天地能治天下者，是君子與聖人。天職既立，天功既成，以禮義被諸「天官」、「天養」、「天政」、「天情」，才能有所成，天之功在「生」，人之能在「成」，最後要將「自然世界為人文世界所主宰」，在此禮義之效用，有其具體重要性，也是天人之分到天生人成之道理。如〈富國〉云：「天地生之，聖人成之。」天地化育萬物，還需聖人治理。〈王制〉也云：「天地生君子，君子理天地。」此言天地與君子、聖人各有所司，天人之分已甚清楚，則「天生人成」矣。

　　要達到「天生人成」的目標，要有「積學」的功夫，為之，貫之，積重之，致好之者，君子之始也。故天地生君子，君子理天地。理天地之君子，即本於為之，貫之，積重之積學功夫。發揮智能，運用禮義，此二者都包含在「偽」的概念中，也是從修身至治國所謂「人成」的核心，也是荀子特別重視後天學習的原因。〈性惡〉言：

> 夫陶人埏埴而生瓦，然則瓦埴豈陶人之性也哉？工人斲木而生器，然則器木豈工人之性也哉？夫聖人之於禮義也，辟則陶埏而生之也。然則禮義積偽者，豈人之本性也哉！[202]

聖人之生禮義，就好像陶人捏揉陶土製成瓦器，工人斲削木材而製成器物，而陶人工人所以能製成器具，很明顯是靠後天的學習和經驗的累積。那麼聖人之起偽而生禮義，也賴經驗之累積而得。因此禮義之統運用於社會上，就能達到經國定分，正理平治之治國思想，這是人文化成之終極目

---

[200]　王先謙：《荀子集解・王制》卷 5 第 9，頁 104。

[201]　王先謙：《荀子集解・禮論》卷 13 第 19，頁 243。

[202]　王先謙：《荀子集解・性惡》卷 17 第 23，頁 294。

標。

　　「天人之分」並非是荀子的最終結論，而是其天人關係學說的出發點，它說明了天人關係的重點不是分而是合，那麼人就要正確發揮自己的能動性，扮演好自己的角色，使天人關係達到一個最佳狀態。對於荀子來說，管理的本質就是通過「天人相參」而實現既定目標的過程，這一過程由人來主導，人在充分尊重和正確認識自然秩序的基礎上建立合理的社會秩序，並著力於人類社會和自然萬物的良性互動，並遵循自然的客觀規律，由人與人的和諧推至人與物的和諧，由「天人相參」至「天生人成」，最終達成「天人和諧」。

第五章　荀子從「羣分」至「天人統合」之政治哲學

　　荀子將人力不若牛馬，走不若馬，而牛馬為用的原因，歸結為「人能羣」，他又說：「君者，善羣者也。」「羣居」是人類的向羣特徵，這「羣」思想，表明了荀子的社會性特徵[1]。隨著人類知識的提高，「成羣」成為人類社會為了求生存和發展，所產生的必然性的合理要求和途徑。也因為人類本性的欲求，為了解決社會紛爭，荀子提出了「分」的應對策略。「羣分」思想在荀子政治哲學佔有重要地位。而聖王是「明分使羣」的主宰者，建立有序之「羣」，必須要有「分」，荀子由此提出「隆禮重法」的社會治理思想。

　　儒家政治思想以德治思想[2]為最高目的，儒家德治思想在孔子時已定其型範，孟子承諸德治，以施仁政於民，荀子之思想系統與孔孟思想相融合，其政治哲學思想以禮義治國，不只論治法，亦兼重治人，而且以治人為主，而後有治法。荀子論治人之言，多見於〈君道〉：

> 君子者，法之原也。故有君子，則法雖省，足以偏矣。無君子，則法雖具，失先後之施，不能應事之變，足以亂矣。不知法之義，而正法之數者，雖博，臨事必亂，……君子者，治之原也。官人守數，君子養原。原清則流清，原濁則流濁。[3]

---

[1] 王先謙：《荀子集解·富國》：「百姓之羣，待之而後和」、〈勸學〉：「羣眾不能移」。

[2] 何晏注·邢昺疏《論語·為政》：子曰：「道之以政，齊之以刑，民免而無恥；道之以德，齊之以禮，有恥且格。」，頁16。

[3] 王先謙：《荀子集解·君道》卷8第12，頁151-152。

法度出於禮義，禮義出於君子，由君子制定之法，才是良好之法，有了治人才有治法，有治人就有明禮尚義的君子，荀子政治精神乃是介於人治、法治、禮治三者之間，有治人，才有薰陶人之道德規範之理想，才有德治、禮制規範人之內在，而法治則規範人類社會相互交往之外在法律。而治國之方法在於「養民」與「教化」，所以荀子提倡禮治，而禮者養也，國家之目的不只是保民養民，更重要的還要實施教化百姓，使人民知禮義，人君治國還要「善羣」，以禮法合治確立社會羣體秩序，使民皆有「養」有「分」，以達到政治和諧的禮治哲學思想。蓋「故用國者，義立而王，信立而霸，權謀立而亡」[4]，故立國之道在乎禮義，治國之道在乎誠信，是以《荀子·王霸》云：「國無禮則不正，禮之所以正國也」[5]。荀子的政治哲學是以「禮」為指導思想，以人性論為出發點，把禮刑作為其現實政治手段，以王霸之道為其政治論，以強兵政策、尚賢使能為治理社會的理想，建立了一個以人治——禮治——法治完善的政治哲學體系。

第一節　聖王從「善羣」至「善統」之治國思想

　　人類是自然宇宙中的一類羣，與其他生物一樣，為了維繫生命所需的資源與滿足個人欲望，必須勘天役物，利用自然規律，克服自然環境的制約，共同開發資源，改造環境創造器物，以供生活需求，甚至創造文明，提升生命的內涵。又人類生命有限與知識能力的限制，則必須結合羣體的能力，分工合作，然後「百技所成，所以養一人也，而能不能兼技，人不能兼官，離居不相待則窮」[6]，所以荀子特別強調「羣」的重要性。故人生不能無羣，所謂「善羣」是指人是社會性動物，人的生物性善於利用主觀能動性，為了人類的目的進行社會性的生產生活，努力擺脫動物性的行為，建立一種具有「禮義」機制的社會性的羣體生活。荀子在「人生不能

---

[4]　王先謙：《荀子集解·王霸》卷 5 第 9，頁 131。

[5]　王先謙：《荀子集解·王霸》卷 5 第 9，頁 136。

[6]　王先謙：《荀子集解·富國》卷 6 第 10，頁 113。

無羣」的基礎上，進一步提出「分者天下之本利」議題，以避免社會處於動盪和紛爭，實現「羣居和一」的目的。同時君王還要具備「明分使羣」的「能羣」能力，意即「善統」的能力。荀子認為聖王應有「四統」的能力為：

> 善生養人者也，善班治人者也，善顯設人者也，善藩飾人者也。善生養人者人親之，善班治人者人安之，善顯設人者人樂之，善藩飾人者人榮之。四統者俱，而天下歸之，夫是之謂能羣。不能生養人者，人不親也；不能班治人者，人不安也；不能顯設人者，人不樂也；不能藩飾人者，人不榮也。四統者亡，而天下去之，夫是之謂匹夫。故曰：道存則國存，道亡則國亡。省工賈，眾農夫，禁盜賊，除姦邪：是所以生養之也。天子三公，諸侯一相，大夫擅官，士保職，莫不法度而公：是所以班治之也。論德而定次，量能而授官，皆使人載其事，而各得其所宜，上賢使之為三公，次賢使之為諸侯，下賢使之為士大夫：是所以顯設之也。修冠弁衣裳，黼黻文章，彫琢刻鏤，皆有等差：是所以藩飾之也。[7]

「善生養人」是屬於民生經濟，讓人民富足，安居樂業，人民才會親之，是聖人的首要職責。聖王明禮定分、「善班治人」是治民，是為了滿足人們的情感和欲望的追求，讓人民守其職分，人民才會「安之」。「善顯設人」指的是用民，讓人民分級授官，適得其所，人民才會「樂之」。「善藩飾人」指的是饋民，按照貴賤等差、親疏之等給予恰當的待遇，人民才會「榮之」。「親」、「安」、「樂」、「榮」是四統的具體政治目標。因此，荀子認為此四統是君道四統之術，也是聖王「善羣」、「善統」的治國思想。

---

[7] 王先謙：《荀子集解・君道》卷 8 第 12，頁 156。

一、「善生養人」和「善班治人」以「兼利天下」

「善生養人」、「善班治人」是荀子養民富民的經濟思想，以政治手段進行經濟統合性分工。他在〈富國〉云：

> 量地而立國，計利而畜民，度人力而授事，使民必勝事，事必出
> 利，利足以生民，皆使衣食百用出入相揜。[8]

荀子認為富國利民之道是設官分職，奉公守法，以治萬民。在富國論主張測量土地大小來建立國家；計算土地多寡來養民，度量民力而授以職事，使人民能勝任職事，凡事必能生出利益，利益足以生養人民，使他們衣食出入相敷合度。主張「農農、士士、商商，一也」。分工的目的為了實現整體社會的共同利益，各階層的互利以成分工。「從士以上皆羞利，而不與民爭業，樂分施而恥積臧，然故民不困財。」[9]荀子要求士在社會中應與人互利而合羣。要先民利，然後才能取民之利。要先愛民，才能取用於民，這是保社稷之安全。若欲進一步取得天下，還要利民而不取民利，愛民而不用民。[10]在至平的社會有個別差異，社會結構有層級性差異，然而卻羣居合一，壯者無紛爭之禍，同事無爭功之禍，夫婦無失和之憂。守時力民，進事長功，和齊百姓，使人不偷，是將率之事也。聖王以兼足為經濟目的，以兼而制之為經濟手段，以正理平治為社會的終極理想。

荀子就「善生養人」提出經濟改革政策，他認為：「省工賈，眾農夫，禁盜賊，除姦邪：是所以生養之也。」這是滿足社會需求的民生經濟。他還說：

---

[8] 王先謙：《荀子集解·富國》卷 6 第 10，頁 115。

[9] 王先謙：《荀子集解·大略》卷 19 第 27，頁 331。

[10] 王先謙：《荀子集解·富國》卷 6 第 10：「不利而利之，不如利而後利之之利也。不愛而用之，不如愛而後用之之功也。利而後利之，不如利而不利者之利也。愛而後用之，不如愛而不用者之功也。利而不利也，愛而不用也者，取天下矣。」，頁 124。

王者之等賦，政事，財萬物，所以養萬民也。田野什一，關市幾而
不征，山林澤梁，以時禁發而不稅。相地而衰政。理道之遠近而致
貢。通流財物粟米，無有滯留，使相歸移也，四海之內若一家。故
近者不隱其能，遠者不疾其勞，無幽閒隱僻之國，莫不趨使而安樂
之。[11]

　　這是聖王明察秋毫，按土地的肥瘠而定征賦，流通財物粟米，政府在關口
市場只稽查而不徵稅，確保商品在自由市場公平交易並且貨暢其流。讓整
體經濟活動中，社會分工，平穩物價，供需均衡，達到養萬民之責。
　　農業生產在天生人成下，在天時、地利下要有人治以相參，在萬物各
得其生，各得其養下，為政者不得奪農時，應配合自然規律，維繫生生不
息的自然資源，天人相參，對人與自然兼而愛之。對各項生產與生產所得
合理分配，依禮規範進行，善班治人，以利天下。「善班治人」指的是上
層的官職，其綱領為「天子三公，諸侯一相，大夫擅官，士保職，莫不法
度而公」，中央一級指的是天子三公，下設專門管理機構。「善生養人」
是屬於經濟改革政策，是「省工賈，眾農夫，禁盜賊，除姦邪」是滿足社
會全體需求的民生經濟。

二、「善顯設人」和「善藩飾人」至「天人合德」

　　「善顯設人」指的是，量才授職，使賢能各當其位。且能「論德而定
次，量能而授官，皆使人載其事，而各得其所宜，上賢使之為三公，次賢
使之為諸侯，下賢使之為士大夫。」這是依不同才德來授官職。上賢、次
賢、下賢是荀子依儒者的人品來劃分等級。大儒者是天子三公，小儒者是
諸侯大夫士也。眾人者是工農商賈。「藩飾」指的是使各級長官、車服器
物各有等差，以別貴賤。意即「修冠弁衣裳，黼黻文章，彫琢刻鏤」，讓
褒獎功德榮譽和各種表現在外的禮儀裝飾顯現出來，這是滿足人類追求社

---

[11] 王先謙：《荀子集解・富國》卷 6 第 10，頁 102。

會榮顯、聲譽等的心理欲望。也是荀子用來獎賞士民，激勵民心之用途，這是用人之道之政治哲學。所以他在〈正論〉說：

> 凡爵列、官職、賞慶、刑罰，皆報也，以類相從者也。一物失稱，亂之端也。夫德不稱位，能不稱官，賞不當功，罰不當罪，不祥莫大焉。[12]

荀子用四種方法判定人的的地位、角色與德相對應程度的標準：即一、以「德」是否配位。二、以「能」是否稱其官位。三、「賞」與「功」是否相稱。四、「刑罰」是否與罪過相當。這是君王在獲得人才時，「德」與「位」所依循的方法和標準。

由上可知，聖王善羣即能善統，「精於道者兼物物」，「人君者，所以管分之樞要也」然後能一天下，治萬變，材萬物，養萬民，兼利天下者，莫若仁人之善也。兼利是均富的「兼足」狀態，此時天人有系統分工，就能達到「兼而制之」的經濟手段。「善顯設人」和「善藩飾人」都是為了滿足人們的「欲求」，最終仍是為了達到「天人合德」。〈富國〉云：

> 故其知慮足以治之，其仁厚足以安之，其德音足以化之，得之則治，失之則亂。百姓誠賴其知也，故相率而為之勞苦以務佚之，以養其知也；誠美其厚也，故為之出死斷亡以覆救之，以養其厚也；誠美其德也，故為之雕琢、刻鏤、黼黻、文章以藩飾之，以養其德也。[13]

效法天道是指君主、聖人在外、在行事上力求效法天的外在規律，使人類社會的某些行為與自然界的規律相一致，效法天道就能達到「天人合

---

[12] 王先謙：《荀子集解・政論》卷 12 第 12，頁 219。

[13] 王先謙：《荀子集解・富國》卷 6 第 10，頁 117。

德」，因此，聖王的睿智可以治理天下，仁厚可以感化人民，制定禮制以引導民眾，趨善去惡，並建立民眾仁心，以變化氣質，再以樂陶冶情性，移風易俗，提升民眾之道德。聖王善羣、善統的能羣之道，是聖王明職分以達國家安治、永保萬世不變的道理。

三、聖王「以誠化物」成就「天德」

《孟子‧盡心上》：「萬物皆備於我，反身而誠，樂莫大焉。強恕而行，求仁莫近焉。」[14]反身而誠就是將「誠」內根於心，也就是將仁義內根於心，誠的表現就是仁義的表現。《孟子‧離婁上》：

> 誠者，天之道也；思誠者，人之道也。至誠而不動者，未之有也。不誠，未有能動者也。[15]

此說與《中庸》論「誠」之義相合。《中庸》云：「誠者，天之道也；思誠者，人之道也。」[16]孟子所言「思誠」，即《中庸》「誠之」之意，又《孟子》言「動」之義，即《中庸》所云：「誠則形，形則著，著則明，明則動，動則變，變則化。」[17]之理。綜言之，誠屬天道，其動之時，周流不息，化育萬物。荀子注重人為的重要性，繼承孟子與《中庸》「誠」的思想，從內在的「誠」，改造為外在的道德實踐行為，人要在道德上實現自我的完善，要依據認識的心，誠只是用來養心的功夫。

因此，荀子言誠，著重於人道中之心性上，以心治性，用後天的道德教化，由外而內即由「明而誠」的實踐過程。荀子認為「若存誠心，則能神化明變，成就天德」。在荀子看來，「天德」並非指上天之德性，強調真正的德性如同天之自然而然所成，而非人力的刻意勉強而為之。人之

---

[14] 《四書讀本‧中庸》第二十章，頁 50。

[15] 趙岐注、孫奭疏：《孟子‧離婁上》，頁 133。

[16] 《四書讀本‧中庸》（臺北市：大孚書局 1997 年 9 月）第二十章，頁 45。

[17] 《四書讀本‧中庸》第二十章，頁 50。

「誠」，是通過人不斷的德性修養來實現的，對於人心的修養，最好的方法在於「誠」，誠要守仁、行義。荀子的「誠」是偏向經驗主義的「自明誠」[18]，屬功夫層面的「誠」，是由守道以禁非道的功夫，這是意志力的表現，是為了根除性惡，切實地去守仁行義，化性起偽的，這種誠與《孟子》、《中庸》「自誠明」的誠不同。《荀子‧不苟》亦云：

> 君子養心莫善於誠，……誠心守仁則形，形則神，神則能化矣。誠心行義則理，理則明，明則能變矣。[19]

荀子認為仁心要以誠守之，就能表現於外在之形體，「形」和「神」強調的是「化性」乃至「化萬民」的功效，「理」和「明」則強調「道」和「仁義」義理的理解，這說明聖人掌握了「仁義之統」後，所能達到神明變化之功效，這又與《中庸》之道相契合；又言誠心行義，亦能明理，明理則能變化，亦與《中庸》之道相契合。合而言之，誠心表現於仁義之中，就能在形體上，呈現神明變化之境界。

荀子又將誠用於倫理之上，《荀子‧不苟》云：

> 天地為大矣，不誠則不能化萬物；聖人為知矣，不誠則不能化萬民；父子為親矣，不誠則疏；君子為尊矣，不誠則卑。夫誠者，君子之所守也，而政事之本也。[20]

此從天地、聖人、父子、君上、君子各方面誠心之工夫，可以使天地化萬物、聖人化萬民、父子相親、君上尊貴、君子之職守，也是一切政事之根本。由此，聖王以誠心化萬民，制禮義以安百姓，這聖王之誠是具社會的感染力，可對社會價值觀及行為模式樹立良好的典範。

---

[18] 楊洪注譯：《中庸‧大學評注》：「自誠明，謂之性；自明誠，謂之教。誠者明矣，明者誠矣。」（臺北市：國家出版社 2004 年 9 月），頁 68。

[19] 王先謙：《荀子集解‧不苟》卷 2 第 3，頁 28。

[20] 王先謙：《荀子集解‧不苟》卷 2 第 3，頁 29。

四、聖王從知天到用天

　　《荀子・解蔽》云：「聖也者，盡倫者也；王也者，盡制者也。」[21]
〈性惡〉也云：

　　古者聖王以人性惡，以爲偏險而不正，悖亂而不治，是以爲之起禮
　　義，制法度，以矯飾人之情性而正之，以擾化人之情性而導之也。
　　始皆出於治，合於道者也。[22]

盡倫者也、盡制者也，指的是聖人窮盡萬物之理，王者窮盡禮法之制，即
聖人之道與王者之制，足以為天下萬世的準則。所謂聖王是能起禮義、制
法度以矯飾人之情性，使之「出於治、合於道」的人，而荀子也云：「天
地生君子，君子理天地」，所謂「理」，就是治理。人要治天，就須要
「知天」。他認為天不含有意志和目的，因而由天的法則所表現的功用，
只是天的自盡其職，並非藉此要對人指示什麼，會要求什麼？因此「知
天」的目的乃在「用天」。荀子說人能「制天命而用之」，可使「牛馬為
用」，所以才最為天下貴，「錯人而思天，則失萬物之情。」故荀子認
為：聖王知天，還要進一步制天而用之。《荀子・天論》云：

　　大天而思之，孰與物畜而制之！從天而頌之，孰與制天命而用之！
　　望時而待之，孰與應時而使之！因物而多之，孰與騁能而化之！思
　　物而物之，孰與理物而勿失之也！願於物之所以生，孰與有物之所
　　以成！故錯人而思天，則失萬物之情。[23]

制天而用之，不使依賴天，而是裁抑天命而用之。古之聖王，明瞭天地運

---

[21]　王先謙：《荀子集解・解蔽》卷 15 第 21，頁 271。

[22]　王先謙：《荀子集解・性惡》卷 23 第 17，頁 289-290。

[23]　王先謙：《荀子集解・天論》卷 11 第 17，頁 211。

行之道，與化育萬物之道，故能捨棄對天之推崇，而去蓄養萬物而控制它；控制並非掌握天，而是控制人。人應觀察天道而有所裁抑。亦即依循天運行之理，知天地化生萬物之道，而作適當之裁抑，如春夏生長，而秋冬節制，將農事與天道配合。如一味依從上天而歌頌它，還不如控制天時，而利用它。盼望天時，期待天賜恩澤於萬物。還不如順應季節之變化，而役使它；聽任萬物增多，不如施展才能，而使萬物變化發展；想萬物為自己所用，不如治理萬物，而使萬物得到合宜地使用；仰慕萬物產生之過程，不如探討如何讓現有之萬物，希望它有更好之成長；所以錯失人為之努力，而思慕上天，就會失去萬物之實情。

我們必須裁製、利用萬物，所謂「裁非其類以養其類」，除此之外還要對自然萬物做到「不失其時」、「不絕其長」，依時而用之。《荀子・王制》云：

> 聖王之制也。草木榮華滋碩之時，則斧斤不入山林，不夭其生，不絕其長也；黿鼉魚鱉鰍鱣孕別之時，罔罟毒藥不入澤，不夭其生，不絕其長也；春耕夏耘，秋收冬藏，四者不失時，故五穀不絕，而百姓有餘食也；汙池淵沼川澤，謹其時禁，故魚鱉優多而百姓有餘用也；斬伐養長不失其時，故山林不童而百姓有餘材也。聖王之用也；上察於天，下錯於地，塞備天地之間，加施萬物之上。[24]

因此，人要尊重和掌握自然規律的變化，並且發揮人的主觀能動性，利用自然。制天用天的方法，在於順應萬物的本性，合理利用萬物，順天而治之，知道自然法則，利用生物資源，保護自然資源，「時禁」與「天養」就是這方面的成就，「時禁」就是以時禁發，則春耕、夏耘、秋收、冬藏四時不失時，故五穀不絕。而百姓有餘食；汙池淵沼川澤，謹其時禁，故魚鱉優多而百姓有餘用；斬伐養長不失其時，故山林不童而百姓有餘材也。「天養」是自然界各種生物間的互養共生，而且「量地而立國，計利

---

[24] 王先謙：《荀子集解・王制》卷 5 第 9，頁 105。

而畜民,度人力而授事」[25],自然資源就不斷再生。在一定意義上也可以說,改造、利用自然是人類文明發展的基礎,沒有對自然的改造和利用,就沒有人類的文明。

只因天只是生,只是被治,荀子不求知天,國家之治亂興亡,不可誣指上天,與天地時令無關。《荀子・天論》云:

> 治亂天邪?日月星辰瑞厤,是禹桀之所同也,禹以治,桀以亂,治亂非天也。時邪?曰:繁啟蕃長於春夏,畜積收藏於秋冬,是又禹桀之所同也,禹以治,桀以亂,治亂非時也。地邪?曰:得地則生,失地則死,是又禹桀之所同也,禹以治,桀以亂,治亂非地也。[26]

國之治亂,非天意所致,如天上之日月星辰瑞曆,在夏禹、夏桀之時代都相同。夏禹時天下平治、夏桀時天下紊亂,故國之治亂,非關天意;其次,國之治亂,與時令無關。如農作物在春夏萌芽茂盛、秋冬時蓄積儲藏,在夏禹、夏桀之時代都相同。夏禹時天下平治、夏桀時天下紊亂,故國之治亂,非關時令;國之治亂,與大地無關。人需要在土地上生活,失去土地之憑藉,就無法生存。在夏禹、夏桀之時代都相同。夏禹時天下平治、夏桀時天下紊亂,故國之治亂,非關土地。

聖王深知國之治亂,與天地時令無關,而在人祅。人祅在國亂時出現,最為可畏。人祅有三種,《荀子・天論》云:

> 楛耕傷稼,耘耨失薉,政險失民;田薉稼惡,糴貴民飢,道路有死人,夫是之謂人祅。政令不明,舉錯不時,本事不理,勉力不時,則牛馬相生,六畜作祅,夫是之謂人祅。禮義不脩,內外無別,男

---

25 王先謙:《荀子集解・富國》卷 6 第 10,頁 115。

26 王先謙:《荀子集解・天論》卷 11 第 17,頁 207。

女淫亂，則父子相疑，上下乖離，寇難並至，夫是之謂人祅。[27]

第一種人祅是耕種粗劣，傷害莊稼；鋤草粗率，影響收成。政令酷虐，失去民心。田地荒蕪，稼穡粗惡。糧價昂貴，民眾飢餓，道路有死人；第二種人祅是政令不明，措施不合時宜，農桑之事不處理，力役違背時令，牛馬交配而生，豬、牛、馬、羊、狗、雞等六畜生出異類；第三種人祅是不修治禮義，無內外之別，男女淫亂，則父子猜疑，君臣彼此背離，盜寇災難相繼而來。

以上三種人祅交錯於國中，是國家混亂之禍因。因此，為政者應重視君臣之義，父子之親，夫婦之別，應日日切瑳琢磨，不可置之不顧，會帶給國家極大之災害。既然天不可測，聖人就應盡人事（人道）以補（天道）之不足，即是「夫是之謂知天」，而聖人知天，就要明天政、順天情、全天功，把握大自然法則而為人用。故荀子云：

> 正其天官、備其天養，順其天政，養其天情，以全其天功。如是，則知其所為，知其所不為矣；則天地官而萬物役矣。其行曲治，其養曲適，其生不傷，夫是之謂知天。[28]

這是荀子從「天」之有生養之功到聖人參贊其中；也是荀子「全其天功」的說法，而這「知天」的意涵，是「知天」節序運行，並能生養、役使而不違天時。至於君主如何治國，方能使國家避免人祅，而導入正軌，荀子提出施行禮義，是國家存續之道。《荀子‧天論》云：

> 禮義不加於國家，則功名不白。故人之命在天，國之命在禮。君人者，隆禮尊賢而王，重法愛民而霸，好利多詐而危，權謀傾覆幽險

---

27 王先謙：《荀子集解‧天論》卷 11 第 17，頁 209-210。

28 王先謙：《荀子集解‧天論》卷 11 第 17，頁 206-207。

而盡亡矣。[29]

國家不行禮義，功名將無法彰顯大白於天下，所以人之命運在如何對待天；國家之命運在施行禮義，君主重隆禮義，尊敬賢才而王天下，重視法令，愛護民眾，只能霸天下；若好財利，多行巧詐，則國家危殆；若好權謀，反覆無常，陰險詭詐，則國家終至滅亡。

　　荀子「天人之分」的哲學意涵，不是只為了突出自然本有的價值，主要在於強調人為的主觀能動性。也就是說，在人與自然的關係中，人不再是被動地被束縛在自然法則的生命體，我們不僅要肯定自然客體的內在價值，還需要肯定人為的積極參與，以此才能實現和維持人與自然之間良性互動的發展關係。換言之，荀子的天人觀是以人去「制天命而用之」，不是與天爭職，並以「禮義」道德為規範指導，這是對「天人之分」哲學思想的進一步演繹和運用，也是對傳統認識論當中對天與人合而為一思維模式的超越。

　　但是在人與自然的關係上，荀子並沒有單純強調人的內在價值和發展利益，甚至將人凌駕於自然萬物之上，而是主張要承遵循自然界的客觀規律，並始終秉承「不與天爭職」的生態觀念，才能實現農業生產的有序發展和資源利用之開發，然而人並不是與自然相對的精神實體，更不能抽象地將其概括為理念、精神等。易言之，無論是人的肉體還是人的精神都是自然的一部分，即人與自然萬物始終是宇宙整體中的不同組成部分，自然界又是孕育萬物生命的母體，是人類實現功能價值與獲得生存權利的根本所在，人一旦離開了這個整體，就會失去他作為生命的基本條件。而且過度割絕天人之間的界線，則會阻斷了對科學求創新的機會。唯有充分尊重和關心生命共同體，才能減少災害與自然共處。

---

[29]　王先謙：《荀子集解・天論》卷 11 第 17，頁 211。

第二節　聖王以「天下一統」、「禮義化民」之和合思想

荀子的「一」概念含有「政治統合」之意，〈禮論〉云：「人一之於禮義則兩得之矣。」又〈富國〉言：

> 誅賞而不類，則下儀俗儉，而百姓不一，故先王明禮義以壹之。……故曰：上一則下一矣，上二則下二矣。[30]

荀子為了統一人民，透過禮義的實行，即道德價值的實踐來達成社會統合的力量。聖王是人民學習的對象，也是人之為學的目標，更是荀子政治哲學的核心。《荀子‧解蔽》云：

> 聖也者，盡倫者也；王也者，盡制者也，兩盡者，足以為天下極矣。故學者，以聖王為師，案以聖王之制為法，法其法；以求其統類，以務象效其人之，聖人也。[31]

意即聖人是盡倫盡制的完美結合，我們要仿效聖人的品德與人倫事理上的原則和態度，還要學習聖人治理天下的法則。聖王之道是循理而治之道，效法聖王，依禮而治，使禮政治化，是荀子的政治哲學思想。

戰國時期，羣雄相爭，荀子認為一統天下，是人心所向，大勢所趨，只有一統天下，結束諸侯爭霸局面，才能讓社會和諧，政治清明。《荀子‧致士》云：

> 君者，國之隆也，父者，家之隆也。隆一而治，二而亂，自古及

---

[30] 謂國君治國以專一於禮義來統合（上一），則民眾齊一和諧（下一），國君不專一於禮義（上二），則民眾離心而離德（下二）。王先謙：《荀子集解‧富國》卷6第10，頁124。

[31] 王先謙：《荀子集解‧解蔽》卷15第21，頁271。

今，未有二隆爭重而能長久者。[32]

荀子認為百家爭鳴引起社會動亂，主張以禮義為基礎，援「法」補足「禮」之不足，荀子以「仁義思想」為基礎，以「天下為視域」來達成和合思想。《荀子・不苟》云：「禮義之統，分是非之分，總天下之要，治海內之眾，若使一人，故操彌約而事彌大。」這說明荀子的禮義乃至仁義，是以天下為視域，甚且是治海內之眾為目的，以實現天地和諧的境界，為了社會和諧，荀子主張「權險之平」，認為人民可以起來推翻暴君的統治，這是為了達到「澤披生民」的目的不得不做的手段。荀子認為只有靠仁和義，才能實現服人道。他說：

> 仁眇天下，故天下莫不親也；義眇天下，故天下莫不貴也；威眇天下，故天下莫敢敵也。以不敵之威，輔服人之道，故不戰而勝，不攻而得，甲兵不勞而天下服，是知王道者也。[33]

以道德仁義治人，才可以不戰而勝，不攻而得，不必勞用甲兵而天下信服，這才是統一天下的終極目的。但另一方面而言，荀子為了穩定和諧的社會秩序，由聖王制定禮義制度，強有力的禮法制度會造成人民的反抗，而容易走入法家極權主義的缺點。然而國家一統天下後，仍然應以儒家思想盡心知性，由己外推，以仁義治天下，尚賢任能，以「合」為努力的目標，達到真正的和合統一。

一、聖王「隆禮重法」之治國方略

荀子的禮治思想是以「禮法」來明分使羣，是用來治亂的，其目的是以「法」致善。「隆禮重法」是荀子政治哲學的主要思想，這是以「禮」

為基礎，試圖以「法」的強制力量來輔助禮治。荀子之所以極力提倡以「禮」為基礎的法思想，是為了反對法家一味追求法制，而忽略道德思想。他說，「故賞慶、刑罰、埶詐，不足以盡人之力，致人之死。」[34]，單純的賞罰是不能達到教化人民、治理社會的作用，不足以服人心。因此，禮是法的綱領和指導原則，法要以禮為依據，「非禮，是無法也。」法是為了維護禮而制定的，認為「隆禮義」才是實現王道政治，意即「隆禮貴義者其國治，簡禮賤義者其國亂。」[35] 因此，「國之命，在禮。」治理社會最根本的還在於以禮義來教化人民，作到「政令以定，風俗以一。」

　　隆禮重法之原因，主要是對治人之性惡的問題。荀子認為，惡性是人們相互鬥爭和社會秩序紊亂的根源，所以，他積極主張用禮和法去其邪惡，才能使人善良。因此荀子說：「治之經，禮與刑，君子以脩百姓寧。明德慎罰，國家既治四海平。」[36]他一方面仍然堅持孔子以「德」和「禮」來教化民眾，將「禮」視作國家治理的根本大法，將禮視為政治的功能，也體現了現代教化功能中強制性的一面。另一方面，荀子以「法」作為國家制度的價值和作用，指出「法」當是「無功不賞，無罪不罰；朝無幸位，民無幸生。」[37]意即有功必賞，有罪必罰的正義原則；還要主張「賞不欲僭，刑不欲濫」[38]的賞罰標準。這是以「禮」為體，以「法」為用的治國方略。

　　至於在經國定分，化性起偽上，亦須藉禮法以收成效。不過禮之範圍極為廣大，上言人君治國，下至個人立身處世，皆含攝於禮法之中，故禮不僅是治國理論，亦是道德規範。禮可以說是人道之極。

　　荀子由禮之根本，推演出後人崇尚祭祀之原因，後人之大饗，用以祫祭先祖；喪禮，以生者飾死者，即表現天人之重要關係。《荀子·禮論》

---

[34] 王先謙：《荀子集解·議兵》卷 10 第 15，頁 189。

[35] 王先謙：《荀子集解·議兵》卷 10 第 15，頁 179。

[36] 王先謙：《荀子集解·成相》卷 18 第 25，頁 307。

[37] 王先謙：《荀子集解·王制》卷 5 第 9，頁 101。

[38] 王先謙：《荀子集解·致士》卷 9 第 14，頁 175。

云：

> 故天者，高之極也；地者，下之極也；無窮者，廣之極也；聖人
> 者，道之極也。故學者，故學為聖人也，非特學為無方之民也。[39]

此亦將天、地、聖人相提並論，並稱學應以聖人為目標，方不至於為樗散
無道之民。荀子重視禮法，不僅可以矯治人之性惡；同時，也是最重要之
道德修養，不僅是個人之行為規範，亦是治國之要道。他說：「禮者，政
之輓也，為政不以禮，政不行矣。」[40]這說明了禮是治國的輓車，治國不
以禮，政令就行不通。由此可知，禮對於治理國家之重要性。

　　傳統儒家相信依靠道德教化的力量，就可以使人積極向善而不違禮，
因而法律沒有存在的必要。荀子亦認同道德教化的功用，在〈君道〉說：
「賞不用而民勸，罰不用而民服，有司不勞而事治。」[41]在這同時，也看
到重禮治、輕刑罰的缺陷，因此他吸收了法家的思想，認為禮需要與法相
互配合、共同作用，才能真正成為有效的治國之道，因為，法的強制性、
公平性，可以彌補禮制的不足，而且還可以提高效率。堅持儒家人治思
想，主張「有治人，無治法」[42]的思想。所以治理國家以「人」為本。禮
之涵意，應從個人與治國兩方面言之。就個人立身處世言之，《荀子・修
身》云：「禮者，所以正身也。」[43]又云：

> 食飲、衣服、居處、動靜、由禮則和節，不由禮則觸陷生疾；容
> 貌、態度、進退、趨行，由禮則雅，不由禮則夷固僻違，庸眾而

---

[39]　王先謙：《荀子集解・禮論》卷 13 第 20，頁 237。

[40]　王先謙：《荀子集解・大略》卷 19 第 27，頁 325。

[41]　王先謙：《荀子集解・君道》卷 8 第 12，頁 152。

[42]　王先謙：《荀子集解・君道》卷 8 第 12，頁 151。

[43]　王先謙：《荀子集解・修身》卷 1 第 2，頁 20。

野。[44]

又云:「凡治氣養心,莫徑由禮。」荀子認為禮是修身之要,故禮可以正身,不論飲食、衣服、居處、動靜、容貌、態度、進退、趨行,乃至於治氣養心,都因由禮而使人端莊雅正,無理則使人驕踞庸眾而已。甚至可以從禮中判定君子與小人之分別。《荀子‧性惡》云:

> 今之人,化師法,積文學,道禮義者為君子;縱性情,安恣睢,而違禮義者為小人。[45]

君子與小人之區分,是以言行是否合乎禮義而定,君子受師教與禮法,積習六藝詩書,由禮義而行者為君子;放縱性情,安於恣意胡作非為,行事違背禮義者為小人。禮是端正國家,使國家導入正軌之工具,故需隆禮貴義,國家能夠平治,反之,簡化禮,輕賤義,國家就會混亂。

《荀子‧禮論》云:

> 禮者,以財物為用,以貴賤為文。以多少為異,以隆殺為要。文理繁,情用省,是禮之隆也。文理省,情用繁,是禮之殺也。文理情用相為內外表裏,竝行而雜,是禮之中流也。故君子上致其隆,下盡其殺,而中處其中。步驟馳騁屬鶩不外是矣。是君子之壇宇宮廷也。人有是,士君子也;外是,民也;於是其中焉,方皇周挾,曲得其次序,是聖人也。故厚者,禮之積也;大者,禮之廣也;高者,禮之隆也;明者,禮之盡也。[46]

聖人對禮又分為三等,即禮之隆、禮之殺、禮之中,荀子有清楚之闡釋。

---

[44] 王先謙:《荀子集解‧修身》卷1第2,頁14。

[45] 王先謙:《荀子集解‧性惡》卷17第23,頁290。

[46] 王先謙:《荀子集解‧禮論》卷13第20,頁237-238。

認為禮是以財物作為行禮之費用；以貴賤之裝飾不同，表現禮之文飾；以衣物車馬多少不同，以區別上下不同；以隆重與減省之運用恰當，為禮之綱要。禮之隆重是要禮儀繁雜，情感減少；禮之減省是要禮儀減少，情感增多。禮之儀節與情感是互為內外表裏，並行而且兼用，就是禮之適中。故君子逢大禮則隆盛，小禮則簡省，中等之禮則中等。譬如馬有行走、馳騁、疾奔，不同之速度，禮亦有大中小不同，皆如君子之壇宇宮廷一般，屬自處之範疇。人能以禮為界域，可稱士君子也；在此界域之外，只是一般平民而已。若能於禮中徘徊周遍，動靜合宜，一切符合禮之次序，就是聖人。因此，聖人有敦厚之修養，是禮之累積；有宏大之度量，是禮之寬廣；有高尚之品德，是禮之崇隆；有明智之觀察，是禮之盡善。

荀子隆禮，認為禮是法之原則，學應到禮為止，此之謂道德之極至。又說：「君人者隆禮尊賢而王，重法愛民而霸。」[47]以「明德慎罰」為施法思想，主張「先教而誅」，荀子認為：「不教而誅，則刑繁而邪不勝；教而不誅，則奸民不懲。」[48]為政的目的是教化和引導百姓，這樣就可以達到人人皆禮、社會穩定、國家平治的效果，刑罰只是為政最迫不得已而為之的措施，先教而後刑，才能真正起到敦促教養、維護秩序的作用。

〈儒效〉又云：「隆禮義而殺詩書。」荀子隆禮義，而貶抑詩書。就詩、書本身之功能而言，詩能言情，並使身心和諧；詩能記史事，但過於博雜。對荀子及於治國者而言，詩、書緩不濟急，不如禮法之有速效。《荀子‧勸學》云：

> 不道禮憲，以詩書為之。譬之猶以指測河也，以戈舂黍也，以錐飡壺也，不可以得之矣。故隆禮，雖未明，法士也；不隆禮，雖察辯，散儒也。[49]

又云：

---

[47]　王先謙：《荀子集解‧大略》卷 19 第 27，頁 321。

[48]　王先謙：《荀子集解‧富國》卷 6 第 10，頁 123-124。

[49]　王先謙：《荀子集解‧勸學》卷 1 第 1，頁 10。

> 上不能好其人，下不能隆禮，安特將學雜識志，順詩書而已耳。則末世窮年，不免為陋儒而已。將原先王，本仁義，則禮正其經緯蹊徑也。[50]

上引〈勸學〉之文，即知隆禮義而殺詩書之原意。荀子並非貶抑詩、書之內容，而是在其功效而言。荀子認為不言禮法，只以詩、書治國，譬如以指測河，以戈舂黍，以錐餐壺，工具不對，事倍而功半。甚至以散儒稱不隆禮之人。又說明順詩、書而行，只是陋儒而已。荀子〈君道〉言：「隆禮至法則國有常。」[51]應該就是這個道理。

二、聖王〈正名〉之「正政」作用

正名思想最早提出正名的是孔子。孔子生活的春秋末年，世衰道微，孔子認為當時政治的混亂和禮樂的崩潰，都和「名不正則言不順，言不順則事不成」有關，因此孔子首先提出「正名」主張，即審慎地使用書面的言辭以寄寓倫理上的判斷，他認為禮為聖王治國之要道，《論語・子路》中云：

> 名不正，則言不順；言不順，則事不成；事不成，則禮樂不興；禮樂不興，則刑罰不中；刑罰不中，則民無所措手足。故君子名之必可言也，言之必可行也。君子於其言，無所苟而已矣！[52]

孔子認為正名關係到言語、行事、禮樂、刑罰、民等，可見正名是為政之首要條件。為政之道，主要在成就人民的德行，德行人格要在詩書禮樂中實踐，禮樂征伐自天子出，是正名分，若諸侯出或自大夫出，則名分不

---

[50] 王先謙：《荀子集解・勸學》卷1第1，頁9。

[51] 王先謙：《荀子集解・君道》卷8第12，頁157。

[52] 《論語注疏・子路》，頁115。

正，名分不正，則言語不順，便做不成事，做不成事，就不能興禮樂教化。禮樂不興，名分已亂，職責不明，單用刑罰，刑罰亦不中肯合標準。君子定下名，必當有理可行，對於任何一句話，不能苟且以對。孟子繼承孔子思想，並對孔子思想有所發揮。《孟子·梁惠王下》云：

> 齊宣王問曰：「湯放桀，武王伐紂，有諸？」孟子對曰：「於傳有之。」曰：「臣弒其君，可乎？」曰：「賊仁者謂之『賊』，賊義者謂之『殘』。殘賊之人謂之『一夫』。聞誅一夫紂矣，未聞弒君也。」[53]

孟子將君臣之正名，作更深入之探討。認為君敬臣忠，就是君臣之名分，若有臣弒其君者，就無君主之名，稱為獨夫可也。

到了戰國末年，封建制生產關係和政治體制逐步開始確立，百家異說，名守慢，奇詞起，名實亂，是非之形不明，則雖守法之吏，誦數之儒，亦皆亂矣，身為儒家學派的繼承者荀子，又一次感到了正名的需要，荀子認為統治者的「制名」可以使名實相符，從而使人分辨實際，思想統一，而「析辭擅作名」，會造成人們疑慮叢生，迷惑不解，辨訟不止，是為「大奸」。顯然，荀子的正名學說是為「正政」服務的，因此荀子特別強調正名的政治作用。他說：

> 故王者之制名，名定而實辨，道行而志通，則慎率民而一焉。故析辭擅作名，以亂正名，使民疑惑，人多辨訟，則謂之大姦。其罪猶為符節度量之罪也。故其民莫敢託為奇辭以亂正名，故其民愨；愨則易使，易使則公。其民莫敢託為奇辭以亂正名，故壹於道法，而謹於循令矣。如是則其迹長矣。迹長功成，治之極也。是謹於守名

---

53 《孟子注疏·梁惠王章句下》，頁 42。

約之功也。[54]

此言聖王制名，名定之後，其實可辨。制名之道推行後，志意即可溝通，執政者謹慎地率領人民一率遵行。故在分析言辭之時，擅自作名，以亂正名，使民疑惑，以致為名而辨訟不休，稱之為大姦。其罪有若偽作符節、度量之罪。故《禮記‧王制》云：「析言破律，亂名改作，執左道以亂政，殺。」[55]荀子所以對亂名者如此痛恨，實因亂名可使國家制度大亂。

在荀子看來，制定正確的名稱，是向人們推行正確道理和言行方法的必經之路，正名能夠引導人們的思維和言行向統一的方向前進和發展。正名是為了避免名實混亂，是為了讓人們遵守「約定俗成」規則，有益於通過正名維護社會的正常秩序，有益於天下的太平與統一，從而結束名實混亂的狀況和局面。荀子更在《荀子‧正名》說明名實必須相符。其云：

> 名無固宜，約之以命，約定俗成謂之宜，異於約則謂之不宜。名無固實，約之以命實，約定俗成，謂之實名。名有固善，徑易而不拂，謂之善名。[56]

荀子認為在命名之時，並無是否適宜之問題，只要約定俗成即可，就名言之，與約定俗成者不同，就是不宜；名之實是在約定俗成後，稱為實名；名雖然無適宜之問題，但此名直接平易，而不違拂者，即是善名。

荀子並敘述當時在名實上之三惑，一是「見侮不辱」，「聖人不愛己」，「殺盜非殺人也」[57]，此為用名以亂名之惑，依荀子之意，將兩個意義相同之名詞，加以混淆。如侮、辱二字意義相同，卻當作不同；又如聖人有愛人之心，卻說聖人不愛己；又如盜亦是人，卻說殺盜非殺人。

第二種迷惑，是「山淵平」，「情欲寡」、「芻豢不加甘，大鐘不加

54　王先謙：《荀子集解‧正名》卷16第22，頁275。

55　《十三經注疏‧禮記注疏‧王制》，頁260。

56　王先謙：《荀子集解‧正名》卷16第22，頁279。

57　王先謙：《荀子集解‧正名》卷16第22，頁279。

樂」，是用實物為例，擾亂其名之惑。依荀子之意，是用另一個角度說明，破壞其實質之意義，如山與淵以視覺觀之，有高與深之不同，卻言其平；情中欲念多，卻言欲寡；芻豢代表美味之食物。卻言其不增加甘美；大鐘為樂器，卻言不增加樂音之美。

　　第三種迷惑，是「非而謁楹」，「有牛馬非馬也」，是用名已亂實之惑。依荀子之意，是用名混亂實質本同之意義，「非而謁楹」，意義不明，應有訛誤「有牛馬非馬也」與公孫龍「白馬非馬」意近，有牛馬，說成非馬，意欲混亂名實。

　　荀子又重申聖王沒後，天下混亂，奸言並起。君子無正論以說明之，無刑罰以禁止之，故辨說興起，由此可說，荀子對當時墨者、惠施、公孫龍、宋牼等人之擾亂名實，非常不滿，加以抨擊。所以亟需聖王正名。《荀子・正名》云：

> 若有王者起，必將有循於舊名，有作於新名。然則所為有名，與所緣以同異，與制名之樞要，不可不察也。[58]

至於對為何作名，而依原因制定不同之名，為制名之關鍵，一定要明察。由上可知，孔荀正名思想的正確運用，能夠更好地為現實社會的名實相符提供歷史依據。諸如現實社會中，各種規章制度和法律法規的制定與施行，都必須遵照名實相符的原則來進行，只有名實相符、名正言順才能更加有利於社會正常秩序的穩定，才能更好地促進社會和諧有序的發展。先秦儒家孔荀的正名思想在社會秩序嚴重失衡的春秋戰國時代，推動了當時社會的發展，維護了社會的正常秩序，形成了被社會各階層人們所認同的經濟、政治制度和傳統的倫理道德規範及禮節準則，具有其一定的歷史價值。

---

[58]　王先謙：《荀子集解・正名》卷16 第22，頁276。

三、聖王以「詩賦」化民之政治思想

《詩經》是西周至春秋中葉以前之詩歌總集。《禮記・經解》云：

> 孔子曰：「入其國，其教可知也。其為人也，溫柔敦厚而不愚，則
> 深於《詩》者也。」[59]

荀子從徵引《詩經》所論證者，非只溫柔敦厚而已。細數《孟子》一書，
引《詩》三十五次，以申論孔子之說；荀子引《詩》則高達八十二次，是
繼承孔孟之後，引《詩》多而深入之學者，其內容一方面做言志之闡述，
一方面則以禮義之思想，作為人性論之依據。

在詩言志方面，《荀子・儒效》云：「《詩》言是其志也。」[60]荀子
研習儒家言志之思想，但所言之志為聖王之志，並推崇六經之學。《荀
子・勸學》云：

> 書者，政事之紀也；詩者，中聲之所止也；禮者，法之大分，類之
> 綱紀也。……禮之敬文也，樂之中和也，詩書之博也，春秋之微
> 也，在天地間畢矣。[61]

荀子對六經各有評論，對《詩》稱「中聲之所止」。楊倞注云：

> 《詩》謂樂章，所以節聲音，至乎中而止，不使流淫也。[62]

荀子認為《詩》之樂章，應以中道為準，表現中正平和之聲。《荀子・樂

---

[59] 《十三經注疏・禮記正義・經解》，頁 846。
[60] 王先謙：《荀子集解・儒效》卷 4 第 8，頁 84。
[61] 王先謙：《荀子集解・勸學》卷 1 第 1，頁 7。
[62] 王先謙：《荀子集解・勸學》卷 1 第 1 注，頁 7。

論》云：

> 人不能不樂，樂則不能無形，形而不為道，則不能無亂。先王惡其
> 亂也，故制雅頌之聲以道之，使其聲足以樂而不流，使其文足以辨
> 而不諰，使其曲直、繁省、廉肉、節奏足以感動人之善心，使夫邪
> 污之氣無由得接焉。[63]

人必須有歡樂之情，歡樂不能不表現於外，表現於外而不加引導，就會越
禮而亂。先王厭惡樂淫亂不正，故制定雅頌之聲，以引導人民，使樂聲能
歡樂不流於放蕩，使樂章能明辨善惡，不致產生邪念。使其聲音不論迴
旋、曲折、平直、複雜、減省、清晰、飽滿、節奏，都能感動人之善心，
使邪污之氣，無法接觸到。其中「聲足以樂而不流，使其文足以辨而不
諰。」就是「中聲之所止」。
　　荀子引詩，又針對禮義作闡述。《荀子‧修身》云：

> 人無禮則不生，事無禮則不成，國家無禮則不寧。《詩》曰：「禮
> 儀卒度，笑語足獲。」此之謂也。[64]

此將禮之重要性，從人、事、國家三方面陳述。認為人無禮則無法生存於
世，做事不守禮則不能成功，國家不守禮則不能安寧。《詩‧小雅‧楚
茨》云：「祭祀獻酬時，能盡禮法，笑語亦能得其時宜。」當禮法周備之
時，即使笑語，其中亦含蘊深意。《荀子‧王霸》亦云：

> 國無禮則不正。禮之所以正國也，譬之猶衡之於輕重也，猶繩墨之
> 於曲直也，猶規矩之於方圓也，既錯之而人莫之能誣也。詩云：
> 「如霜雪之將將，如日月之光明，為之則存，不為則亡。」此之謂

---

[63] 王先謙：《荀子集解‧樂論》卷 14 第 20，頁 252。

[64] 王先謙：《荀子集解‧修身》卷 2 第 1，頁 14。

也。[65]

此言國家無禮，則一切法令措施皆失去是非準則，禮是用以端正國家，譬如權衡是用於量輕重，猶如繩墨用於定曲直，猶如規矩用於畫方圓。既然設置禮之後，就不能欺誑。逸詩云：「禮之廣大周備，就如霜雪之無不周遍，如日月之光明無不照臨，為禮則存，不為禮則亡。」（《郝懿行遺書・荀子補注》，〈富國〉）即言禮如霜雪日月一般，關係國家之存亡。《荀子・大略》云：

> 人之於文學也，猶玉之於琢磨也。詩曰：「如切如磋，如琢如磨。」謂學問也。和之璧，井里之厥也，玉人琢之，為天子寶。子贛季路，故鄙人也，被文學，服禮義，為天下列士。[66]

此言人須研究學問，猶如玉須琢磨一般。《詩經・魏風・淇奧》中云：「如治玉之時，需要先切開，然後磋亮；治骨角時，需要先雕琢，然後磨光。」就是說明研究學問之道，就是精益求精。和氏璧，本是楚國井里地方之門限，治玉之人琢磨之後，獻給楚王，成為天子之寶物。子貢、季路，本郊野鄙人，因追隨孔子，受學問薰陶，學習禮義，成為天下聞名之賢士，都是在說明學禮義之重要。

　　《荀子・大略》言子貢與孔子對話中，孔子引詩說明不論從師問學、事君、事親、夫妻相處、交友、耕作，皆要一生服膺，死而後已，不可輕言休息。其云：

> 子貢問於孔子曰：「賜倦於學矣，願息事君。」孔子曰：「詩云：『溫恭朝夕，執事有恪。』事君難，事君焉可息哉！」「然則，賜願息事親。」孔子曰：「詩云：『孝子不匱，永錫爾類。』事親

難，事親焉可息哉！」「然則賜願息於妻子。」孔子曰：「詩云：
『刑于寡妻，至于兄弟，以御於家邦。』妻子難，妻子焉可息
哉！」「然則賜願息於朋友。」孔子曰：「詩云：『朋友攸攝，攝
以威儀。』朋友難，朋友焉可息哉！」「然則賜願息耕。」孔子
曰：「詩云：『晝爾于茅，宵爾索綯，亟其乘屋，其始播百穀。』
耕難，耕焉可息哉！」「然則賜無息者乎？」孔子曰：「望其壙，
皋如也，嵮如也，鬲如也，此則知所息矣。」子貢曰：「大哉！死
乎！君子息焉，小人休焉。」[67]

有一次，孔子弟子子貢，問其師孔子云：「我雖從老師研究學問，以心力
疲倦，希望休息，去事奉君主。」孔子說：「《詩經·商頌·那》有云：
『要早晚溫和恭敬，任事要更加恭敬。』事君不易，豈可休息！」子貢說
「那麼，我希望休息，去事奉雙親。」孔子說：「《詩經·大雅·既醉》
有云：『孝子的孝心要永不竭盡，天才會賜給你美善。』事親不易，豈可
休息！」子貢說「我希望休息，與妻相處。」孔子說：「《詩經·大雅·
思齊》有云：『在妻子那裡立禮法，然後推廣至兄弟，以進而治理家
國。』與妻相處不易，豈可休息！」「那麼，我希望休息，去交朋友。」
孔子說：「《詩經·大雅·既醉》有云：『朋友要互相幫助，才能幫助自
己的儀表威嚴。』交友不易，豈可休息！」「那麼，我希望休息，去從事
耕作。」孔子曰：「《詩經·豳風·七月》有云：『你秋天之後，白天要
去取茅草，晚上要絞草為繩，急忙登屋更換茅草；春天以後，開始播種各
種穀類。』耕作不易，豈可休息！」「那麼，我不可以休息嗎？」孔子
說：「望其墓道，隆起之墳丘，登上墳丘之高處，形狀如鬲，這就是人休
息之處。」子貢說：「死亡的意義真重大啊！這就是死亡啊！君子休息了
啊，小人休息了啊。」

對於《詩經》之〈國風〉、〈小雅〉，在《荀子·大略》中，說明詩
人都能以禮自防。其云；

〈國風〉之好色也，傳曰：「盈其欲而不愆其止。其誠可比於金石，其聲可內於宗廟。」〈小雅〉不以於汙上，自引而居下，疾今之政，以思往者，其言有文焉，其聲有哀焉。[68]

《詩經‧國風》中，如〈關雎〉之內容是樂得淑女，古來有好色（歌頌愛情）之評。傳云：「君子求得淑女之欲望強烈，容止卻不失禮。其誠心可比金石之堅，其樂章可入宗廟演奏。」此說與《論語‧八佾》云：「關雎樂而不淫，哀而不傷。」[69]《毛詩‧大序》所言：「關雎樂得淑女以配君子，憂在進賢，不淫其色。」[70]之說相同。又作〈小雅〉之人，不為時君所用，自行引退，居於下位。怨刺周幽王、厲王之亂政，而追思文武之政。其文辭有文采，其聲調有哀傷之音。與《史記‧屈原列傳》所言：「〈小雅〉怨誹而不亂。」[71]由此可見荀子對《詩經》之〈國風〉、〈小雅〉，評價甚高。

（一）荀子〈賦〉中之天人思想

今傳辭賦之祖為屈原，次有宋玉、景差、唐勒等人，均屬楚人，且時在荀子之前。荀子年居楚，春申君以為蘭陵令，應受楚人作賦之風影響，賦篇的內容包括〈禮〉、〈知〉、〈雲〉、〈蠶〉、〈箴〉五小篇與〈成相〉一篇，同時列入《荀子》書中同一卷中，分別為第 26 篇與第 25 篇。而荀況「賦十篇」則是賦篇五篇、〈成相〉、〈佹詩〉和小歌。荀子作賦的特點，是指用「隱諱」的語言表達自己的思想，以達到「離讒憂國」、「諷諭譎諫」的功能。其形式以主客對答的方式，即問者向答者極力描繪隱語事物，答者並不直接說出答案，而又以提問的形式重新將這個事物描繪一番，兩者在問答之間表達自己的意見或政治思想。

荀子〈賦〉之體裁為散韻結合之一體，與《楚辭》所載屈原之〈卜

68　王先謙：《荀子集解‧大略》卷 19 第 27，頁 336。

69　何晏注、邢昺疏：《論語注疏‧八佾》，頁 30。

70　孔穎達：《毛詩正義‧大序》，頁 19。

71　司馬遷《史記》卷 84，〈屈原賈生列傳〉，頁 2481。

居〉、〈漁父〉[72]，首尾以問答之方式處理，中間則用韻語不同。《昭明文選》收入宋玉之〈高唐〉、〈神女〉亦與屈原所作之體式相同。應受縱橫家「設問以託意」之文影響。《荀子・賦》非縱橫家之言，故變更體式，以「託物以寓理」之方式表達。

荀子〈賦〉之內容，涵蓋荀子「天人相分」之哲理，〈禮賦〉中之禮，是荀子治國之理論依據，亦是一統四海之憑藉。其云：

> 生者以壽，死者以葬。城郭以固，三軍以強。粹而王，駁而伯，無
> 一焉而亡。……君子所敬而小人所不者與！性不得則若禽獸，性得
> 之則甚雅似者與！匹夫隆之則為聖人，諸侯隆之則一四海者與！[73]

此以問答之體式，問王。何者是生者可以治氣養生，而得彭祖之壽；用之治軍守城，則城郭堅固，三軍強盛，治國精誠專一，則可稱王。駁雜於他數，則僅為霸者而已。若不以之治國，則會亡國。王者認為是禮，因為禮是君子所敬，而小人則棄而不用。人性若無禮，則如禽獸一般，有禮則文雅善良。平常人重視禮，可為聖人，諸侯崇隆禮，可一統天下。

〈知賦〉是以問答之體式，問王，何者可賢若商湯、周武王，使天下百姓安寧。王者以為是君子之智，可以使百姓安寧，天下太平。其云：

> 桀紂以亂，湯武以賢。……君子以脩，跖以穿室。大參乎天，精微
> 而無形，行義以正，事業以成。可以禁暴足窮，百姓待之而後寧
> 泰。……血氣之精也，志意之榮也，百姓待之而後寧也，天下待之

---

[72] 後代學者有懷疑〈卜居〉、〈漁父〉文章非屈原所作，但王逸：《楚辭章句・卜居》卷6：「卜居者，屈原之所作也。」王逸：《楚辭章句・漁父》卷7：「漁父者，屈原之所作也。」而(宋)洪興祖：《楚辭補注》亦明確表示：「〈卜居第六〉者，屈原之所作也。」、「〈漁父第七〉者，屈原之所作也。」(臺北市：大安出版社，2009年1月)，頁267、頁275，

[73] 王先謙：《荀子集解・賦・禮》卷18第26，頁313。

而後平也，明達純粹而無疵也。[74]

荀子問王，何以夏桀、商紂藉之擾亂天下，成為暴君；商湯、周武王則藉之而成賢臣。君子修之以成德，盜跖用之以穿窬行竊，故其大與天地一般，精微而無形體，行禮義則賴之以正，事業亦賴之以成。可以禁止暴亂，足濟窮困，百姓亦待之以安泰。智是人類血氣之精靈，志意之榮華，百姓待之而後安寧，天下待之而後太平，清明通達，純粹而無瑕疵。

〈雲賦〉是天人之分中之天，以及代表自然界之一種現象。雲行雨施，可以潤澤萬物，功被天下。其云：

> 大參天地，德厚堯禹，精微乎毫毛，而大盈乎大寓。忽兮其極之遠也，……德厚而不捐，五采備而成文，往來惛憊，通于大神，出入甚極，莫知其門。天下失之則滅，得之則存。……此夫大而不塞者與？充盈大宇而不窕，入郤穴而不偪者與？行遠疾速，而不可託訊者與？往來惛憊，而不可為固塞者與？暴至殺傷，而不憶忌者與？功被天下，而不私置者與？託地而游宇，友風而子雨，冬日作寒，夏日作暑，廣大精神，請歸之雲一雲。[75]

此以問答體式，問王，何以其廣大可與天地參，德澤厚於唐堯、虞舜，細微如毫毛，充盈於宇宙之間，可以飛馳至極遠之天際。又其德厚被萬物，而無所捐棄，五色兼備，而幻成各種文采；往來於天空，天地為之晦暝，而且能變通，成為偉大之神靈。來去很疾速，不知其門路，天下失去它就會滅亡，得到它就能生存。王者回答：此物極大，又不受固塞嗎？充盈於廣大之宇宙，而無間隙？進入洞穴，不覺窄迫之感？能飛馳極遠，而無法託其捎帶音訊嗎？來去於晦暝之天空，而無法固塞於一處嗎？有時猝然暴至，有所殺傷，而不猜疑妒忌嗎？功勞覆蓋天下，而無私德吧？下附於

---

[74] 王先謙：《荀子集解·賦·知》卷18第26，頁314。

[75] 王先謙：《荀子集解·賦·雲》卷18第26，頁315-316。

地，而游於宇宙，與風為友，以雨為子，冬日凝寒，夏日熱暑，此種廣大而至精至神之物為雲。

　　文中藉王與荀子之問答，以雲喻聖人，將雲作極為細膩之描寫，也將自然界雲與天地風雨間之現象，做生動之鋪陳，尤其可貴者，王者之回答，是用連續六個疑問句說出，為令人驚豔之書寫方式。

　　〈蠶賦〉中之蠶，是古代農業社會之代表，從農事時，男主耕作，女主蠶桑，蠶是婦女重要之工作，楊倞注云：「蠶之功至大，時人鮮知其本。詩曰：『婦無公事，修其蠶織。戰國時，此俗尤甚。故荀卿感而賦之。』」[76]〈蠶賦〉以蠶喻賢士，由此知蠶為天人關係中，人事之代表物。其云：

> 儵儵兮其狀屢化如神，功被天下，為萬世文。禮樂以成，貴賤以分，養老長幼，待之而後存。名號不美，與暴為鄰。功立而身廢，事成而家敗……。請占之五泰。五泰占之曰：此夫身女好而頭馬首者與？屢化而不壽者與？善壯而拙老者與？有父母而無牝牡者與？冬伏而夏游，食桑而吐絲，前亂而後治，夏生而惡暑，喜溼而惡雨，蛹以為母，蛾以為父，三俯三起，事乃大已。[77]

此以問答體式，荀子以五泰問之，猶如請巫咸占之，王以五句疑問句回答占意，說明蠶之成長過程與功德。言此物無羽毛鱗介，形體經蛻皮、作繭、化蛾，變化如神。功勞覆被天下之人，成為萬世之衣冠文飾。行禮作樂，皆用絲帛。又與布衣者區分貴賤，不論養老長幼，待絲帛而後生存。不過名號不美，因同因而與暴相鄰。吐絲成繭而身棄，化蛾而絲窮。王者請五泰占之後說，此物身形柔婉，而頭似馬首嗎？屢次蛻化，而壽不長嗎？壯時能吐絲，而得善養；老時絲盡而身亡嗎？有父母而無雌雄嗎？冬天藏伏，夏天化而出；食桑葉而吐絲，前為繭而後為絲；夏日生而惡暑

---

[76] 王先謙：《荀子集解‧賦‧蠶》注卷18第26，頁317。
[77] 王先謙：《荀子集解‧賦‧蠶》卷18第26，頁316-317。

熱，喜溼而惡雨；蛹為其母，蛾為其父；三眠三起之後，上簇作繭；吐絲之大事終於完成。

〈箴賦〉喻指從事內政外交、忠君愛民的士大夫。〈箴賦〉為第五篇，為天人關係之中，人事中之要務。箴，古同鍼字，今作針。《說文》云：「箴，綴衣箴也。」[78]段玉裁注云：「綴衣，聯綴之也。謂箴之使不散。若用以縫，則從金之鍼也。」[79]針為婦女縫紉之物，物雖小而功能大。楊倞注云：「古者貴賤皆有事，故王后親織玄紞，公侯夫人加之以紘綖，大夫妻成祭服，妻衣其夫。末世皆不脩婦功，故託辭於箴，明其為物微而用至重，以譏當世也。」其云：

> 生於山阜，處於室堂。無知無巧，善治衣裳。不盜不竊，穿窬而行。日夜合離，以成文章……。下覆百姓，上飾帝王。功業甚博，不見賢良……。此夫始生鉅，其成功小者邪？長其尾而銳其剽者邪？頭銛達而尾趙繚者邪？一往一來，結尾以為事。無羽無翼，反覆甚極……。既以縫表，又以連裏。[80]

此文以問答體式，藉荀子與王者之對答，敘述古昔婦女從事工藝，必須用箴之功德。文中王者僅用三句疑問句回答。言此物生長於山阜之中，卻住於室堂之中，無智慧、無技巧，卻善於縫製衣裳。不盜竊，卻須穿洞而行，日夜做縫合之工作，使布帛成為有文彩之衣物，可以供下民覆蔽身體，上可使帝王文飾袞服，功業甚大，卻不顯其賢良。王者回答，此物初生時巨大，成功時小巧嗎？尾端之線長，而針尖銳利嗎？頭部尖利易入，而尾部長而易繞嗎？穿來穿去，尾部打結，從事工作。無羽翼，卻反覆穿引，既縫衣表，又逢衣裏。

以上五篇，敘述天人分合，則以雲為天，禮、知、蠶、箴為人事，末則以佹詩為結。《說文》云：「佹，變也。」天下由治亂，心中憂思，故

---

[78] 段玉裁：《說文解字注》（臺北市：洪葉文化事業有限公司，2005年10月）篇5，頁198。

[79] 段玉裁：《說文解字注》篇5，頁198。

[80] 王先謙：《荀子集解・賦・箴》卷18第26，頁317-318。

作佹詩。詩中論及天人關係者多。其云：

> 天下不治，請陳佹詩。天地易位，四時易鄉。列星殞墜，旦暮晦
> 盲。幽晦登昭，日月下藏。公正無私，反見從橫……。比干見刳，
> 孔子拘匡。昭昭乎其知之明也，郁郁乎其遇時之不祥也，拂乎其欲
> 禮義之大行也，闇乎天下之晦盲也，皓天不復，憂無疆也。……。
> 其小歌曰：念彼遠方，何其塞矣，仁人絀約，暴人衍矣。忠臣危
> 殆，讒人服矣。琁玉瑤珠，不知佩也。雜布與錦，不知異
> 也。……。嗚呼！上天！曷維其同！[81]

文中對天下混亂不治，而鋪陳佹詩。天地變易其位，四時改變方向。天上
之星宿殞落，早晚晦暗不明。幽晦之小人，登上昭明之高位，明如日月之
君子，隱藏而不彰。公正無私之君子，反被誣為縱橫無恥之小人……。比
干被紂王剖心，孔子被拘於匡地。比干、孔子皆有昭昭之明智；因違逆不
順，遇到不祥之時機；有文采才智，欲使禮義大行於世，可惜天下晦暗不
明；清明之天，不再回復，憂無窮。小歌云：想念遠方之國，何等否塞困
蹇，仁人絀退窮約，暴人日漸增多。忠臣危殆，讒人般樂。琁玉瑤珠，不
知佩帶。雜布與錦，不知美惡也。……。嗚呼！上天！怎麼能和這些人相
同呢！

　　此篇佹詩末段，與《戰國策・楚策四》相校，出入不大。錄之於下
云：

> 客說春申君曰：「湯以亳，武王以鄗，皆不過百里以有天下。今孫
> 子，天下賢人也，君籍之以百里勢。臣竊以為不便于君。何如？」
> 春申君曰：「善。」于是使人謝孫子，孫子去之趙，趙以為上卿。
> 客又說春申君曰：「昔伊尹去夏入殷，殷王而夏亡。管仲去魯入
> 齊，魯弱而齊強。夫賢者之所在，其君未嘗不尊，國未嘗不榮也。

---

[81]　王先謙：《荀子集解・賦・佹詩》卷18 第26，頁318-319。

今孫子，天下賢人也，君何辭之？」春申君又曰：「善。」于是使人請孫子于趙。孫子為書謝曰：「癘人憐王，此不恭之語也。雖然，不可不審察也，此為劫弒死亡之主言也。夫人主年少而矜材，無法術以知奸，則大臣主斷國私以禁誅于己也，故弒賢長而立幼弱，廢正適而立不義。春秋戒之曰：『楚王子圍聘于鄭，未出境，聞王病，反問疾，遂以冠纓絞王，殺之，因自立也。齊崔杼討妻美，莊公通之。崔杼帥其君黨而攻。莊公請與分國，崔杼不許；欲自刃于廟，崔杼不許。莊公走出，逾于外牆，射中其股，遂殺之，而立其弟景公。』近代所見：李兌用趙，餓主父于沙丘，百日而殺之；淖齒用齊，擢閔王之筋，縣于其廟梁，宿夕而死。夫屬雖痛腫胞疾，上比前世，未至佼纓射股；下比近代，未至擢筋而餓死也。夫劫弒死亡之主也，心之憂勞，形之困苦，必甚于癘矣。由此觀之，癘雖憐王可也。因為賦曰：「寶珍隋珠，不知佩兮。褘布與絲，不知異兮，閭姝子奢，莫知媒兮。嫫母求之，又甚喜之兮。以瞽為明，以聾為聰，以是為非，以吉為凶。嗚呼上天，曷惟其同！」[82]

由上引文，可知佹詩本為遺春申君之文，可作參考。荀子通過這些賦作，塑造了聖王、聖人、君子、賢士、士大夫形象，托物言志，敷陳其志，並用以諷諭朝政，以進行政治教化，達到天人合一的境界。

（二）荀子〈成相〉中之治國思想

〈成相〉是荀子的晚年作品，寫於春申君黃歇死（西元前二三八年）後，他本人廢居蘭陵的時期，由於他的主張得不到實現，就以說唱文學的形式作書刺事。他托用民間歌謠之曲調與形式，為展示其政治思想、宣揚其治亂方略，而作〈成相〉，是中國說唱文學之祖，實為歷史文獻中最早之「鼓詞」。〈成相〉一文，據《漢書‧藝文志‧詩賦略》分賦為四類：一、屈原賦之屬，二、陸賈賦之屬，三、荀卿賦之屬，四、雜賦。其中雜

---

[82] 《戰國策》〈楚策四〉卷 17，頁 62。

賦列有〈成相雜辭〉十一篇。荀子將〈成相〉列為雜辭，且謂〈成相雜辭〉，蓋亦賦之流也，可見漢代有成相辭，且列入賦體。今觀今荀子所作〈成相〉，與「不歌而誦」之賦有所不同。後代學者對〈成相〉的定義有不同之說法。

朱熹〈楚辭後語〉云：

> 相，助也。舉重勸力之歌。《史記》所謂：「五羖大夫死，而舂不相杵。」是也。[83]

朱熹之說，應源自《禮記・樂記》注云：「成，猶奏也。」《禮記・曲禮》云：「鄰有喪，舂不相。」注云：「相，謂送杵聲。」又《禮記・檀弓》：「相，謂以聲音相勸。」相，本是樂器，配合舂米送杵之聲而奏，於是就成為一種樂曲，荀子即採成相曲的體制來寫這篇勸論治政的文章。一開頭是套語，一方說成此曲，一方比喻成就相治國家的事。古人於勞役之時，必為歌謳以相勸勉，亦舉大木者呼邪許之比，其樂曲即謂之相。

　　成相體是商周瞽史文化語境下產生的一種貴族話語方式，是作為話語主體的瞽或史在祭祀等大型禮樂活動，借樂舞以歌頌先祖，表達諷諫，教育國子的言語形式，表達教化，達到諷諫勸上，一為統治者下察民情風俗和政教得失提供諮詢依據；二是記誦國史世表或祖宗譜系，充當神話歷史的傳聲筒。在十二種為天子提供資訊諮詢的管道之中，是盲官的就有五種，據學者考證，瞽、史、師、瞍、矇均是盲人。由此可見，我國最早的教育體制是以盲樂師為中心的非文字傳授的詩歌禮樂之教，而這種充分利用聽覺系統而施教的盲者，不僅是樂師，而且還是宗教知識的傳授者。在巫官文化占主導地位的時代，他們就是社會秩序的調節者，是神的代言人，死後則被進一步神化。

　　王先謙《荀子集解》引楊倞注云：

83　朱熹《楚辭後語》六卷，係依據晁補之所作《續離騷》、《變離騷》補定而成。

以初發語名篇，襍論君臣治亂之事，以自見其意，故下云：「託於成相以喻意」。

王先謙又引清・盧文弨之說：「相乃樂器，所謂舂牘。……首句『請成相』，言請奏此曲。」各家對「相」的解釋不一，但大致認同「成相」是民間古歌謠的一種形式，認為「成相」僅是表意的題目，表明文章的主旨乃是講治世的方法。其云：

> 成相之義，非謂成功在相也。篇內但以國君之愚闇為戒耳。《禮記》治亂以相。相乃樂器，所謂舂牘。又古者，瞽必有相，審此篇音節，即後世彈詞之祖。篇首即稱：如瞽無相何悵悵。義已明矣。首句請成相，言請奏此曲也。《漢書・藝文志》〈成相雜辭〉十一篇，惜不傳。大約託於瞽矇諷誦之詞，亦古詩之流也。[84]

盧文弨以為〈成相雜辭〉為瞽矇諷誦之詞。王先謙又引王之曰：

> 楊、盧二說皆非也。楊謂《漢書・藝文志》謂之〈成相雜辭〉，案志所載〈成相雜辭〉，在漢人雜賦之末。非謂荀子之〈成相〉也。楊又云：「成功在相，稍為近之。」然亦非荀子所謂成相也。盧以相為樂器之舂牘，斯為謬矣。以相為樂器則成相二字，義不可通，且樂器多矣。何獨取舂牘言之乎！若篇首稱如瞽無相，乃指相瞽之人而言，非樂器，亦非樂曲也。竊謂相者，治也。成相者，成此治也。請成相者，請言成治之方也。自「世之殃」以下，乃先言今之不治，然後言成治之方也。下文云：「凡成相辨法方。」又云：「請成相道聖王。」又云：「請成相言治方。」是成相即成治也。後言託於成相以喻意者，成相為此篇之總名，謂託此一篇之詞以喻

意，非謂託於瞽矇諷誦之詞也。[85]

盧文弨認為〈成相辭〉非託於瞽矇諷誦之詞，而是言成治之方也。清，俞樾認同盧文弨之說，必謂成相是「請成此曲」之意，其云：

> 盧說是也。惟引治亂以相，及瞽必有相，以釋相字，則皆失之。樂器多矣。何獨舉春牘為言！既以為樂器，又以為瞽必有相，義又兩歧矣。此相即「春不相」之相。禮記曲禮篇：「鄰有喪，春不相。」鄭注曰：「相，謂送杵聲。」蓋古人於勞役之事，必為歌謳以相勸勉。亦舉大木者呼邪許之比，其樂曲即謂之相。請成相者，請成此曲也。《漢志》有〈成相雜辭〉，足徵古有此體。王氏必以盧說為謬，何也？[86]

　　王先謙贊同俞樾之說，以為王引之以成相為成治，於《漢書》之〈成相雜辭〉，及本篇云託於成相以喻意，義未洽。
　　今觀《荀子·成相》是採民歌形式寫成，共三大段。五十六小段，每段採三、三、七、十一之句式為一章，其中十一字句，或上八下三。如「愚以重愚，闇以重闇，成為桀。」或上四下七，如「主誠聽之，天下為一海內賓。」或上六下五，如「下以教誨弟子，上以事祖考。」「執（郭）公長父之難，屬王流於彘。」每章四句，每句有韻，有說有唱，文字通俗易懂，常被視為說唱文學之遠祖。劉師培在《論文偶記》中云：觀荀卿作〈成相〉，已近賦體。而其考列往跡，闡明事理，已開後世之聯珠。至於內容，主要是以說唱形式，陳述政治理想，可視為荀子人治思想之重要參考。
　　首段「請成相。世之殃。」開始，「請布基。慎聖人。」陳說治國之基本原則，是慎從聖王之道，聖王之道即文武之道。「文武之道同伏戲，

---

[85] 王先謙：《荀子集解·成相》卷18第25，頁304。
[86] 清·俞樾引盧文弨之說，見王先謙：《荀子集解·成相》卷18第25，頁304。

由之者治，不由者亂。」文武之道如同伏羲之道，用此道則國治，不用此道則國亂，治國之原則，以禮與刑為主，故云：「*治之經，禮與刑。君子以脩百姓寧，明德慎罰，國家既治四海平。*」其次是用賢，所謂賢臣，必須「*曷謂賢？明君臣，上能尊主下愛民。主誠聽之，天下唯一海內賓。*」國之衰敗，在於「*遠賢近讒*」、「*惡賢士*」、「*妒賢能*」又舉堯、文王、武王、比干、箕子之善行，與飛廉、惡來、紂王之例，說明聖王用賢臣，百姓才能安寧幸福，與荀子之治國思想相同。

次段「*請成相，道聖王。*」開始，繼續陳述聖王堯、舜、禹、湯之功業，以說明聖王治國，國家之基業方能開展。如堯，言其：「*堯讓賢，以為民，氾利兼愛德施均。辨治上下，貴賤有等，明君臣。*」如舜，言其：「*舜遇時，尚賢推德天下治。*」如禹，言其：「*禹有功，抑下鴻，辟除民害逐共工。北決九河，通十二渚，疏三江。禹傅土，平天下，躬親為民行勞苦。得益、皋陶、橫革、直成為輔。*」如商湯，言其：「*天乙湯，論舉當，身讓卞隨舉牟光。*」其後舉厲王、周幽王失敗之例。以反證聖王之德業。其云：「*上壅蔽，失輔埶，任用讒夫不能制。郭公長父之難，厲王流于彘。周幽厲，所以敗，不聽規諫忠是害。*」這部分荀子從堯、舜、禹、湯等在位時的美好故事，印證了人君該遵循的德行。又從反面舉證人主不賢導致的禍患，正反兩方面相互舉證，深入淺出地將道理說得精闢透徹。

三段「*請成相，言治方*」開始，論治國之方有五，即君道。一是「*臣下職*」，國家興辦事業，一律聽國家的的命令，各級官吏不得擅自指使民眾，這樣就能統一民力，集中使用。二是「*守其職*」，官吏百姓所得財富，只能由君主給予，群臣不能擅自授予，那麼誰還能私自從別處得到什麼呢！三是「*君法明*」，君主法治明確，判斷是非有一定的標準，準則設立了，人民就有方向。四是「*君法儀*」，官吏的進退都有準則，禁止不依照法制做事，誰還敢去私侵君上。五是「*刑稱陳*」，刑法的規定，各當其罪而公布出來，臣下就不能擅自用刑，貴族私人的勢力就削弱了。這五個治國要領，上下謹守法度，就能實現天下大治，國運自然昌隆。

第三節　荀子「一天下」之「王霸」思想

　　王道強調以德服人，主張仁義治國，霸道強調以力服人，主張功利和暴力。孔子、孟子提倡王道，反對霸道。王道思想也是荀子的政治理想，但在諸侯割據、戰爭頻繁的現實世界，王道統一的理想並不如事實之所願。王道是一種理想，霸道符合社會現實。荀子對現實社會和政治手段的考量，認為王道優先，霸道次之，王霸可兼用，權謀最次。基於這種因素，荀子提出了「義立而王」、「信立而霸」、「權謀立而亡」三種王霸思想。聖王行王道，即「義立而王」是荀子統一天下的最高理想。他將禮義作為「王天下」的標準，是不戰而勝，不攻而破，不勞而天下服的政治思想。「信立而霸」的政治哲學思想，雖然不以仁義為本，但是「一天下」在於「信」，以「信」取信於百姓、諸侯盟友，就能威動天下。王道將仁義作為根本原則，而霸道雖不具至高的仁義，但卻具備統一的必備條件。荀子王霸兼用的思想符合實際，具有現實意義。

一、荀子「王天下」之政治理想

　　荀子選擇王道思想，是國家實現天下統一的最高理想，荀子「王天下」的政治理想也是孔孟「仁」的核心思想的繼承。孔子主張行仁，是其高遠之目標。《論語・雍也》記載子貢問孔子之言：

> 「如有博施於民，而能濟眾，何如？可謂仁乎？」子曰：「何事於仁，必也聖乎！堯舜其猶病諸！夫仁者，己欲立而立人，己欲達而達人。能近取譬，可謂仁之方也已。」[87]

可見「博施於民，而能濟眾。」[88]是其高遠之目標。不僅為行仁之方法，

---

[87] 何晏注、邢昺疏：《論語注疏・雍也》，頁55。
[88] 何晏注、邢昺疏：《論語注疏・雍也》，頁55。

而且連堯、舜都還憂慮做不到。孟子直接主張推行仁政。君主應以仁存心。《孟子・公孫丑上》云：「以不忍人之心，行不忍人之政，治天下可運於掌。」[89]此外，還要恢復井田制度、推恩於百姓、憐恤鰥寡孤獨之窮民、尊賢使能、與民同憂樂等主張。

　　荀子繼承孔孟思想，推行仁愛人民之仁政。但是一般以為荀子談富國、議兵，是實行霸道。但觀其君道、王霸、彊國等篇之論述，可知荀子之理想，不僅實行仁政，還要建立一個王道之國家。對於王道與霸道之分，荀子提出有三種不同王霸思想。《荀子・王霸》云：

　　　用國者，義立而王，信立而霸，權謀立而亡。三者明主之所謹擇也，仁人之所務白也。[90]

荀子以為以禮義立國者稱王，以信立國者稱霸，以權謀立國者亡。明君應明白此三種之分別。此說與孟子不同，《孟子・公孫丑上》云：「以力假仁者霸，霸必有大國。以德行仁者王，王不待大，湯以七十里，文王以百里。以力服人者，非心服也，力不贍也。以德服人者，中心悅而誠服也。」[91]孟子以仁德與與武力區分王與霸與荀子之說，應有不同。

　　荀子以為能得道則得天下，天下為得道者居之。《荀子・王霸》云：

　　　國者，天下之制[92]利用也；人主者，天下之利埶也。得道以持之，則大安也，大榮也，積美之源也；不得道以持之，則大危也，大累也，有之不如無之；及其綦也，索為匹夫不可得也，齊湣、宋獻是也。故人主天下之利埶也，然而不能自安也，安之者，必將道也。[93]

---

[89]　趙岐注、孫奭疏：《孟子注疏・公孫丑上》，頁 65。

[90]　王先謙：《荀子集解・王霸》卷 7 第 11，頁 131。

[91]　趙岐注、孫奭疏：《孟子注疏・公孫丑上》，頁 63。

[92]　「制」字衍文，依楊倞注刪。

[93]　王先謙：《荀子集解・王霸》卷 7 第 11，頁 131。

國家是天下器用之最利者，君主是權勢之最利者。保有禮義與仁心之君主，國家會大安樂、大光榮，也是積善之根源；反之，國家將大危險、大負累，有其權位，不如無。待其極時，求為匹夫而不可得。齊湣王為楚將淖齒所殺、宋獻王[94]為齊湣王所滅，君主為天下之權勢之最利者，然而齊身卻不能自安，欲自安，必須保有禮義與仁心之君主。

君主有禮義與仁心，將使天下無不從服歸附，此能稱王之道也。《荀子·王霸》云：

> 絜國以呼禮義，而無以害之。行一不義，殺一無罪，而得天下，仁者不為也。擽然扶持心國，且若是其固也。之所與為之者，之人則舉義士也；之所以為布陳於國家刑法者，則舉義法也；主之所極然帥羣臣而首鄉之者，則舉義志也。如是，則下仰上以義矣，是綦定也；綦定而國定，國定而天下定。……以國齊義，一日而白，湯武是也。湯以毫，武王以鄗，皆百里之地也，天下為一，諸侯為臣，通達之屬，莫不從服，無它故焉，以義濟矣，是所謂義立而王也。[95]

君主掌握國家，講求禮義而不傷害它。君主若有仁愛之心，行一不義之事，殺一無罪之人，而得天下，不為也。持心守國，擽然如磐石般堅固，所與治國者，皆言行合於禮義之士。宣布於國家之刑法，皆屬禮義之法，君主亟然率羣臣所共向者，皆禮義之心。如此，則下臣所仰望於君上者，皆是禮義。國家之目標就確定，國家就安定，天下也安定。因為國家齊一於禮義，一日之間，將名顯於天下。如商湯起於毫都、周武王起於鄗京，都以百里之地也，天下統一，諸侯為臣，人跡通達之地，莫不從服。此無他故，是以禮義成就大業。此亦以禮義立國而稱王之例。

若君主欲稱王，必須講禮義、仁愛之君行之。《荀子·王霸》又云：「用國者，義立而王。」[96]原因為何？因為講禮義、仁愛之君，會選擇賢

94　宋獻，即宋君偃，為齊湣王所滅。《呂氏春秋》云宋康王，劉師培以為「獻」為「康」字之訛。

95　王先謙：《荀子集解·王霸》卷7第11，頁131-132。

96　王先謙：《荀子集解·王霸》卷7第11，頁131。

相輔佐。《荀子·王霸》云:「彊固榮辱在於取相矣。身能相能,如是者王。」[97]其義旨在說明國家知強固與榮辱,在於慎擇國相,君主自身有能外,國相亦有能,就可以王天下。其次,國家要講求禮義,因為禮義是正國之具。《荀子·王霸》云:

> 國無禮則不正。禮之所以正國也,譬之猶衡之於輕重也,猶繩墨之於曲直也,猶規矩之於方圓也,既錯之而人莫之能誣也。[98]

又云:

> 上莫不致愛其下,而制之以禮。上之於下,如保赤子,政令制度,所以接下之人百姓,有不理者如豪末,則雖孤獨鰥寡,必不加焉。故下之親上,歡如父母,可殺而不可使不順。君臣上下,貴賤長幼,至于庶人,莫不以是為隆正;然後皆內自省,以謹於分。是百王之所以同也,而禮法之樞要也。然後農分田而耕,賈分貨而販,百工分事而勸,士大夫分職而聽,建國諸侯之君分土而守,三公摠方而議,則天子共己而止矣。出若入若,天下莫不平均,莫不治辨。是百王之所同,而禮法之大分也。若夫貫日而治平,權物而稱用,使衣服有制,宮室有度,人徒有數,喪祭械用皆有等宜,以是用挾於萬物,尺寸尋丈,莫得不循乎制度數量然後行,則是官人使吏之事也,不足數於大君子之前。故君人者,立隆政本朝而當,所使要百事者誠仁人也,則身佚而國治,功大而名美,上可以王,下可以霸。[99]

荀子又詳論禮義治國之內涵。荀子認為君主都極愛百姓,而制定禮法制度

---

[97] 王先謙:《荀子集解·王霸》卷7第11,頁135-136。

[98] 王先謙:《荀子集解·王霸》卷7第11,頁136。

[99] 王先謙:《荀子集解·王霸》卷7第11,頁143-144。

來裁制他們，君主對於百姓，如保護嬰兒一般。至於政令制度，必須接觸到天下之百姓，有絲毫不合理者，雖然是孤獨鰥寡之人，必不可加之於身。故下民之親附君上，如見父母一般歡愉，百姓作惡可殺，不可使做不順服之事。君臣上下，貴賤長幼，至於庶人，莫不以此政令制度為行為之準則；然後皆在內心自省，謹守本分，是天下君王之所共同之大道，而且也是禮法之樞紐及要領。

至於農人分田耕作，商賈分貨販賣，各種工匠分事努力，士大夫分職而聽從，建國諸侯之君，分疆土而守，三公總領各方意見而議事，則天子與下臣共同致力。內如此、外如此，天下莫不公平，莫不治辨。是百王之所共行之大道，也是禮法之大原則。

至於累日的治理詳情，權量事物而稱用，使衣服有定制，宮室有一定之尺度，給事之人徒有定數，喪祭械用都各依尊卑等級制宜，因此萬物之用周浹，尺寸尋丈等，都依循制度數量施行，則是官人百吏掌管之事也，不足稱說於大君子之前。故君主建立昌隆之政，所有任樞要及百事之人，實皆仁人，則其身安佚而國治，功效大而名聲美，上可以王天下，下可以霸天下。

君主行王道之政，必先得百姓，所謂得民者昌。《荀子‧王霸》云：

> 用國者，得百姓之力者富，得百姓之死者彊，得百姓之譽者榮。三得者具而天下歸之，三得者亡而天下去之；天下歸之之謂王，天下去之之謂亡。湯武者，循其道，行其義，興天下同利，除天下同害，天下歸之。故厚德音以先之，明禮義以道之，致忠信以愛之，賞賢使能以次之，爵服賞慶以申重之，時其事，輕其任，以調齊之，潢然兼覆之，養長之如保赤子。生民則致寬，使民則慕理，辯政令制度，所以接天下之人百姓，有非理者如豪末，則雖孤獨鰥寡，必不加焉。是故百姓貴之如帝，親之如父母，為之出死斷亡而

　　不愉者，無它故焉，道德誠明，利澤誠厚也。[100]

　　荀子以為：君主治國，要使國家富強榮耀者，就是要得到民心。若能得百姓勞力者，國家富足；若能得百姓效命者，國家強大；若能得百姓之稱譽者，國家榮耀。三者皆具備，天下人皆歸附；三者皆無，天下人皆背離。天下人皆歸附，稱為王；天下人皆背離，稱為亡。如商湯、周武王，依循此道理，推行禮義，與天下人一同興利，與天下人一同除害，天下人歸附。故治國者應先敦厚其德養，引導人民明白禮義，致力忠信以愛護百姓，尚賢使能以序次其職位，加其爵服慶賞以申明尊重，應時任事，酌輕其任，以調和齊一他們，德澤滂然廣被，無不覆育，對賢能者之培養成長，如保護嬰兒一般。對百姓則盡量寬厚，役使人民則極合情理，分辨各種政令制度，用來面對天下之百姓，有絲毫不合理，雖然是孤獨鰥寡，必不欺侮。因此百姓如天帝一般尊貴，如父母一般親愛，為之效命死亡而不變者，無其它緣故焉，道德實在高明，利澤實在厚重也。

二、荀子「霸天下」之現實意義

　　在戰國末期，野蠻的戰爭割據，要不戰而王而贏得人心的王道政治是不可能的。因此荀子提出「信立而霸」的政治思想，所謂的「霸者」是介於強者與王者之間的君王類型。在現實社會，基於王者難尋與王者思想無法落實的實境理，霸道思想成為退而求其次的選擇。孟子認為言霸道是以力服人，不如王道使百姓衷心悅服。但荀子之說與孟子不同，荀子以為霸道是以信立而霸。《荀子‧王霸》云：

　　　德雖未至也，義雖未濟也，然而天下之理略奏矣，刑賞已諾信乎天
　　　下矣，臣下曉然皆知其可要也。政令已陳，雖覩利敗，不欺其民；
　　　約結已定，雖覩利敗，不欺其與。如是，則兵勁城固，敵國畏之；

---

[100]　王先謙：《荀子集解‧王霸》卷7第11，頁146-147。

國一綦明，與國信之；雖在僻陋之國，威動天下，五伯是也。非本政教也，非致隆高也，非綦文理也，非服人之心也，鄉方略，審勞佚，謹畜積，脩戰備，齺然上下相信，而天下莫之敢當。故齊桓、晉文、楚莊、吳闔閭、越勾踐，是皆僻陋之國也，威動天下，彊殆中國，無它故焉，略信也。是所謂信立而霸也。[101]

荀子以為信立而霸之君，德義雖未至盡善，禮義雖未臻濟世，然而治天下之理已略為具備，霸道刑賞分明，權責明確，即使陷入不利境地的時候，霸主們也能嚴守信約，以強大軍力，積蓄國力，對敵國形成威懾作用，因此得到民眾的信任。政令若已陳布，雖然利害顯而可見，但不欺民眾；盟約已簽定，雖利害顯而可見，不欺其友邦。如是，則兵強城固，敵國畏懼而不敢侵犯；國人皆極明信政府，盟約之國也信任；雖在僻陋之國，也能威動天下，如春秋五霸即為例證。五霸治國，不是以政治教化為根本，無崇高之禮法，禮義制度尚未完備，亦無服人之心。只是注重方針謀略，詳審勞逸，謹慎蓄積財物，修整戰爭之備，齺然如齒之相合，君上與下民互相信賴，而天下莫敢與之抗衡。故齊桓、晉文、楚莊、吳闔閭、越勾踐，皆屬僻陋之國，卻能威動天下，其強大足以危及中原諸國，無他故，取信於天下也，即所謂信立而霸也。

立國之君，必須慎擇治國之道，行霸者之法，與想以霸立國之人行之，則只能稱霸而已。因此君主在擇相時，慎重挑選仁人。若只想以誠信立國，而不講政教，不修禮義，國君一旦只見小利，走向權謀、聲色、臺榭、園囿，則國家將陷入危亡。《荀子・王霸》云：

大國之主也，而好見小利，是傷國。其於聲色臺榭園囿也，愈厭而好新，是傷國。不好循正其所以有，啖啖常欲人之有，是傷國。三邪者在匈中，而又好以權謀傾覆之人，斷事其外，若是，則權輕名辱，社稷必危，是傷國者也。大國之主也，不隆本行，不敬舊法，

而好詐故，若是，則夫朝廷羣臣亦從而成俗於不隆禮義，而好傾覆
也。朝廷羣臣之俗若是，則夫衆庶百姓亦從而成俗於不隆禮義而好
貪利矣。君臣上下之俗，莫不若是，則地雖廣，權必輕；人雖衆，
兵必弱；刑罰雖繁，令不下通。夫是之謂危國，是傷國者也。[102]

荀子認為大國之君主，而好見小利而貪，是傷害國家。對於聲色、臺榭、
園囿，愈求滿足，則愈好新奇，是傷害國家。不喜歡修治自己所有之土地
財貨，而常唶唶然貪得他人之所有，是傷害國家。三種邪念存於胸中，又
好以權謀傾覆之人，在外決斷事務。如此，則權勢輕賤，名聲受辱，國家
必危，是傷害國家。大國之君主，不推崇禮義，不敬守舊法，而好詐偽，
如此，則朝廷羣臣亦從而效尤，成為習俗，不推崇禮義，而好互相傾軋。
朝廷羣臣之習俗如此，則庶民百姓亦從而成俗，不推崇禮義，而好貪利。
君臣上下之習俗，莫不如此，則國家之土地雖廣，權勢必輕；人雖衆多，
兵力必弱；刑罰雖繁，政令不能通達於下，是傷害國家。《荀子・天論》
云：

在天者莫明於日月，在地者莫明於水火，在物者莫明於珠玉，在人
者莫明於禮義。故日月不高，則光暉不赫；水火不積，則暉潤不
博；珠玉不睹乎外，則王公不以為寶；禮義不加於國家，則功名不
白。故人之命在天，國之命在禮。君人者，隆禮尊賢而王，重法愛
民而霸，好利多詐而危，權謀傾覆幽險而盡亡矣。[103]

荀子強調人在重要者為明禮義，如天上日月之明、地上水火之光輝瑩徹、
如萬物中珠玉之明亮。日月不高懸天際，其光輝不會顯赫；水火不累積大
量，其輝光潤澤不會博大；珠玉之光會不彰顯於外，王公不會珍寶它們；
禮義不實踐於國家，功名不會彰顯於天下。故人秉受天命，國則以禮為

---

[102] 王先謙：《荀子集解・王霸》卷7第11，頁148。

[103] 王先謙：《荀子集解・天論》卷11第17，頁211。

命。君主崇隆禮義，尊敬賢才，而稱王於天下；若重法愛民，只能稱霸而已；愛好財利，多行險詐，國家將陷入危亡；好用權謀，反覆無常，陰險對待人民，就會失去民心而亡國。

從以上的分析中，可以看出荀子以王道為理想，但是仍認為霸道思想具有許多積極的因素。荀子認為霸道思想講求公信力、法治實效、重視人才，這就是荀子霸道思想的豐富涵義，荀子在王道之後，退而求其次，接受霸道，表明了他的務實精神。荀子看到了只有王霸兼用，才可以強國富民，長治久安，兩者缺一，都會導致亡國的下場。

三、君臣之道

荀子是儒學的繼承者，他提出「君民舟水」[104]思想，強化了古代的君本主義。為了強化人的能動性，荀子更加注重君主權威的提升。他說：「天地生君子，君子理天地。」又說：「人君者，隆禮尊賢而王。」君是治國之主，也是最重要的。他儘管確立了儒學以君為本的原則，仍以孔孟儒學所崇尚的仁政和德治思想為核心。他說：

> 能用天下之謂王，湯武非取天下也，脩其道，行其義，興天下之同利，除天下之同害，而天下歸之也。[105]

在荀子看來，君子修道行義，就能得天下。至於為臣之道，要積極參與政治，修身入士，儒家士子要以「道」為價值取向，此道是自覺自律的功夫，要內修其身，外行其道。

（一）為君之道

君主為一國之主，身繫國家之安危，民眾之福祉，當竭盡心力，為國為民。但應由何人為君，孟子崇敬天道，樂受天命，認為天子不能以天下

---

[104] 王先謙：《荀子集解・王制》卷 5 第 9：「君者，舟也；庶人者，水也。水則載舟，水則覆舟。」
[105] 王先謙：《荀子集解・正論》卷 12 第 18，頁 216。

與人，而是天與之。此種君權天與之說法，與荀子大不相同。荀子不將君
主與天連接，而是從君主之治國功能上論述。故《荀子‧致仕》云；「君
者，國之隆也。」[106] 君主是國家隆盛之根本。《荀子‧君道》又云：「請
問為人君？以禮分施，均徧而不偏。」[107] 君主應以禮治國，將禮義施行於
人民，均平普遍，而不偏私。同時，君主是人民之根本，故君主愛民，是
君主之職責所在。《荀子‧君道》云：

> 君者，民之原也；原清則流清，原濁則流濁。故有社稷者而不能愛
> 民，不能利民，而求民之親愛己，不可得也。民不親不愛，而求其
> 為己用，為己死，民不為己用，不為己死，而求兵之勁，城之固，
> 不可得也。兵不勁，城不固，而求敵之不至，不可得也。敵至而求
> 無危削，不滅亡，不可得也。[108]

君主是民之本源，源清則流清，源濁則流濁。故擁有社稷之君，不能愛恤
人民，不能利益人民，國家不可能平治。反之，人民不能為己所用，不能
為己效命，而求兵強城固，是不可能之事。兵不強勁，城不堅固，而求敵
人之不至，是不可能之事。敵人來到。而求國家不危險，不被敵人削弱，
是不可能之事。由此可知，愛民是國家平治之根本，君主要國家強固，人
民安樂，應以愛民為先。

荀子又認為君主治國，以修身為先。《荀子‧君道》云：

> 請問為國？曰聞修身，未嘗聞為國也。君者儀也，儀正而景正。君
> 者槃也，槃圓而水圓。君者盂也，盂方而水方。君射則臣決。楚莊
> 王好細腰，故朝有餓人。[109]

---

[106] 王先謙：《荀子集解‧致士》卷 9 第 14，頁 175。
[107] 王先謙：《荀子集解‧君道》卷 9 第 14，頁 152。
[108] 王先謙：《荀子集解‧君道》卷 9 第 14，頁 154。
[109] 王先謙：《荀子集解‧君道》卷 9 第 14，頁 154。

君主治國，先談修身。因為君主是表率，人民則景從。為民表率之君主方正，景從之人民也隨之而正。君主如盛水之盤，人民是水，盤圓則水亦圓。君主持弓射箭，則臣子如弓之鉤弦。楚莊王好細腰，故朝中有為細腰而餓之人。所謂君行則臣效也。其次，君主要有賢能之卿相輔佐，國家才能平治。《荀子‧君道》云：

> 人主不可以獨也。卿相輔佐，人主之基杖也，不可不早具也。故人主必將有卿相輔佐足任者，然後可。其德音足以填撫百姓，其知慮足以應待萬變，然後可，夫是之謂國具。四鄰諸侯之相與，不可以不相接也，然而不必相親也，故人主必將有足使喻志決疑於遠方者，然後可。其辯說足以解煩，其知慮足以決疑，其齊斷足以距難……故人主無便嬖左右足信者，謂之闇，無卿相輔佐足任使者，謂之獨，所使於四鄰諸侯者非其人，謂之孤，孤獨而晻，謂之危。[110]

君主不可以孤獨無助。有卿相輔佐，是君主如行路所用之綦杖[111]，一定要具備。而此卿相之德音，足以鎮撫百姓；其智慮足以應付萬變，然後才可，此之謂國具。四鄰諸之侯相往來，不可以不相接納，不必相親附，故人主必將有足以為君主向遠方諸侯明志定疑之人，然後可以行外交之策。而且其辯說足以為君主消解煩憂，其知慮足以為君主決斷疑難，其果斷足以捍拒危難。故人主無親附嬖幸之人，稱為闇；無卿相輔佐足堪任使之人，謂之獨；出使於四鄰諸侯之人，並非是當之人，謂之孤；孤獨而晻闇不明，國家就會陷入阽危。

國君任用賢臣，必須依才任用，荀子提出「三材」之說，《荀子‧君道》云：

---

[110] 王先謙：《荀子集解‧君道》卷 9 第 14，頁 162。

[111] 基杖，義不可通，依俞樾，基當作綦，繫履之帶也。綦與杖，皆人行走所需之物也。又李滌生《荀子集釋》以基為几之借字，《禮記‧曲禮》：「謀於長者，必操几杖已從之。」疏云：「杖所以策身，几所以扶己。」義亦可通。

> 材人：愿愨拘錄，計數纖嗇，而無敢遺喪，是官人使吏之材也；脩
> 飭端正，尊法敬分，而無傾側之心，守職循業，不敢損益，可傳世
> 也，而不可使侵奪，是士大夫官師之材也。知隆禮義之為尊君也，
> 知好士之為美名也，知愛民之為安國也，知有常法之為一俗也，知
> 尚賢使能之為長功也，知務本禁末之為多材也，知無與下爭小利之
> 為便於事也，知明制度，權物稱用之為不泥也，是卿相輔佐之材
> 也，未及君道也。能論官此三材者而無失其次，是謂人主之道也。
> 112

　　所謂因才授職之道，就是能謹愿誠愨，勤勞任職。計算財利，纖細之數都
不敢浪費。士官人使吏之材；外表修飾端正，尊尚禮法，敬守本分，而無
傾斜反覆之心，謹慎依循自己之職守，不敢有所損益，可以傳之後世，不
可受到侵奪，是士大夫官長之材；知道尊崇禮義是為尊君；了解愛好賢士
是為美名；知曉愛民是為安國，知道常法是為齊一風俗，瞭解崇尚賢才、
任用有能力之人是為助長功業，了解致力農桑、輕抑工商是為增加財用；
知曉不與下民爭小利，是為方便行事；知道明立法度、權衡物宜、使稱於
用，是為不致拘泥，是卿相輔佐之材，但尚未達到君道之目標。能論官吏
是否具有以上所講之三材，而不失其職位之高下，才是君主任材之道。
　　為君之道，荀子又提出「三惡」之說，《荀子，君道》云：

> 為人主者，莫不欲彊而惡弱，欲安而惡危，欲榮而惡辱，是禹桀之
> 所同也。要此三欲，辟此三惡，果何道而便？曰：在慎取相，道莫
> 徑是矣。故知而不仁，不可；仁而不知，不可；既知且仁，是人主
> 之寶也，王霸之佐也。113

荀子認為君主有三件厭惡之事。即想強盛而厭惡衰落，想安定而厭惡危

殆，想榮耀而厭惡羞辱，此三惡是夏禹與夏桀同樣具有之心。想達到三欲，而避免三惡，必須要謹慎選擇國相。國相之條件，是要有才智，以及仁心，如果如此，便是君主之大寶，也是輔佐君主實現王道之人材。

君主尚有「三患」[114]。《荀子·君道》云：

> 今人主有六患：使賢者為之，則與不肖者規之；使知者慮之，則與愚者論之；使脩士行之，則與汙邪之人疑之，雖欲成功，得乎哉！……其取人有道，其用人有法。取人之道，參之以禮；用人之法，禁之以等。行義動靜，度之以禮；知慮取舍，稽之以成；日月積久，校之以功。故卑不得以臨尊，輕不得以縣重，愚不得以謀知，是以萬舉不過也。[115]

依荀子之意，為君者有三患。言君主使賢者治國，卻與不肖者規正之；使智者謀慮，卻與愚者評論之；使修潔之士行事，卻讓汙邪之士疑惑之。雖欲成功，豈可得哉！明君選取人才有善道，就是以禮法參驗；任用人才亦有良法，就是以等級拘限之。對人之容儀動靜，用禮揆度之；對事之智慮取捨，以成就稽察之。累積長久之時間，再用功效考校之。故卑者不能凌駕尊貴者，低微者不得高懸於權重者，愚昧者不能謀議才智者。因此，萬事都不會有錯失。

（二）為臣之道

君主任用賢臣處理國政，臣子如何為君主效力，君臣之間，有尊卑上下之分，而臣子又如何做好分內之事。荀子將人臣分為態臣、篡臣、功臣、聖臣四種。君主必須謹慎用之。《荀子·臣道》云：

---

[114]　俞樾以為「六」為「大」字之誤，阮廷卓謂《經濟類編》作「大」，然下文只列三患而已今見《荀子·君道》前段言君之三欲、三惡，而此段六或為三之誤。今改為三惡，可使文意暢順無誤。

[115]　王先謙：《荀子集解·君道》卷9第14，頁158-159。

內不足使一民，外不足使距難，百姓不親，諸侯不信；然而巧敏佞
說，善取寵乎上，是態臣者也。上不忠乎君，下善取譽乎民，不恤
公道通義，朋黨比周，以環主圖私為務，是篡臣者也。內足使以一
民，外足使以距難，民親之，士信之，上忠乎君，下愛百姓而不
倦，是功臣者也。上則能尊君，下則能愛民，政令教化，刑下如
影，應卒遇變，齊給如響，推類接譽，以待無方，曲成制象，是聖
臣者也。[116]

荀子敘述態臣是在國內不能齊一人民，在國外不足以抵拒外侮，百姓不親
附，諸侯不信任；然而才思巧敏，擅長佞說，且善於取寵於君上。篡臣是
上不忠於君主，對下卻善取人民的稱譽，不顧公道與正義，致力於結黨營
私，以營惑君主，圖謀私利。功臣是在國內足以齊一人民，在國外足以抵
拒外侮，眾民親附，士臣信任，上忠於君，下愛百姓而不倦。聖臣是上能
尊敬君主，下能愛恤眾民，政令教化，如影隨形一般，為下民所法。遇到
猝然之變故，如響之應聲，能迅疾處理，遇到無法規範之事，就用推類之
方法應付。等到非常特殊之事，就委曲達成，然後制定法象。

以上四種臣子，關係國家之安危，必須慎重擇取，然後任用。《荀
子‧臣道》云：

用聖臣者王，用功臣者彊，用篡臣者危，用態臣者亡。態臣用則必
死，篡臣用則必危，功臣用則必榮，聖臣用則必尊。故齊之蘇秦，
楚之州侯，秦之張儀，可謂態臣者也。韓之張去疾，趙之奉陽，齊
之孟嘗，可謂篡臣也。齊之管仲，晉之咎犯，楚之孫叔敖，可謂功
臣矣。殷之伊尹，周之太公，可謂聖臣矣。是人臣之論也，吉凶賢
不肖之極也。必謹志之而慎自為擇取焉，足以稽矣。[117]

---

[116] 王先謙：《荀子集解‧臣道》卷 9 第 13，頁 164。
[117] 王先謙：《荀子集解‧臣道》卷 9 第 13，頁 165。

荀子以為君主任用聖臣，可為聖王；重用功臣，國家強大；任用篡臣，國家危削；重用態臣，國家滅亡。因此，用態臣如齊之蘇秦，楚之州侯，秦之張儀等態臣，則君亡；用韓之張去疾，趙之奉陽，齊之孟嘗等篡臣，則君主危殆；用齊之管仲，晉之咎犯，楚之孫叔敖等功臣，則君主榮耀；用殷之伊尹，周之太公等聖臣，則君主尊崇。此為論人臣之等類，也是吉凶與賢不肖之準則，君主應謹記於心，慎重擇取。

臣子依君命行事，臣子之表現各有不同，荀子依其表現，分為順、諂、忠、篡、國賊、諫、爭、輔、拂等之不同。《荀子‧臣道》云：

> 從命而利君謂之順，從命而不利君謂之諂；逆命而利君謂之忠，逆命而不利君謂之篡；不恤君之榮辱，不恤國之臧否，偷合苟容以持祿養交而已耳，謂之國賊。君有過謀過事，將危國家，殞社稷之懼也；大臣父兄，有能進言於君，用則可，不用則去，謂之諫；有能進言於君，用則可，不用則死，謂之爭；有能比知同力，率羣臣百吏而相與彊君撟君，君雖不安，不能不聽，遂以解國之大患，除國之大害，成於尊君安國，謂之輔；有能抗君之命，竊君之重，反君之事，以安國之危，除君之辱，功伐足以成國之大利，謂之拂。[118]

荀子以為臣子若聽從君命而有利於君，稱為「順」；聽從君命而不利於君，稱為「諂」；違抗君命而有利於君，稱為「忠」；不顧惜君主之榮辱，也不顧惜對國家之善惡，偷合苟容，只圖一己之榮祿，廣交賓客而已。稱為「國賊」；君主有錯誤之謀劃，錯誤之事務，將危害國家，殞滅社稷之疑懼。大臣父兄，有進言於君主，被採用則可，不採用則離去，稱為「諫」；有能進言於君，被採用則可，不用則寧死諫諍，稱為「爭」；有能結合眾力，率領羣臣百吏一同勉強君主矯正錯誤，君雖心中不樂，不能不聽，遂解除國家之大患，除去國之大害，終於成就尊君安國之功業，稱為「輔」；有能違抗君命，竊取君主重權，違反君主之行事，以安定國

之危殆，免除君主之恥辱，功績足以成國家之大利，稱為「拂」。

　　以上論述，說明君主臣子有九種不同，君主應明辨臣子之行事，荀子並舉例說明明君與闇君之不同。《荀子‧臣道》云：

> 故諫爭輔拂之人，社稷之臣也，國君之寶也，明君之所尊厚也，而闇主惑君以為己賊也。故明君之所賞，闇君之所罰也；闇君之所賞，明君之所殺也。伊尹箕子可謂諫矣，比干子胥可謂爭矣，平原君之於趙可謂輔矣，信陵君之於魏可謂拂矣。……故正義之臣設，則朝廷不頗；諫爭輔拂之人信，則君過不遠；爪牙之士施，則仇讎不作；邊境之臣處，則疆垂不喪，故明主好同而闇主好獨，明主尚賢使能而饗其盛，闇主妬賢畏能而滅其功，罰其忠，賞其賊，夫是之謂至闇，桀紂所以滅也。[119]

　　在前述九種不同之臣子中，順、諫、爭、輔、拂之臣，是身繫社稷安危之臣，也是國君之寶，明君所尊厚之臣。但是闇主、惑君卻以為順、諫、爭、輔、拂之臣為自己之禍害。明君獎賞諫、爭、輔、拂之臣，闇君卻懲罰他們；闇君獎賞諂、忠、篡、國賊之臣，明君會殺死他們。古代伊尹諫太甲、箕子商紂，可稱為諫臣。比干諫商紂，被殺；楚伍子胥說吳王闔閭伐楚，為父兄報仇，可謂爭臣。平原君之於趙武靈王，可謂輔臣，信陵君之於魏安釐王，可謂拂臣。

　　荀子認為明君用正義之臣，朝廷就不會偏邪不正；諫諍輔拂之臣得伸展志向，君主不會有大過；用勇武之臣能施展能力，則仇敵不能作危害之事；邊境之臣駐守邊地，則疆陲之地不會喪失；故明君注重賢才，使其發展才能，而安享其成就；闇主妬嫉賢才，畏其才能，而滅其功勞。懲罰其忠臣，賞其國賊，是最闇昧之君，古之夏桀、商紂所以滅國也。

　　古之臣子，無選擇君主之權利，君主有聖君、中君、暴君之不同，為臣者如何事君。《荀子‧臣道》云：

---

[119]　王先謙：《荀子集解‧臣道》卷9第13，頁166。

事聖君者，有聽從無諫爭；事中君者，有諫爭無諂諛；事暴君者，有補削無撟拂。迫脅於亂時，窮居於暴國，而無所避之，則崇其美，揚其善，違其惡，隱其敗，言其所長，不稱其所短，以為成俗。……恭敬而遜，聽從而敏，不敢有以私決擇也，不敢有以私取與也，以順上為志，是事聖君之義也。忠信而不諛，諫爭而不諂，撟然剛折端志而無傾側之心，是案曰是，非案曰非，是事中君之義也。調而不流，柔而不屈，寬容而不亂，曉然以至道而無不調和也，而能化易，時關內之，是事暴君之義也。若馭樸馬，若養赤子，若食餧人。故因其懼也而改其過，因其憂也而辨其故，因其喜也而入其道，因其怒也而除其怨，曲得所謂焉。[120]

荀子以為事奉聖君，因其人格完美無闕，只要聽從，不須諫諍；事奉中智之君，因其處事有得有失，故宜諫諍。而不諂諛；事奉暴君，因其行事乖戾，只宜彌縫其闕失，而不違逆其意旨，以免招禍。若在亂世之時，身遭脅迫，窮居於暴亂之國，而無地逃避，就推崇其美，稱揚其善，避諱其惡行，隱匿其敗德，言其長處，不稱其短處，或以為成習，卻是保身之常道。

至於事奉聖君之義，就是恭敬而順從，聽從而敏行，不敢私自決擇，不敢私自取捨，以順從君上為心；事奉中君之義，就是忠信而不阿諛，諫爭而不諂媚，撟然剛直端正，而無傾邪之心，是則曰是，非則曰非；事奉暴君之義，就是調和而不同流合污，柔順而不屈從邪曲，寬容而不為非作亂，以至道使君主通曉，而無不調和，能化難為易，時常關說以通君王的心。如駕馭為馴服之馬，若養育無知之嬰兒，若餵食久餓之人一般，不可操之過急。故乘其恐懼而改正其過失，乘其憂慮而變更其故習，乘其喜悅而引入正道，乘其憤怒而去除其怨惡，皆能委曲達到目的。

由上可知，事奉聖君、中君、暴君，皆有不同之方法，如《左傳》昭

公二十五年:「將禘於襄公,萬者二人,其眾萬於季氏。」[121]禘祭是祭祖之大祭,在襄公廟僅二人舞萬舞,其餘萬人都往季氏家廟萬舞,可見當時季氏驕縱無禮,臣子只好媚於季氏以自保,此非臣子之道。但若更深一層探討,臣子事君之道,《論語·八佾》云:「君使臣以禮,臣事君以忠。」[122]君主禮敬臣子,臣子忠於君主。君臣之間是互相對待之關係。劉向《說苑·臣術》云:

> 人臣之術,順從而復命。無所敢專,義不苟合,位不苟尊;必有益於國,必有補於君;故其身尊而子孫保之。[123]

此言人臣應順從完成君命後覆命,不敢專擅而為。乃是在明君治國下之情形。荀子認為:明君應了解臣子具有公忠體國之心,但臣子行事,通權達變,以「通忠之順,權險之平,禍亂之從聲。」三者事君,明君應明辨體認之。《荀子·臣道》云:

> 通忠之順,權險之平,禍亂之從聲,三者非明主莫之能知也。爭然後善,戾然後功,生死無私,致忠而公,夫是之謂通忠之順,信陵君似之矣。奪然後義,殺然後仁,上下易位然後貞,功參天地,澤被生民,夫是之謂權險之平,湯武是也。過而通情,和而無經,不恤是非,不論曲直,偷合苟容,迷亂狂生,夫是之謂禍亂之從聲,飛廉惡來是也。[124]

荀子舉信陵君接近「通忠之順」,就是臣子竭盡心力,諫諍君主,然後能善;乖戾君主。然後立功;出生入死,皆無私心;致力效忠,大公無私。又舉商湯、周武王就能做到「權險之平」。他們奪暴君之位,講求正義;

[121] 杜預注、孔穎達疏:《十三經注疏·春秋左傳正義》,頁893。

[122] 《論語注疏·八佾》,頁30。

[123] 左松超注譯:《說苑·臣術》(臺北市:三民書局,1996年9月),頁50。

[124] 王先謙:《荀子集解·臣道》卷9第13,頁170。

殺不仁之君，然後仁愛萬民；君臣易位，然後歸於正道；功業可與天地
參，然後澤被百姓。又舉飛廉、惡來迷亂商紂，可謂「禍亂之從聲」，他
們知君主有過而同情；和順君意，而無常道；不顧是非，不論曲直，苟且
投合，以取悅君主，迷亂狂妄之君主。

　　以上三例，說明臣子忠君，本是天經地義之事，也為臣之準則。但忠
有可分為大忠、次忠、下忠、國賊四種不同。《荀子・臣道》云：

> 有大忠者，有次忠者，有下忠者，有國賊者：以德復君而化之，大
> 忠也；以德調君而補之，次忠也；以是諫非而怒之，下忠也；不恤
> 君之榮辱，不恤國之臧否，偷合苟容，以之持祿養交而已耳，國賊
> 也。若周公之於成王也，可謂大忠矣；若管仲之於桓公，可謂次忠
> 矣；若子胥之於夫差，可謂下忠矣；若曹觸龍之於紂者，可謂國賊
> 矣。[125]

荀子以為：「大忠」如周公之於成王，是以德養覆被其君，而能使君主化
而為善；「次忠」如管仲之於桓公，是以德養調諧君主，而輔佐之；「下
忠」如伍子胥之於夫差，是以正義勸諫君主，而使君主發怒。「國賊」曹
觸龍之於商紂，是不顧君主之榮辱，也不顧國家之善惡，苟且求合，取悅
於君。只求保持自己之祿位，培養交往之人脈而已。

（三）致仕用賢之道

　　君主用賢，是國家強盛之基礎。在戰國時代，各國君主都致力招攬賢
才，以圖富國強兵。至於如何攬才用賢，賢才仕與不仕，都須斟酌探討。
以孟子是以「義」為原則，《孟子・公孫丑》云：「有官守者，不得其職
則去；有言責者，不得其言則去。」[126]孟子認為仕者，不可貪慕祿位，無
功受祿，會有尸位素餐之譏。《論語・憲問》云：「邦有道穀；邦無道

---

[125] 王先謙：《荀子集解・臣道》卷 9 第 13，頁 168-169。

[126] 《孟子注疏・公孫丑章句下》，頁 76。

穀，恥也。」[127]就是言此。

荀子出仕之原則。《荀子‧致仕》云：

> 川淵深而魚鱉歸之，山林茂而禽獸歸之，刑政平而百姓歸之，禮義
> 備而君子歸之。故禮及身而行脩，義及國而政明，能以禮挾而貴名
> 白，天下願令行禁止，王者之事畢矣。[128]

君主要成就王者之事業，要自己有仁德。若有君子歸附。就如川淵深邃，
而魚鱉歸之，山林茂盛，而禽獸歸之，國家之刑政平穩，則百姓歸附。禮
義完備，則君子歸附。故禮表現於自身之言行上，則是德行修飭；義周遍
於全國，則是政治清明。能以禮義周浹遍及於天下，則顯貴之名聲自然顯
白，天下百姓願為其民，法令推行，禁無不止，王者治國之事，盡在於
此。

《荀子‧致仕》又云：

> 川淵者，龍魚之居也；山林者，鳥獸之居也；國家者，士民之居
> 也。川淵枯則龍魚去之，山林險則鳥獸去之，國家失政則士民去
> 之。無土則人不安居，無人則土不守，無道法則人不至，無君子則
> 道不舉。故土之與人也，道之與法也者，國家之本作也。君子也
> 者，道法之摠要也，不可少頃曠也。得之則治，失之則亂；得之則
> 安，失之則危；得之則存，失之則亡。故有良法而亂者有之矣，有
> 君子而亂者，自古及今，未嘗聞也。[129]

荀子更深論其理；川淵是龍魚所居之處；山林是鳥獸所居之處；國家是士
民所居之處。川淵枯竭，則龍魚離去，山林險惡，則鳥獸離去，國家政治

---

[127] 《論語注疏‧憲問》，頁 123。

[128] 王先謙：《荀子集解‧致士》卷 9 第 14，頁 172。

[129] 王先謙：《荀子集解‧致士》卷 9 第 14，頁 172-173。

敗壞，則士民離去。無土地，人民不能安居；無人民，土地亦無法保有；無道德禮法，則人民不會前來；無君子，則道德禮法不能推行。因此土地與人民，道德與禮法，是國家之根本。君子是道德禮法之總要也，不可有片刻曠廢。得君子則國治，失君子則國亂；得君子則國安，失君子則國危；得君子則國存，失君子則國亡。故有良善之禮法而國家紊亂者有之，有君子而國家紊亂者，自古及今，未嘗聽聞。

　　既然君主用賢則國治，為何賢者不至？在於君主是否具備明德，使賢者願意前來歸附。《荀子·致仕》云：

> 人主之患，不在乎不言用賢，而在乎誠必用賢。夫言用賢者，口也；卻賢者行也，口行相反，而欲賢者之至，不肖者之退也，不亦難乎！……今人主有能明其德者，則天下歸之。[130]

荀子認為：君主之缺點，所在意者，並不在於不說用賢，而在於無誠心用賢。講用賢是口，拒卻賢人是行為。口說與行為相反，而想賢人前來進用，不賢者退出，是很難的。現在君主有能光明其德行，天下之賢人皆會前來歸附。

　　君主須有光明之德行，可吸引賢者歸附，其中最重要之德行為仁。《論語·顏淵》：「樊遲問仁，子曰：『愛人。』」[131]《孟子·離婁下》；孟子云：「仁者愛人，有禮者敬人。」仁君有仁義之心，對賢人必然禮敬有加。《荀子·臣道》云：

> 仁者必敬人。凡人非賢，則案不肖也。人賢而不敬，則是禽獸也；人不肖而不敬，則是狎虎也。禽獸則亂，狎虎則危，災及其身矣。……敬人有道，賢者則貴而敬之，不肖者則畏而敬之；賢者則親而敬之，不肖者則疏而敬之。其敬一也，其情二也。若夫忠信端

---

[130]　王先謙：《荀子集解·致士》卷9第14，頁173-174。

[131]　《論語注疏·顏淵》，頁110。

愨而不害傷，則無接而不然，是仁人之質也。忠信以為質，端愨以為統，禮義以為文，倫類以為理，喘而言，臑而動，而一可以為法則。[132]

荀子認為仁者必然待人恭敬。大凡一個人不賢，便是不肖之人。人賢而不禮敬，即是禽獸一般之人。人不肖而不敬之以禮，就如親狎老虎，災禍將及於身。禮敬賢人有方法。賢者則親近而且禮敬之，不肖者則疏遠而畏敬之。其敬相同，但內在之心情不同。至於對方忠信端愨，而無傷害之心，則凡與之交往者皆相同，是仁人之本質。仁人以忠信為本質，端愨為綱紀，禮義為文飾，倫類為推理，微言微動，無不合禮，皆可以為法則。

君主進賢，是以仁人為準則，但在朝廷上，臣子眾多，除知何者為賢外，必須屏除諂、篡、國賊等姦邪之臣，進用忠良仁德之君子。在做法上，荀子有深入之分析。《荀子‧致仕》云：

衡聽、顯幽、重明、退姦、進良之術：朋黨比周之譽，君子不聽；殘賊加累之譖，君子不用；隱忌雍蔽之人，君子不近；貨財禽犢之請，君子不許。凡流言、流說、流事、流謀、流譽、流愬，不官而衡至者，君子慎之，聞聽而明譽之，定其當而當，然後士其刑賞而還與之；如是，則姦言、姦說、姦事、姦謀、姦譽、姦愬，莫之試也；忠言、忠說、忠事、忠謀、忠譽、忠愬、莫不明通方起以尚盡矣。夫是之謂衡聽、顯幽、重明、退姦、進良之術。[133]

君主要清楚衡聽、顯幽、重明、退姦、進良等方法，以進用君子為良臣。君子不聽信朋黨阿私之稱譽，不採用殘害誣陷毀謗，不接近暗中忌妒，壅蔽賢才之人，不允許以財物禽犢賄賂之人。凡是沒有根據之流言、流說、流事、流謀、流譽、流愬，無主題而橫逆到來的，君子謹慎處理。聽聞

---

[132] 王先謙：《荀子集解‧臣道》卷9第13，頁169-170。
[133] 王先謙：《荀子集解‧致士》卷9第14，頁171-172。

後，加以明察。決定其言說之恰當與否，然後行其賞罰，而予以應得之獎懲。如此，姦言、姦說、姦事、姦謀、姦譽、姦愬，沒有人敢來嘗試；忠言、忠說、忠事、忠謀、忠譽、忠愬、莫不明白通達，並起盡獻於君上。此即不偏聽、顯揚幽隱之人、尊重明德之人、屏退姦邪之人、進用賢良之君子之方法。

第四節　荀子富國強兵之政治思想

富國才能強兵，強兵是立國之本，觀國之強弱有徵，兵強則國存，兵弱則國亡。富國加有治辨強固之道，可使國家廣大而富厚矣。春秋戰國時期，兵家紛爭，戰亂頻繁，擁有強大的軍隊、政治、經濟，才能稱霸立國。春秋時期，孔子把「富國強兵」看作是國家政治重要的一部份[134]。孟子仍是以「重民論」、「富民論」為核心，他在〈盡心章句上〉說：「聖人治天下，使有菽粟如水火，而民焉有不仁者乎？」孟子主張富民政策，國治民安，才能統一天下。

荀子繼承了孔孟國富兵強的思想，認為國富則兵強，國貧則兵弱。荀子言：

> 將辟田野，實倉廩，便備用，上下一心，三軍同力，與之遠舉極戰則不可，境內之聚也保固，視可午其軍，取其將，若撥麷。彼得之，不足以藥傷補敗。彼愛其爪牙，畏其仇敵，若是則為利者不攻也。[135]

意即加大農業生產，確保糧食供應，軍民上下一心，三軍同力，國家才能富強。荀子還主張，只有政治上的「仁義」才能轉化為軍事上的「兵

強」。這是實行儒家「仁」戰的思想。

一、荀子富國之道

在儒家孟子的時代是屬農業經濟階段，其思想核心在強調仁義與義利之辨，視富強之徒為民賊。孟子說：

> 今之事君者，曰，我能為君辟土地，充府庫。今之所謂良臣，古之所謂民賊也。君不鄉道，不志於仁，而求富之，是富桀也。我能為君約與國，戰必克。今之所謂良臣，古之所謂民賊也。君不鄉道，不志於仁，而求為之強戰，是輔桀也。[136]

孟子排斥富強，只兼寫修身範圍內的充分自覺。反觀荀子，標禮義而強調富國。強調開源節流，重農抑商。節用裕民是荀子富國論的主要政策，足國之道，首在生養，多方開其源，勾勒富國強兵之策，節用裕民之道。《荀子・富國》云：

> 足國之道：節用裕民，而善臧其餘。節用以禮，裕民以政。彼裕民，故多餘，裕民則民富，民富則田肥以易，田肥以易則出實百倍。上以法取焉，而下以禮節用之，餘若丘山，不時焚燒，無所臧之。夫君子奚患乎無餘？故知節用裕民，則必有仁聖賢良之名，而且有富厚丘山之積矣。此無他故焉，生於節用裕民也。[137]

荀子認為使國家富足之方法，在節用裕民。節省國家之用度，充裕人民之生活。財物若有剩餘，應好好收藏。節用之方法在禮，裕民之方法在政。實施裕民之政，民眾富足，故多有餘糧；實施裕民之政，人民就會富足，

---

[136] 《孟子注疏・告子章句下》，頁 220-221。

[137] 王先謙：《荀子集解・富國》卷 6 第 10，頁 114。

人民富足，就可肥沃田地，穀實就有百倍收成。在上者，依法取之於民，下民則依禮納稅，並節省用度，餘糧堆積如山，無處蓄藏，至於燒毀之地步。此乃執政之君子，先要有仁聖賢良之名，對百姓仁厚，才會使百姓有富厚丘山之蓄積。

至於如何以政裕民，必須重視禮法。《荀子‧富國》云：

> 禮者，貴賤有等；長幼有差，貧富輕重皆有稱者也。故天子袾裷衣冕，諸侯玄裷衣冕，大夫裨冕，士皮弁服。德必稱位，位必稱祿，祿必稱用，由士以上則必以禮樂節之，眾庶百姓則必以法數制之。量地而立國，計利而畜民；度人力而授事，使民必勝事；事必出利，利足以生民。皆使衣食百用出入相揜，必時臧餘，謂之稱數。故自天子通於庶人，事無大小多少，由是推之。……輕田野之稅，平關市之征，省商賈之數，罕興力役，無奪農時，如是則國富矣。夫是之謂以政裕民。[138]

禮是貴賤有等級；長幼有分別，貧富多少都各得其宜。故天子之服飾是服朱衰、戴冕旒，諸侯服黑衰、戴冕旒，大夫服裨衣、戴冕旒，士白鹿皮之冠、服素積之裳。才德與職位必相稱，職位與俸祿相當，俸祿與用度相當。由士以上，必以禮樂節制之，眾庶百姓，必以法律限制之。衡量土地而建立國家，計量土地而而畜養百姓。度量民力而授予職事，使民眾必定能勝任其所事；所有職事必定出自利民，利足以生養民眾。使衣食及各種雜用之收支相敷，並定要在歲時有所剩餘，此為貧富合度之法。故上自天子，下通庶人，事無論大小多少，皆由此推度。減輕田野之賦稅，平除關市之徵稅，簡省商賈之人數，少興力役，無奪農民耕種之時，如此則國富矣。此即所謂之以政裕民。

荀子很詳盡地說明以政裕民之方法，觀其作法，是以仁德之心治民，使民富則國強矣。《荀子‧富國》云：

> 治萬變，材萬物，養萬民，兼制天下者，為莫若仁人之善也夫。故
> 其知慮足以治之，其仁厚足以安之，其德音足以化之，得之則治，
> 失之則亂。百姓誠賴其知也，故相率而為之勞苦以務佚之，以養其
> 知也；誠美其厚也，故為之出死斷亡以覆救之，以養其厚也；誠美
> 其德也，故為之雕琢、刻鏤、黼黻、文章以藩飾之，以養其德也。
> 故仁人在上，百姓貴之如帝，親之如父母，為之出死斷亡而愉者，
> 無它故焉，其所是焉誠美，其所得焉誠大，其所利焉誠多。[139]

王者要王天下，處理萬變之政事，裁成萬物，養育萬民，兼利天下，沒有
比得上仁善之君更好的。仁君之智慮足以治理人民，其仁厚足以安定人
民，其德養足以化育人民，得仁君則治，失仁君則亂。百姓實在仰賴其智
慮也，故相率而為其勞苦以使其安佚，以護養其智慮；實在稱美其仁厚，
故為其效命以保衛之，以護養其仁厚；實在讚美其德養，故為其雕琢、刻
鏤器物、黼黻禮服上之文采藩飾他，以養其德養。

王者以仁善外，還要重視賞罰分明，奸民不敢為惡，官吏不敢舞弊，
國家方能導入正軌。《荀子·富國》云：

> 然後眾人徒，備官職，漸慶賞，嚴刑罰，以戒其心。使天下生民之
> 屬，皆知己之所願欲之舉在是于也，故其賞行；皆知己之所畏恐之
> 舉在是于也，故其罰威。賞行罰威，則賢者可得而進也，不肖者可
> 得而退也，能不能可得而官也。若是則萬物得宜，事變得應，上得
> 天時，下得地利，中得人和，則財貨渾渾如泉源，汸汸如河海，暴
> 暴如丘山，不時焚燒，無所臧之，夫天下何患乎不足也？[140]

多用僕役，完備各種官吏，並用漸進之賞賜，嚴厲之刑罰，使人心知其警
惕。使天下百姓，皆知君王之願望就在於此。故賞賜發揮勸善之作用；同

---

139 王先謙：《荀子集解·富國》卷6第10，頁117。

140 王先謙：《荀子集解·富國》卷6第10，頁121。

時，使天下百姓，皆知君王之恐懼就在於此。故懲罰發揮威嚇作用，以獎賞勸善，以懲罰威嚇，則賢人得以進用，不肖者可得以退卻，能者與不能者皆可為官。則萬物各得其宜，有變亂之事，得以應對，上得天時，下得地利，中得人和，財貨渾渾然如泉源之水流出，滂然如河海之水，卒起如丘山，隨時會焚燒，無處收藏，夫天下何必憂慮不足呢？

　　觀察國之治亂，是看朝廷是否重視禮儀進行之節奏。《荀子・富國》云：

> 觀國之治亂臧否……。其耕者樂田，其戰士安難，其百吏好法，其朝廷隆禮，其卿相調議，是治國已。觀其朝廷，則其貴者賢；觀其官職，則其治者能；……凡主相臣下百吏之屬，其於貨財取與計數也，寬饒簡易；其於禮義節奏也，陵謹盡察，是榮國已。[141]

國家之治亂善惡，其耕者樂於農事，戰士安於危難，百官喜好依法治理，朝廷崇隆禮法，卿相協調商議，是平治之國。觀察朝廷，尊貴者賢能；觀察官職，治事者有才能。凡是君主，相、臣下、百官等，對於財貨之取與，寬厚簡易；對於禮義進行之節奏，嚴謹明察，是尊榮之國。國家之強弱貧富，是觀察朝廷是否重視隆禮、愛民、刑賞、制數、度量、開源節流等。《荀子・富國》云：

> 觀國之強弱貧富有徵：上不隆禮則兵弱，上不愛民則兵弱，已諾不信則兵弱，慶賞不漸則兵弱，將率不能則兵弱。上好功則國貧，上好利則國貧，士大夫眾則國貧，工商眾則國貧，無制數度量則國貧。下貧則上貧，下富則上富。故田野縣鄙者，財之本也；垣窌倉廩者，財之末也。百姓時和，事業得敘者，貨之源也；等賦府庫者，貨之流也。故明主必謹養其和，節其流，開其源，而時斟酌焉。潢然使天下必有餘，而上不憂不足。如是，則上下俱富，交無

141　王先謙：《荀子集解・富國》卷6第10，頁124-125。

　　所藏之。是知國計之極也。[142]

觀察國家之強弱與貧富，有其徵兆可循。在上位者不重隆禮法則兵弱，不
愛恤百姓則兵弱，不守信諾則兵弱，賞罰不漸興善止弊則兵弱，將帥無能
則兵弱。又在上位者好功利則國貧，士大夫冗多則國貧，財物無衡量之標
準則國貧。民貧則國貧，國貧則民貧，故田野縣邑，可生產糧穀，是國家
財政之根本；政府存糧之倉窖，是財政之末節。國家時和歲豐，農事得依
時序生產，是財貨之根源；民中依差等徵稅，儲藏府庫，是財貨之末流。
故明主必謹養天和，減省財用，開發財源，時常考慮這些國家大政。混然
如大水一般，使天下糧穀有剩餘。而君主不憂慮不足。如此，君民俱富，
糧時多到無處收藏，是國家財政之大計。
　　國家財政充裕，就須全國同心協力，充實國力，使敵國不敢侵犯，國
家才能長治久安。《荀子・富國》云：

> 明君……必將脩禮以齊朝，正法以齊官，平政以齊民；然後節奏齊
> 於朝，百事齊於官，眾庶齊於下。如是，則近者競親，遠方致願，
> 上下一心，三軍同力，名聲足以暴炙之，威強足以捶笞之。拱揖指
> 揮，而強暴之國莫不趨使，譬之是猶烏獲與焦僥搏也。[143]

聖明之君必須要修治禮義，以齊一朝廷；端正法令，以齊一官吏；君平之
政治，以齊一人民。然後朝廷推動政事齊一節奏，官吏辦理各種政事一
致，人民也齊一於君王之下。如此，鄰近之國境鄉親附，遠方之國亦表達
傾慕之願。君民同心，三軍同力，名聲煊赫，足以熾盛天下，威勢強大，
足以鞭笞天下。聖君從容指揮，使強暴之國，莫不供我驅使，譬如秦之力
士與三尺矮人焦僥搏鬥，強弱已知。《荀子・議兵》亦云：

---

[142]　王先謙：《荀子集解・富國》卷 6 第 10，頁 126。

[143]　王先謙：《荀子集解・富國》卷 6 第 10，頁 130。

> 禮者、治辨之極也，強國之本也，威行之道也，功名之總也。王公
> 由之所以得天下也，不由所以隕社稷也。故堅甲利兵不足以為勝，
> 高城深池不足以為固，嚴令繁刑不足以為威。由其道則行，不由其
> 道則廢。[144]

荀子以為禮是治國之準則，是國家強固之根本，是威勢推行之方法，也是功名之總稱。王公治國，由禮而得天下；不由禮而失去天下。故堅甲利兵不足以稱為勝利，高城深池不足以為堅固，嚴令繁刑不足以為威行於天下。循禮義治國，則甲兵、城池、令刑發揮作用；不循禮義，則甲兵、城池、令刑失去作用。故禮義方是富國之根本。

　　在經濟思想方面，承襲儒家「省刑罰，薄稅斂」的立場，主張「存富於民」，反對橫征暴斂，從而妨害生產。他說：

> 輕田野之稅，平關市之征，省商賈之數，罕興力役，無奪農時。如
> 是則足國富矣！夫是之謂以正裕民。[145]

在荀子心目中，無論是官員還是普通百姓，都必須做到「富則施廣，貧則節用」把「富有天下而無怨財，布施天下而不病貧」[146]，作為自己富國裕民的理想追求目標。

二、荀子強兵之道

　　在戰國之時，諸侯爭強於中原，富國攸關國力之強弱，但富國仍不足以宰制各國，因此強兵之策，亦甚重要。俗云：弱國無強兵，在國家富足之後，如何具有一支強大之兵力，甚為重要。《論語‧顏淵》云：

144　王先謙：《荀子集解‧議兵》卷 10 第 15，頁 186-187。

145　王先謙：《荀子集解‧富國》卷 6 第 10，頁 115-116。

146　王先謙：《荀子集解‧哀公》卷 20 第 30，頁 355。

子貢問政。子曰：「足食，足兵，民信之矣。」子貢曰：「必不得
已而去，於斯三者何先？」曰：「去兵。」子貢曰：「必不得已而
去，於斯二者何先？」曰：「去食。自古皆有死，民無信不立。」
[147]

孔子認為足食足兵為治國最重要之兩件。足食是富國，足兵是強國。《論
語・顏淵》又云：「子曰：『善人教民七年，亦可以即戎矣。』」善人在
位，教導民眾七年，就可讓他們參與戰事。可見治國不僅是一般行政工
作，還要教民軍事作戰之事。因為一個國家，一定要足夠之武力，安內攘
外，保家衛國。孟子強調用兵應行王道。《孟子・離婁》云：「我能謂君
約與國，戰必克。今之所謂良臣，古之所謂民賊也。」《管子・參患》亦
云：「兵者，外以誅暴，內以禁邪。故兵者尊主安國之經也，不可廢
也。」管仲更說明用兵是誅殺外來暴亂之敵人，也禁止國內邪僻謀逆之奸
人。所以示尊崇君主，安定邦國之大道，不可偏廢。

　　荀子主張戰爭乎仁義。提出「仁人之兵」一詞，與孟子「仁者無敵」
之說相似。《荀子・議兵》云：

臨武君與孫卿子議兵於趙孝成王前，王曰：請問兵要？臨武君對
曰：上得天時，下得地利，觀敵之變動，後之發，先之至，此用兵
之要術也。孫卿子曰：不然！臣所聞古之道，凡用兵攻戰之本，在
乎壹民。弓矢不調，則羿不能以中微；六馬不和，則造父不能以致
遠；士民不親附，則湯武不能以必勝也。故善附民者，是乃善用兵
者也。故兵要在乎善附民而已。臨武君曰：不然。兵之所貴者勢利
也，所行者變詐也。善用兵者，感忽悠闇，莫知其所從出。孫吳用
之無敵於天下，豈必待附民哉！孫卿子曰：不然。臣之所道，仁者
之兵，王者之志也。君之所貴，權謀勢利也；所行，攻奪變詐也；
諸侯之事也。仁人之兵，不可詐也；彼可詐者，怠慢者也，路亶者

也，君臣上下之間，滑然有離德者也。故以桀詐桀，猶巧拙有幸焉。以桀詐堯，譬之：若以卵投石，以指撓沸；若赴水火，入焉焦沒耳。故仁人上下，百將一心，三軍同力；臣之於君也，下之於上也，若子之事父，弟之事兄，若手臂之扞頭目而覆胷腹也，詐而襲之，與先驚而後擊之，一也。且仁人之用十里之國，則將有百里之聽；用百里之國，則將有千里之聽；用千里之國，則將有四海之聽，必將聰明警戒和傳而一。故仁人之兵，聚則成卒，散則成列，延則若莫邪之長刃，嬰之者斷；兌則若莫邪之利鋒，當之者潰，圜居而方止，則若盤石然，觸之者角摧，案角鹿埵隴種東籠而退耳。且夫暴國之君，將誰與至哉？彼其所與至者，必其民也，而其民之親我歡若父母，其好我芬若椒蘭，彼反顧其上，則若灼黥，若仇讎；人之情，雖桀跖，豈又肯為其所惡，賊其所好者哉！是猶使人之子孫自賊其父母也，彼必將來告之，夫又何可詐也！故仁人用國日明，諸侯先順者安，後順者危，慮敵之者削，反之者亡。[148]

此段敘述荀子與臨武君在趙孝成王前議兵，荀子與臨武君都提出許多對用兵之見解，臨武君言及用兵之要術，是「上得天時，下得地利，觀敵之變動，後之發，先之至。」[149]此在現代軍事上，亦是重要之觀念。孟子曾提及「天時不如地利，地利不如人和。」比臨武君更為深入。「觀敵之變動」，是觀察敵情，亦甚重要。所謂知己知彼，百戰百勝，即是言此。後發先至，是言時間與速度之重要性。一般言之，戰爭貴先發制人，後發制於人。但能利用各種方法，達到後發先至之目的，將是戰勝之重要因素。

荀子提出「壹民」之看法，認為用兵作戰之方法在齊一人民。也就是要人民親附，親附人民才能得民心，得民心才能親愛其君，而願意為國效命。臨武君又提出「兵之所貴者埶利也，所行者變詐也。善用兵者，感忽悠闇，莫知其所從出。」[150]認為用兵要乘勢爭利，所行者在權謀變詐。善

---

[148] 王先謙：《荀子集解‧議兵》卷 10 第 15，頁 176-179。

[149] 王先謙：《荀子集解‧議兵》卷 10 第 15，頁 176。

[150] 王先謙：《荀子集解‧議兵》卷 10 第 15，頁 176。

用兵者，行軍迅速神秘，使敵人不知從何而來。此屬戰術範圍，戰術包括戰陣之使用，士卒之調動，地形之勘查，戰略之部署，糧食之補給等，與荀子「仁人之兵」不同。荀子認為：

> 仁者之兵，王者之志也……仁人之兵，不可詐也……故仁人上下，百將一心，三軍同力；臣之於君也，下之於上也，若子之事父，弟之事兄……仁人之用十里之國，則將有百里之聽……用百里之國，則將有千里之聽；用千里之國，則將有四海之聽，必將聰明警戒和傳而一……故仁人之兵，聚則成卒，散則成列，延則若莫邪之長刃，嬰之者斷；兌則若莫邪之利鋒，當之者潰，圜居而方止，則若盤石然，觸之者角摧，案角鹿埵隴種東籠而退耳……故仁人用國日明，諸侯先順者安，後順者危，慮敵之者削，反之者亡。[151]

以上共五次提及仁人或仁人之兵，百將一心，有仁者無敵之意。因為仁君愛民，四海歸心，且士卒訓練有素，聚集則部伍整齊，散開則行列森然，出兵時，無人可觸其鋒芒，故可謂仁者無敵也。荀子又向孝成王、臨武君敘述亡者之兵，使用何種方略？荀子有提出「隆禮貴義」是用兵強弱之根源。《荀子・議兵》云：

> 君賢者其國治，君不能者其國亂；隆禮貴義者其國治，簡禮賤義者其國亂；治者強，亂者弱，是強弱之本也。……隆禮效功，上也；重祿貴節，次也；上功賤節，下也，是強弱之凡也。好士者強，不好士者弱；愛民者強，不愛民者弱；政令信者強，政令不信者弱；民齊者強，民不齊者弱；賞重者強，賞輕者弱；刑威者強，刑侮者弱；械用兵革攻完便利者強，械用兵革窳楛不便利者弱。重用兵者

---

151 王先謙：《荀子集解・議兵》卷 10 第 15，頁 177-179。

強，輕用兵者弱；權出一者強，權出二者弱，是強弱之常也。[152]

荀子認為君主賢能則國治，君主無能則國亂。君主隆禮貴義則國治，簡禮賤義則國亂；國治則兵強，國亂則兵弱，是兵強弱之根本。隆禮義，驗功效，最上等；重祿位，貴忠節，次等；尚功利，輕忠節，下等。此為用兵強弱之大致情形；好賢士者兵強，不好賢士者兵弱；愛民者兵強，不愛民者兵弱；政令使民信者兵強，政令不信於民者兵弱；人民與政府齊心協力者兵強，不能齊心協力者兵弱；獎賞重者兵強，獎賞輕者兵弱；刑當其罪，使民威服者兵強，刑罰不當，使民輕侮者兵弱；器械兵革堅固便利者兵強，器械兵革爛惡不便者兵弱。慎重用兵者強，輕忽用兵者弱；權力出一者兵強，權力出二者兵弱，此為兵力強弱之常道。

　　《荀子・議兵》中，弟子陳囂問孫卿議兵，常以仁義為本；仁者愛人，義者循理，何以要用兵？用兵是爭奪之事，與仁義有何關係？荀子曰：

　　　　彼仁者愛人，愛人故惡人之害之也；義者循理，循理故惡人之亂之也。彼兵者所以禁暴除害也，非爭奪也。故仁人之兵，所存者神，所過者化，若時雨之降，莫不說喜。是以堯伐驩兜，舜伐有苗，禹伐共工，湯伐有夏，文王伐崇，武王伐紂，此四帝兩王，皆以仁義之兵，行於天下也。故近者親其善，遠方慕其德，兵不血刃，遠邇來服，德盛於此，施及四極。[153]

用兵是為禁暴除害，並非爭奪。仁義之兵，所存在之處如神明，所經過之處，若及時雨降臨，莫不順從歸化，無不喜悅。因此堯伐驩兜，舜伐三苗，禹伐共工，湯伐夏桀，文王伐崇國，武王伐商紂，此四帝兩王，皆以仁義之兵，行之於天下。鄰近之國，親愛其善行；遠方之國，仰慕其仁

152　王先謙：《荀子集解・議兵》卷10第15，頁179-180。

153　王先謙：《荀子集解・議兵》卷10第15，頁185-186。

德。兵器不殺人，遠近之人，都來順服。德化美盛其國，也擴其四方極遠
之地。

弟子李斯問孫卿，秦四世有勝，兵強海內，威行諸侯，非以仁義為
之。荀子曰：

> 彼仁義者，所以脩政者也；政脩則民親其上，樂其君而輕為之死。
> 故曰：凡在於軍，將率末事也。秦四世有勝，諰諰然常恐天下之一
> 合而軋己也，此所謂末世之兵，未有本統也。故湯之放桀也，非其
> 逐之鳴條之時也；武王之誅紂也，非以甲子之朝而後勝之也，皆前
> 行素脩也，所謂仁義之兵也。今女不求之於本，而索之於末，此世
> 之所以亂也。[154]

荀子認為以仁義修政，人民會親附其上，樂愛君主，願為其君效命。在軍
事上，選擇將帥並非要事。秦四世自惠文王、武王、昭襄王、秦始皇，雖
常戰勝，但怕天下各國聯合起來攻擊他。就是不講根本，不能持久。湯放
夏桀於鳴條，武王誅殺商紂，不是看結果，而是看平素是否修仁義之政。
所以仁義才是用兵之根本。

---

[154] 王先謙：《荀子集解・議兵》卷 10 第 15，頁 186。

第六章　荀子與孔子、孟子天人思想之比較

　　儒家所談之天，乃是屬於與人相關的天，乃是人生存於其中的宇宙，而不是與人無關的純粹的客觀宇宙。孟子認為人性善，由人性善推論出天道誠，把天義理化、價值化，建構了義理之天，以義理之天為人的安身立命之地，為道德價值的形而上的終極依據。荀子的天是以道家天道的自然觀念來充實儒家之天，因而把儒家之天從內在心性中客觀轉化為外在的自然物象，把儒學的倫理哲學奠定在天道自然的哲學基礎上，重視實用價值，故天與人之道德生命毫無關係，是以荀子不以天道與人之性命相貫串，更倡以人力制用自然，自然界有其自身的運行規律，不以人類政治生活中的治亂為轉移，人應與自然相互作用而存在，並協調自然以為己用。

　　至於孟荀心性論的比較，孟荀皆重仁誠，而孟子透過踐仁，實行仁與善，荀子在其著作中常引詩書，主張隆禮義而殺詩書，以「禮」作為人禽分辨之標準，而孔孟則以「仁」為人禽之大別者不同。孔孟透過仁德上契於天道；以誠心上配天命，天人融攝物我，荀子以禮為中心，否定人有先天道德心，人之行善，受聖人與禮法之教化影響，孟子的人心，乃道德意識心，荀子所說的人心是重知識的認知心，以荀子而言，有知善知惡的能力，未必具有行善避惡的動力，這是孟荀之不同。

第一節　對天生萬物之本體論比較

　　若從本體論之角度觀察，荀子認為天地人物都有氣，氣是自然之氣，人之為天下之貴，乃是有氣有生有知亦且有義，荀子對天生萬物之觀念，是將天視為自然之天，天之職分是生養萬物，人之職分在治理萬物，天人

各有其職分，故屬天人相分之狀態，天是無意志的天，天道不干預人事，強調「治亂非天也」、「治亂非時也」，社會的治亂完全在於人為，與天無關。天道，不干預人事，強調「治亂非天也」、「治亂非時也」。

孔子的天以倡敬天、畏天，相信天命。在孟子那裡，「天」或「天命」是決定一切事物發展的不可抗拒的力量和必然性。在此意義上，「天」是「主宰之天」和「命運之天」，天的意志對於天來講，是所謂「天命」。在孟子那裡「天、命」二者並稱。孟子認為仁義禮智先天而生，性善出自天命，他主張盡性知天，性善的實現即是天命之善的完成。從此處看，孟子是主張性、命合一的。所以，通過盡心知性的功夫溯源而上就可達到認識天，即「知天」。認識了天，再經過存心養性，則可達到行事符合天的階段，即「事天」，存其心，養其性，對於個人而言，雖然命不可，但人還是要盡心知性知天，存心養性事天，最後等待天命的安排，這就是安身立命的方法，即「立命」。至此，就達到了上下與天地同流的天人合一境界。在這樣的境界裡，萬物皆備於我矣，反身而誠樂莫大焉；強恕而行，求仁莫近焉。

在孔子那裡，天道大致有四種內涵分別是自然之天、主宰之天、命運之天及道德之天。無論哪種理解，天都沒有陰陽色彩，孔子說天地不言而萬物生成[1]。但他並未明言萬物生成的媒介。孟子說：「夫志，氣之帥也，氣體之充也。」[2]在孟子看來，氣並非一種客觀物質的存在，而是指血氣、情氣，孟子將此含義為人體內部的浩然之氣。孟子言義理之天，以性為天之所賦，是人性與天性相契，孟子對天之態度由外轉為內在的明誠，即由敬天、畏天，轉化為事天、樂天，義理之天，而不重畏天之威。

儒家對生命之主張有所不同，孔子將生命歸之於天。《論語・堯曰》云：「孔子曰：『不知命，無以為君子也。』」[3]孔子五十而知天命，此天命之說，始於《詩經・大雅・大明》所云：「有命自天，命此文王。」[4]此

---

[1] 《論語注疏・陽貨》：子曰：「天何言哉？四時行焉，百物生焉。天何言哉？」頁157。
[2] 《孟子注疏・公孫丑上》，頁54。
[3] 《論語注疏・堯曰》，頁180。
[4] 《毛詩正義・大雅・大明》，頁542。

天命不僅是個人之生死、壽夭，也包含國家之命運、存亡。孟子對生命之看法，在《離婁上》云：

> 天下有道，小德役大德，小賢役大賢；天下無道，小役大，弱役強。斯二者，天也。順天者存，逆天者亡。[5]

孟子認為，天下處於以道德治國之時，大德者樂於處下，故小德可以使喚大德，小賢可以使喚大賢；天下敗亂之時，禮樂崩壞，諸侯崇尚武力，不尊王道，弱小者役使強大者，少數以霸道役使眾人。兩種情況都是天命，但是順從天道者得以存在，違背天道者招致滅亡，卻是不變之道理。由此可知，孔、孟都相信天命，非人力可以扭轉。

　　然而《荀子·正名》則云：「性傷謂之病，節遇謂之命」[6]將「命」規定為現實生活中的具體境遇，「命」不再是主宰個人和社會的力量，是偶然而毫無原因的。又強調：「人之命在天」；「知命者不怨天」，這是荀子承認人有天定的命運，人應當知命而不怨。這是針對戰國時期以治亂由天所定而不知反求諸己，力求進取所提出之流弊，荀子勸導時人不應一味求之於天，應當在節遇之命中盡人事，認識天人之分，天不能主宰人，還要充分認識到人的力量，認為只要發揮人類臺體的力量，就能順應與利用自然，甚至「制天命而用之」[7]。荀子重視自然規律的客觀存在，又強調了人的主觀能動性，主張天、命的自然性，而賦予生命主體意志活動的自由，尊重自然、珍惜生命。人的欲望與生命存在息息相關[8]，這些欲望維持人的生命存在基礎。除此外，荀子主張「節用裕民」[9]。〈正名〉也云：以

5　《孟子注疏·離婁上》，頁127。

6　《荀子新注》：節遇：偶然的遭遇。這句的意思是：偶然的遭遇叫做命運。荀子對「命」的解釋是和孔孟的「天命」觀不同的。（臺北市：里仁書局，1983年11月），頁440。王先謙：《荀子集解·正名》卷16第22註解：「節，時也。當時所遇謂之命，命者如天所命然。」，頁275。

7　王先謙：《荀子集解·天論》卷11第17，頁211。

8　王先謙：《荀子集解·榮辱》卷2第4：「凡人有所一同，饑而欲食，寒而欲煖，勞而欲息，好利而惡害，是人之所生而有也，是無待而然者也，是禹桀所同也。」，頁39。

9　王先謙：《荀子集解·富國》卷6第10：「足國之道，節用裕民，而善藏其餘。」，頁114。

義制利，在〈富國〉引〈康誥〉曰：「弘覆乎天，若德裕乃身」[10]，以義
導利，滿足人們正當的利益欲求，這種觀點表現對生命存在的感性需要與
欲望滿足，與孔孟「寡欲說」[11]截然不同。

由於孔孟對性的理解不同，因而對人的生命的理解也有區別，誠如陳
光連說：「孔孟以德為性，心存善性，把天命性心四者貫穿起來，洞察生
命的內涵及其意義，命承天德，命在性中，人當循天道，與人事合而為
一，賦予生命更多道德責任與歷史使命。」[12]

第二節　孟荀人性論之比較

孟荀對於「性」的主張各不相同，孟子主性善，荀子主性惡。荀子以
「欲」為性，是以官能欲望的性而言，但感官能力的欲望，順是，就會產
生流弊而有「惡」的行為，因為「惡」的結果，需要外在的師法與禮義規
範來成「善」。但是孟子的性是排除人的生理欲求，孟子認為這些生理欲
求的性，不能由自身決定，是求之有道，得之有命。只有仁義禮智聖可以
由自身決定，並且成為人之所以為人的價值。因此孟子的性指的是仁義禮
智聖，即所謂的四端，具有四端的心，就有成「聖」的能力。孟子的性善
論根於心善，荀子的善是外在的人為，即「善者偽也」。荀子「性惡論」
的主張，在當時社會背景下比孟子更具積極意義。

一、孟荀對「性」定義之不同

孟子與荀子是繼承孔子以後，儒家重要的代表人物，兩人都受到孔子

10　王先謙：《荀子集解・富國》卷6第10，頁115。

11　《孟子・盡心章句下》：「養心莫善於寡欲，其為人也寡欲，雖有不存焉者，寡矣；其為人也多
　　欲，雖有存焉者，寡矣。」，頁261。

12　陳光連：〈荀子生命觀探析──兼論對孔子、老莊的批判融通〉，安徽省：《道德與文明》，2008
　　年第1期，頁60。

人學思想的影響，但在人性論上的基本觀點上，卻有很大的歧異。儒家對人性的善惡是以道德的存在作為評斷的標準。孟子道性善，荀子講性惡，孟子的性善從人「可以為善」為核心，從產生善的內在根源，來實現善的能力，孟子曰：「可欲之謂善」[13]，此「可欲」[14]乃是「仁義禮智聖」之「性」。荀子談到「可欲」則言：

> 欲惡取舍之權：見其可欲也，則必前後慮其可惡也者；見其可利也，則必前後慮其可害也者，而兼權之，孰計之，然後定其欲惡取舍。如是則常不失陷矣。凡人之患，偏傷之也。見其可欲也，則不慮其可惡也者；見其可利也，則不顧其可害也者。是以動則必陷，為則必辱，是偏傷之患也。[15]

由上可知，「可」是一種價值判斷，欲望的念頭湧現時，心的認知則有權衡、思慮、取捨的判斷標準，偏傷之徒見「可利」，就喪失價值判斷的標準而為惡。也因為這「惡」的結果，才要成善（禮義），這是從「成善的結果」來「說善」。荀子認為人之所以為人，以聖人所定的「禮義」為善來化性起偽，才能積善成聖。孟子所講的善是道德之性，是「人之所以為人」[16]的「性」，是人所以為善的能力，是人異於禽獸幾希[17]。又說：「人之有道也，飽食、煖衣、逸居而無教，則近於禽獸」[18]這是說明人只追求感官欲望與禽獸無異，只有追求道德的完善，才是真正成為「人的價值」。他進一步說：

---

[13] 《孟子注疏・盡心章句下》，頁254。

[14] 趙岐注：「己之可欲，乃使人欲之，是為善人，己所不欲，勿施於人也。有之於己，乃謂人有之，是為信人。」《孟子注疏・盡心章句下》，頁254。

[15] 王先謙：《荀子集解・不苟》卷2第4，頁31-32。

[16] 阮元：《十三經注疏・禮記・冠義》：「凡人之所以為人者，禮義也。」（臺北市：藝文印書館，2011年12月），頁998。

[17] 《孟子注疏・離婁下》：「人之所以異於禽獸幾希，庶民去之，君子存之。」，頁145。

[18] 《孟子注疏・滕文公上》，頁98。

> 口之於味也，目之於色也，耳之於聲也，鼻之於臭也，四肢之於安
> 佚也，性也。有命焉，君子不謂性也。仁之於父子也，義之於君臣
> 也，禮之於賓主也，知之於賢者也，聖人之於天道也，命也。有性
> 焉，君子不謂命也。[19]

《孟子·盡心上》亦云：

> 求則得之，舍則失之，是求有益於得也；求在我者也。求之有道，
> 得之有命，是求無益於得也；求在外者也。[20]

《孟子·告子上》云：

> 仁義禮智，非由外鑠我也，我固有之也，弗思耳矣。故曰：「求則
> 得之，舍則失之。」或相倍蓰而無算者，不能盡其才者也。[21]

　　孟子認為口、目、耳、鼻、四肢是人的生理基本的欲求，但聲、色、
味、臭這些生理需求並不能有人自身決定，是求無益於得也，求在外者
也，是命。而「仁義禮智聖」是本於天，是有道德價值，是「性」，這是
因其為人心「可欲」、「可求」的，這是孟子所言的惻隱之心、羞惡之
心、辭讓之心、是非之心。由此觀之，「仁義禮智聖」的根源為「心」，
心能將「仁義禮智」擴充到底，就可以「足以保四海」，通過盡心知性知
天而達聖的境界。

　　荀子所講的性是「生之所以然的性」，人之所以為人者在於「有
辨」、「有分」、「有義」，亦即人要有道德。人與動物的區別在於「有
義」的認知方面，孟荀的觀點是一致的。荀子「生之所以然的性」是不可

---

[19]　《孟子注疏·盡心章句下》，頁 253。

[20]　《孟子注疏·盡心章句上》，頁 229。

[21]　《孟子注疏·告子章句上》，頁 195。

學，不可事的，是無待而然的，這種耳目之欲求與好聲色焉，是屬於自然而發的官能欲望，使人發生爭奪，是惡的結果。也是人性的定義，與孟子將人的道德屬性定義為人性不同。人性被孟子和荀子賦予了不同含義。孟子直接從道德本心推出人性的道德性，進而明確主張性善論。孟子云：

> 人之所以不學而能者，其良能也；所不慮而知者，其良知也。孩提之童無不知愛其親者，及其長也，無不知敬其兄也。親親，仁也，敬長，義也；無他，達之天下也。[22]

這裡良知、良能是心所具有的，它們是「不學而能」，「不慮而知」的，故而心之所發的本性也是「生而有之」。人人都有仁義的內在本質，那「聖人與我同類」，人皆可以為堯舜。」荀子批評孟子的性善論，認為人性的自然稟賦即有生存欲望和人對自己各種欲望的追求與滿足。這是人在現實生活中表現為人是趨利避害的行為。這種人的自然稟賦本無善惡，但荀子為何非說人性惡呢？荀子指人性為惡，是說若完全順從人性在現實生活中的作用影響，將會引起人與人之間的爭奪殘賊，導致社會混亂。

荀子所講的善是指「具體現實的善」，荀子的善指的是「正理平治」。

> 孟子曰：「人之性善。」曰：是不然。凡古今天下之所謂善者，正理平治也；所謂惡者，偏險悖亂也：是善惡之分也已。今誠以人之性固正理平治邪，則有惡用聖王，惡用禮義矣哉？雖有聖王禮義將曷加於正理平治也哉？[23]

「正理平治」是人能確實為善的結果，而「可以為善」，乃是人人具有「可以知仁義法正之質」和「可以能仁義法正之具」，但人要達到善就必

---

[22] 《孟子注疏‧盡心章句上》，頁 232。

[23] 王先謙：《荀子集解‧性惡》卷 17 第 23，頁 293。

須經歷後天「偽」的過程。因此，孟子和荀子雖然提出不同的的人性論，但是卻有共同的價值觀以「德」治理國家，荀子注重「經驗實踐論」，主張道德實踐，孟子注重「道德主體論」，重視本性自我價值，荀子重視社會化的體制和權威作用；孟子從根源上講善，而荀子乃是從現實經驗上講善。孟子性善論是指合乎內在的「禮義法度」，荀子的「善」是強調外在的「禮義法度」。孟子從源頭說性，荀子從人性的弊端來說性，最終都是為求「善」而努力，性善與性惡表面看似為相悖，兩者終究以成就人類道德之性，以成為「人之所以為人」之特性，實質上殊途同歸，並互相補充，目標一致。

二、孟子「心性合一」與荀子「心性二分法」不同

孟子所論之「心」[24]，是心性合一的道德的主體論。孟子所說的「心」是指道德良心，此道德良心存在於人的內在本性，亦即仁義禮智四端之心。那麼心如何有四端之心？孟子認為「心」是思維器官，提出「心之官則思」的觀念。他說：

> 耳目之官不思，而蔽於物；物交物，則引之而已矣。心之官則思，思則得之，不思則不得也。此天之所與我者。先立乎其大者，則其小者不能奪也。此為大人而已矣。[25]

在這裡，「心」具有認識能力，這個能力，也就是所謂的「良能」、「良知」。在這基礎上，「心」能產生兩種情感，一是「惻隱之心」，另一是「不忍之心」。因為「不忍之心」，所以能產生「不忍人之政」。這

---

[24] 蒙培元：《中國心性論》：「這個心，就是合情感、意志和知性而為一的主體意識……孔子所謂心，主要是在情感意志這個意義上使用的。……孔子只是提出道德主體論的基本思想，還沒有展開心性論的系統論述，孟子真正完成了這個任務。」(臺北市：臺灣學生書局，1990 年 4 月)，頁 25-28。

[25] 趙岐注・孫奭疏：《孟子注疏・告子章句上》，頁 204。

是人在倫理道德層面上所表達的真實情感和最直接的價值判斷。這種情感
與價值判斷的「心」成為人內在的道德價值源頭。是否具有仁義之心，也
是人之所以為人的本質存在。如果不能培養這種道德意識，就很容易「放
而失之」，所以必須自我存養，這種道德本心即是孟子性善論的依據。

荀子將心性分為兩層，荀子詮釋的「心」，是一種自然本性[26]和經驗
理智之心，所謂經驗理智之心，是指「心」對於客觀世界和人自身所具有
的認知能力，它能通過「理性思維」把握自然界的運行規律和人類社會的
變化發展規律。關於這種認知能力，荀子稱：「凡以知，人之性也；可以
知，物之理也。」[27]人生來就有認識的才質，客觀事物作為認識物件，其
存在和變化歷程中又有可被認知的理則。人的知性必須同客觀對象發生關
係，內外合一，才能有所知。如蒙培元所說的：「社會倫理是其客觀方
面，心知是其主觀方面，二者結合起來，就是人的真正本質。」[28]此社會
倫理指的是禮義，「認知的心」是「化性起偽」的理智論者，荀子「由智
識心」，是「道的主宰者」[29]，荀子所說的道是「禮義法度」，荀子的情
性是自然的心理情感，而不是道德情感，性是自然之性，孟荀在人性方面
都承認「生而具有」，但是不同之處也在這裡，即孟子主張「由人識
心」，心善即性善，認為性在心中，荀子主張性即是欲望，認為性在身，
心、性並不是合一，人應按其自然本性去發展，由「認知心」按照「禮義
法度」去改造自己的性惡。心知道，然後可道；可道，然後能守道以禁非
道。

人之性惡，屬情性利欲之惡，必須以師法匡正，即先王制定禮法，然
後治理，亦即以禮義、法度，以矯飾人之情性，化惡為善。人能化除惡性
之後，心之認知非常重要。心如何接受禮義法度，《荀子・解蔽》云：

---

[26] 指的是人的生理和心理的自然素質。如〈禮論〉：「性者，本始材朴也。」，頁 243。〈正名〉：
「生之所以然者，謂之性。性之和所生，精合感應，不事自然，謂之性。」，頁 274。

[27] 王先謙：《荀子集解・解蔽》卷 15 第 21，頁 270。

[28] 蒙培元：《中國心性論》：「人的社會倫理通過心知，轉化為人的內在本質，即內化為人的本質存
在，這就是人之所以為人者，也就是荀子所說的『化性起偽』。」，頁 85。

[29] 王先謙：《荀子集解・正名》：「心也者，道之工宰也。」，頁 281。

> 心者，形之君也，而神明之主也。出令而無所受令，自禁也，自使
> 也，自奪也，自取也，自行也，自止也。故口可劫而使墨云，形可
> 劫而使詘申，心不可劫而使易意，是之則受，非之則辭。[30]

心是形體之君，是天君，也是精神、意識之主宰，心是無法藉外力變更意
志，可以自由地進行選擇和一切活動，這不僅指認是活動，而且是認知理
性的意志行為，心的徵知能力，認為對的就接受，不對的就拒絕。荀子雖
提倡「性惡論」，把倫理道德是為外在的價值原則，但他和孟子一樣，
「人人皆可為聖人」[31]、「人人皆可以為堯舜」[32]。荀子也說：「塗之人可
以為禹」，荀子認為聖人不是天生的，而是靠學習積累而形成的，他強調
主體的認識能力和實踐能力，「強調自我改造，不是自我實現。」[33]荀子
和孟子雖然提出了不同的人性論，但是卻有仁、義、禮相同的價值觀，只
是孟子將人的情感意識，轉化為內在的自我價值，荀子將它改造為客觀性
的外在作用，強調禮制規範。

第三節　孔孟荀「禮」之比較

「禮」是孔子思想體系中的核心觀念，孔子的禮，指的是周禮，主張
損益周禮[34]，孔子處春秋末期，禮樂崩壞，孔子認為，夏禮、殷禮、周禮
本身是因革損益而來，禮是相對的，它隨社會形態的變化而改易其內容，
不斷發展、變化的過程。在孔子看来，禮是一種規範人們行為的禮儀制
度，其最大的功能和作用，乃是調整人與人之間的關係，使之和諧有序，

---

30 王先謙：《荀子集解・解蔽》卷 15 第 21，頁 264。

31 《孟子注疏・告子章句上》：「聖人與我同類者。」，頁 196。

32 《孟子注疏・告子章句上》：「人皆可以為堯舜。」，頁 210。

33 蒙培元：《中國心性論》，頁 90。

34 《論語注疏・為政》：「子張問：『十世可知也？』子曰：『殷因於夏禮，所損益可知也；周因於
殷禮，所損益可知也。其或繼周者，雖百世可知也。」，頁 19。

即「禮之用，和為貴」，「禮」必以「仁」為其內在本質，以禮為外在表徵，提倡「為政以德」[35]的治世思想，主張由禮復仁，他說：

> 克己復禮為仁，一日克己復禮，天下歸仁焉。為仁由己，而由人乎哉？[36]

這是克制自己符合禮的要求，以仁為核心充實禮的內容，又說：

> 人而不仁，如禮何！人而不仁，如樂何！[37]

就是這個道理。孟子主要繼承孔子仁的思想，「以仁定義人」[38]，以禮定德，主張以仁義禮智信四種道德是先天的，端於人心，他說：「辭讓之心，禮之端也。」禮是以自身為依據，通過與其他人的互動，使自己與社會達到和諧有序；人要求外在的「禮」與內在的道德情感的要求相一致。由仁的道德原則推導出義。以仁為出發點，以「禮」為外在的形態，義則是調節「仁」，孟子還主張「禮」是變化的，「禮」要靠人的內心去把握、去衡量，而人的內在價值標準是隨著時代的發展而變化的。

　　《禮記·禮器》云：「禮，時為大」《禮記·樂記》也云：「王帝殊時，不相沿樂，三王異也，不相襲禮。」可見，孟子的禮便是由內心發出的，根據時代的不同標準，權衡以達到「中道」的境界[39]。孟子以孔子仁學發展的同時，也對禮學進行了改造，即「禮為仁義之節文」[40]，仁是道德行為的基本原則，義是行為的價值標準，從禮這方面來看，孔孟思想是

---

[35] 《論語注疏·為政》：子曰：「為政以德，譬如北辰，居其所而眾星共之。」，頁16。

[36] 《論語注疏·顏淵》，頁106。

[37] 《論語注疏·八佾》，頁26。

[38] 《孟子注疏·告子章句上》：「仁，人心也。」，頁202。

[39] 《孟子注疏·盡心章句上》：「子莫執中，執中為近之，執中無權，猶執一也。」，頁239。

[40] 《孟子注疏·離婁章句上》：孟子曰：「仁之實，事親是也；義之實，從兄是也。智之實，知斯二者弗去是也；禮之實，節文斯二者是也。」，頁137。

一致的。

與孟子不同，荀子是主張性惡的，由此他提出了「制欲治亂說」。荀子認為，如果順著人性欲望的要求不加限制，就會爭奪悖亂不止，引起社會秩序的亂，因而需要靠禮的教化，改造人的本性，由惡變善。他在〈性惡〉中說：「古者聖王以人之性惡，以為偏險而不正，悖亂而不治，是以為之起禮義，制法度，以矯飾人之情性而正之，以擾化人之情性而導之也。使皆出於治，合於道者也。」[41]且著有〈禮論〉，充分論證了禮的起源。

由上分析，孔孟「禮」論與荀禮之間存在著共通之處，而荀禮是對孔禮的繼承與發展，自然也有其不同之處，最大的不同是孔孟「禮」論以「性善」為基礎，而荀禮以「性惡」為基礎；而禮在孔孟學說中是以「仁」為核心，「以仁復禮」在荀子學說中，是以「禮」為核心，「以仁釋禮」。孔子重「仁」，主張由「仁」及「禮」，強調培養個人的內在道德自覺，注重個人的品德修養，推己及人，自覺處理好人與人、個人與社會的關係，從而發揮道德的社會作用。「禮」是一種外在的道德規範和典章制度，指的是個人必須遵循的社會規範。荀子重「禮」，以「禮」為最高道德準則，也就是把個人與社會的關係放在首位，而把個人品德的修養放到從屬的地位，強調道德的作用主要是個人遵循社會規範，盡到社會義務，這是一種以社會為本位的倫理思想，荀子的關於「禮」 的看法是很務實的，比孟子的人性善更為深刻地看到人的社會羣體性。荀子肯定「人性之惡」，並認為這種惡的本性是無法通過自身努力加以改變的，必須靠「禮義教化」、「化性起偽」之作用，援法入禮，荀子的禮，較孔孟之禮偏重於法治，主張「禮法」要互相配合，才能解決社會發展過程中因「人性之惡」出現的各種紛爭，才能培養出人格高尚的「經國之才」，而達到民富國強之境界。

---

[41] 王先謙：《荀子集解・性惡》卷 17 第 23，頁 290。

第四節　孔孟荀喪祭思想比較

　　「禮」也是傳統社會個體安身立命的根本。蔡元培先生指出：「儒家認為，喪禮和祭禮（特別是祭祖宗），在禮中最為重要。」[42]孔子說：「不知命，無以為君子；不知禮，無以立也。」[43]《禮記・哀公問》：

> 民之所由生，禮為大。非禮無以節事天地之神也，非禮無以辨君臣、上下、長幼之位也，非禮無以別男女、父子、兄弟之親，昏姻疏數之交也。君子以此之為尊敬然。然後以其所能教百姓，不廢其會節。[44]

《禮記・禮運》曰：

> 故禮義也者，人之大端也，所以講信修睦而固人之肌膚之會，筋骸之束也。所以養生、送死、事鬼神之大端也。所以達天道、順人情之大竇也。[45]

由上可知，沒有禮無法節制從事祭禮天地神靈和分辨等級、親情關係，更是養生送死、敬事鬼神的主要內容，也是傳達天道、適順人情的重大訣竅。禮不僅是個人行為之規範，也是治國之工具，禮可以說是人道之極，與天之關係在《荀子・禮論》說明：

> 禮有三本，天地者，生之本也；先祖者，類之本也；君師者，治之本也。無天地，惡生？無先祖，惡出？無君師，惡治？三者偏亡，

---

[42]　蔡元培：《中國倫理學史》(北京：東方出版社，1996)，頁 176。

[43]　《論語注疏・堯曰》，頁 180。

[44]　《十三經注疏・禮記・哀公問》，頁 848。

[45]　《十三經注疏・禮記・禮運》，頁 439。

　　　　焉無安人。故禮，上事天，下事地，尊先祖，而隆君師。是禮之三
　　　　本也。[46]

荀子認為天帝是生養萬物之根本，祖先是人類族羣之根本，君師是制禮國
家之根本。無天地，何從生養？無祖先，何從出生？無君師，何從治理？
三者缺一，將無安寧可言。故禮者，上事天，下事地，尊崇祖先，敬重君
師，是禮之三本。由此可知，荀子將禮不僅與天地結合，且與祖先、君師
相關，禮之重要可知。荀子由禮之根本，推演出後人崇尚祭祀之原因，後
人之大饗，用以祭祀先祖；喪禮，以生者飾死者，即表現天人之重要關
係。

一、生死之禮與喪禮

（一）荀子主張生死並重，敬始慎終

　　荀子認為君子對生死之禮最為謹慎，主張生死並重。《荀子・禮論》
云：

　　　　禮者，謹於治生死者也。生，人之始也；死，人之終也；終始俱
　　　　善，人道畢矣。故君子敬始而慎終，終始如一，是君子之道，禮義
　　　　之文也。[47]

荀子認為禮在辦理養生送死之事上，非常謹嚴，生，是人生之開始；死，
是人生之終結。生死之禮，都達到美善，人生之道，盡在於此矣，故君子
在生時敬慎，死時謹慎盡哀。生死之事，終始如一，是君子之道，也是禮
義之文理。
　　君子處理生死之禮，不可以有厚生薄死之觀念，不僅是先王之道，也

---

[46] 王先謙：《荀子集解・禮論》卷13第19，頁233。

[47] 王先謙：《荀子集解・禮論》卷13第19，頁238。

是忠臣孝子之極致。《荀子・禮論》云：

> 夫厚其生而薄其死，是敬其有知而慢其無知也，是姦人之道而倍叛
> 之心也。君子以倍叛之心接臧穀，猶且羞之，而況以事其所隆親
> 乎！故死之為道也，一而不可得再復也，臣之所以致重其君，子之
> 所以致重其親，於是盡矣。[48]

荀子認為厚其生薄其死，是對在世者恭敬，而對往生者怠慢。是奸邪之人
處事之道，而有背叛之心，君子如有背叛之心，雖僕役由且感到羞恥。何
況是侍奉所隆親之君父！人生只有一次，不能再來一次。臣極重其君，子
極重其父，就止於此矣。

　　荀子認為喪禮是以哀痛崇敬的送死心情來表明死生之義。他說：「故
喪禮者，無他焉，明死生之義，送以哀敬。」[49] 因為天地、先祖和君師是
禮義的三大根本，其中，先祖作為族類的本源，尊重始祖也就成為道德之
始。自古孔、孟皆重視喪禮，墨子主薄葬，喪禮，是生人之道文飾死者，
荀子則依循孔、孟，有慎終追遠之意。《荀子・禮論》云：

> 喪禮之凡：變而飾，動而遠，久而平。故死之為道也，不飾則惡，
> 惡則不哀；尒則翫，翫則厭，厭則忘，忘則不敬。一朝而喪其嚴
> 親，而所以送葬之者，不哀不敬，則嫌於禽獸。[50]

荀子認為喪禮之原則，在人遇到生死之大變，必須加以文飾，隨喪禮之進
行，如小斂、大斂、殯葬等儀式，逐漸與亡者遠離。時間久後，內心之哀
傷逐漸平復。故死者之道，不文飾，就覺得粗惡；粗惡，就不會哀傷；死
者與人太近，就覺得玩狎；玩狎就會怠慢，怠慢就易忽忘，忽忘就不恭

---

[48]　王先謙：《荀子集解・禮論》卷 13 第 19，頁 238-239。
[49]　王先謙：《荀子集解・禮論》卷 13 第 19，頁 246。
[50]　王先謙：《荀子集解・禮論》卷 13 第 19，頁 241。

敬。如有一日喪亡尊親，而送葬者不哀不敬，則與禽獸何異？又說：

> 凡禮，事生，飾歡也；送死，飾哀也；祭祀，飾敬也；師旅，飾威也：是百王之所同，古今之所一也，未有知其所由來者也。[51]

《論語・為政》也說：

> 生，事之以禮；死，葬之以禮，祭之以禮。[52]

孔子認為生與死沒有區別，都要以禮相待。《論語・學而》也說：

> 慎終追遠，民德歸厚矣。[53]

所以荀子對待死亡的重視與敬慎，與孔子相同。喪葬祭祀要遵循等級劃分。《荀子・王制》曰：

> 君臣、父子、兄弟、夫婦，始則終，終則始，與天地同理，與萬世同久，夫是之謂大本。故喪祭、朝聘、師旅一也。[54]

荀子認為喪葬祭祀等禮儀，與君臣、父子、兄弟、夫妻之間的倫理關係一樣，其根本目的就在於明白上下之分。因此，荀子將「三年之喪」視為人間最完善、最隆重的禮義制度，是在於他認為：

---

[51] 王先謙：《荀子集解・禮論》卷 13 第 19，頁 245。

[52] 《論語注疏・為政》，頁 16。

[53] 《論語注疏・學而》，頁 7。

[54] 王先謙：《荀子集解・王制》卷 5 第 9，頁 104。

三年之喪何也？曰：稱情而立文，因以飾羣別親疏貴賤之節，而不可益損也，故曰無適不易之術也。[55]

又云：

故三年以為隆，緦、小功以為殺，期、九月以為間。上取象於天，下取象於地，中取則於人，人所以羣居和一之理盡矣。故三年之喪，人道之至文者也。夫是之謂至隆，是百王之所同，古今之所一也。[56]

荀子對於「三年之喪」不可益損，並用以區分親疏貴賤等級，孔子還進而主張「喪祭有度」，反對厚葬、隆喪和淫祀。孔子不僅強調三年之喪期不可縮減，同時也認為喪期不可增延，理由就是「先王制禮，過時弗舉，禮也。」這既符合他「喪祭有度」的精神，這是對死亡以禮待之的基本態度。孔子作為儒家學派的創始人，其喪祭思想對於後學的影響很大，就荀子的喪祭主張來說，與孔子契合。

（二）孔孟主張「生死有命，富貴在天」

《孟子・告子上》亦言：

生亦我所欲也，義亦我所欲也，二者不可得兼，捨身而取義者也。[57]

荀子在《荀子・正名》也云：

人之所欲，生甚矣；人之所惡，死甚矣；然而人有從生成死者，非

---

[55] 王先謙：《荀子集解・禮論》卷 13 第 19，頁 246-247。

[56] 王先謙：《荀子集解・禮論》卷 13 第 19，頁 248。

[57] 《孟子注疏・告子章句上》，頁 201。

不欲生而欲死也，不可以生而可以死也。[58]

這是指人對於生的欲望，是最迫切的，人對於死的厭惡是最強烈的，但是有人竟放棄生的希望而去死，這並不是不願意生而願意死，而是考慮到在某種情況下，不可以偷生而應該去死，人不欲生而欲死，應該是死得其所，死得無憾。因此，孔、孟、荀明確肯定，為了追求比生命更高價值、更大的欲求，犧牲生命也是值得。

荀子的生死觀追求人生「善始善終」的道義論的傾向。《荀子・禮論》言：

> 禮者，謹於治生死，生，人之始也；死，人之終也。始終俱善，人道畢也。[59]

禮是嚴謹的治辦人的生死，生是人生命的開始，死是人生命的終了；終始都治辦完美，人道就畢盡了，所以君子敬始而慎終，終始如一，才是君子之道。人不可苟生，亦不可徒死也，孔子曰：「君子疾沒世而名不稱焉」[60]、「君子創業垂統，為可繼也」[61]，君子怕死後沒有好的名聲，只求創立功業，垂於後世，君子在世，重視的是德是仁，而不是名聲，認為死的價值只在於生命的意義。荀子說：

> 水火有氣而無生，草木有生而無知，禽獸有知而無義，人有氣、有生、有知，亦且有義，故最為天下貴也。[62]

---

[58] 王先謙：《荀子集解・正名》卷 16 第 22，頁 284。

[59] 王先謙：《荀子集解・禮論》卷 13 第 19，頁 238。

[60] 《論語注疏・衛靈公》，頁 140。《論語正義》：「此章勸人脩德也疾猶病也。君子病其終世，而善名不稱也。」

[61] 《孟子注疏・梁惠王章句下》，頁 46。

[62] 王先謙：《荀子集解・王制》卷 5 第 9，頁 104。

人異於禽獸最重要是人有義，因為最為寶貴的生命，卻是有盡頭的，因為人之命在天，他認為人雖有好生惡死的本能，但卻有舍生求死者，其選擇死亡的理由是：

> 義之所在，不傾於權，不顧其利，舉國而與之不為改視。重死持義而不橈，是士君子之勇也。[63]

孔子認為人「死生有命，富貴在天」[64]又說，若「不知命，無以為君子也」孔子的這種生死觀，也同樣影響到了孟子。如孟子曰：「莫非命也」；「夭壽不貳，修身以俟之，所以立命也」[65]這是說人生一切際遇，或壽或夭，或禍或福，或困或達，都是由人之命決定，吾人只有「聽天由命」，安然順受，盡力仁義行，福即是珍惜生命之人生觀。

（三）荀子敬天尊祖的無神論主義

至於荀子對於鬼神，則是採無神論，他認為天不具有意志，天只是自然的天，因此，「日月、星辰、瑞曆，是禹桀之所同也；禹以治，桀以亂，治亂非天也」[66]、「夫星之隊、木之鳴，是天地之變，陰陽之化，物之罕至者也。怪之可也，而畏之非也。」[67]

天之怪現象，並非鬼魂作祟、神明預警是自然之道，鬼神信仰在社會的普遍存在，既然不能明令廢除，荀子主張將敬天祭祖納入禮文化的範圍。這種無鬼無神的觀念，是在孔子鬼神觀基礎上發展的。因為孔子對於鬼神，抱著「敬鬼神而遠之」[68]的態度，而本著「貴民」的思想，於喪祭之禮，孟子還強調君主要率先垂範，因為「君仁，莫不仁；君義，莫不

---

[63] 王先謙：《荀子集解・榮辱》卷2第4，頁35。

[64] 《論語注疏・顏淵》，頁106。

[65] 《孟子注疏・盡心章句上》，頁228。

[66] 王先謙：《荀子集解・天論》卷11第17，頁207。

[67] 王先謙：《荀子集解・天論》卷11第17，頁209。

[68] 《論語注疏・雍也》，頁54。

義；君正，莫不正。一正君而國定矣。」[69]

　　荀子強調自然界的運行有其自己的規律，不會因為堯之仁、桀之暴而存在或消亡，認為人世間的治亂，不能怨天、只能尤人，吉凶只在於治理措施是否合理，而百姓既存鬼神之俗，重視喪祭之禮也認知自然是應天而治的吉事。所以，儒家對於鬼神敬而遠之的態度，和對於民眾生命的愛惜，以及喪祭之禮的重視，符合當時「重民輕鬼神」、「重禮講道義」的主流，容易為時人所接受。儒家對於死亡的這些主張，主要在於維護最高統治者的權威和利益。儒家這種喪葬之禮主要是期許百姓能慎終追遠，以達到民德歸厚，穩定社會和諧的功用。

二、祭祀之禮

　　西周以後，祭祀之禮逐漸擺脫原始祭祀的宗教意義，而賦予道德屬性，有利於人類文明生存和發展的人或物，都是祭祀的對象，以「崇德報本」[70]為祭祀的基本原則，這是人們對神靈自然而然所產生感恩圖報的外發之情。這是通過祭祀的形式，讓人們返回人的自然本心。「禮有五經，莫重於祭。」[71]因此，祭祀是儒家禮義活動的重要內容，而祭禮則是儒家禮義文化的心。儒家祭祀的核心精神是出於內在仁德的「敬」，〈祭統〉說：

> 致其誠信，誠信之謂盡，盡之謂敬，敬盡然後可以事神明，此祭之道也。[72]

從個人而言祭也是孝子之道。祭者：「所以追養繼孝也」，孝子事親有三

---

[69] 《孟子注疏・離婁章句下》，頁143。

[70] 《十三經注疏・禮記・郊特牲》：「萬物本乎天，人本乎祖，此所以配上帝也。郊之祭也，大報本反始也。」，頁500。

[71] 《十三經注疏・禮記・祭統》，頁830。

[72] 《十三經注疏・禮記・祭統》，頁831。

道：生則養，沒則喪，喪畢則祭。祭祀活動中發自內心的敬，也是一切仁德的凝聚。因而儒家認為只有賢德者才配主祭。是故，唯賢者能盡祭之義。孔子並無否定鬼神的存在，他遵循周朝宗教的觀念輕鬼神，而重人文。孟子沒有明確表達對神的肯定，但是卻有人格神的思想。而《荀子‧禮論》也說：「祭祀，敬事其神也。」孔子對受祭對象具有明確的規定，即自己的祖先或對國家社會做出極大貢獻的聖賢、先烈。《論語‧為政》曾說：「非其鬼而祭之，諂也。」鬼指死去的人，這裡則指祭祀者過世的祖先。因此，每個人理應祭祀自己的祖先而不是別人的祖先。祭祀之禮可表現在兩方面：

（一）祭祀禮是心靈與情感的寄託：主要目的，是用潔淨豐盛的祭品敬拜神靈，並以誠敬的心，作為祭祀的根本。《禮記‧禮器》論道：

> 君子曰：祭祀不祈，不麾蚤，不樂葆大，不善嘉事，牲不及肥大，薦不美多品。[73]

這裡明確指出，祭祀不在於祭品的豐富和肥大，祭祀最重要的是鬼神饗德不饗味與祭祀者的恭敬之情。儒家重視祭祀，故先王為之立文，尊尊親親之義至矣。如果沒有祭祀禮，人們在情感方面就不能得到滿足，人的精神就沒有了寄託，禮也算不得完備，所以祭祀禮表達的是心意和思慕之情，它是忠信敬愛的最高表現。

（二）祭祀禮是生命意義與死亡意識的儀式表達。當祭祀還只是自發的宗教活動，並未被「禮」的系統涵蓋時，它就體現出了強烈的生命意義和死亡意識。因為祭祀活動的目的是祈福消災、愉悅神靈，人只有在自我覺知，認識到生命的存在和消逝的時候才會有如此功利的目的和做法。儘管如此，孔孟荀的喪祭思想，仍強調「喪祭有禮」，表現出了對於生命應有的尊重。死亡之禮，緣於人情而設，又對人情之特殊情況有所體察。面對有限而短暫的生命，孔孟荀珍愛自然生命和追求精神不朽的主張，正體

---

[73] 《十三經注疏‧禮記‧禮器》，頁 458。

驗著人類無處不在的的生命力。

《儀禮》、《禮記》中,有許多有關祭祀之篇章與論述,《左傳》中,亦多祭祀之記載,《詩經》中之〈頌〉,皆屬宗廟祭祀之詩歌,六經之文,不缺祭祀之文。荀子對祭祀,亦有其觀點。《荀子·禮論》云:

> 祭者、志意思慕之情也。愡詭唈僾而不能無時至焉。故人之歡欣和合之時,則夫忠臣孝子亦愡詭而有所至矣。彼其所至者,甚大動也;案屈然已,則其於志意之情者惆然不嗛,其於禮節者闕然不具。故先王案為之立文,尊尊親親之義至矣。[74]

荀子以為祭祀是表達志意及思慕之情。人情是最容易因變易而感動,心情憤鬱,但也不是不期而發。故人在歡欣和樂之時,忠臣孝子也會思念君親而感動。此種情感之變動,會極為強烈。心中空然,志意就會悵然不滿足,就是欠缺祭祀之禮。故先王創制祭祀之禮,就是將親父母、尊君主之意,表達盡致。

荀子又以為聖人明白祭祀之禮極為重要,故制定各種儀節,以表達為亡者哀慟之情。《荀子·禮論》云:

> 祭者、志意思慕之情也。忠信愛敬之至矣,禮節文貌之盛矣。苟非聖人,莫之能知也。聖人明知之,士君子安行之,官人以為守,百姓以成俗;其在君子以為人道也,其在百姓以為鬼事也。故鐘鼓管磬,琴瑟竽笙,韶夏護武,汋桓箾簡象,是君子之所以為愡詭其所喜樂之文也。齊衰、苴杖、居廬、食粥、席薪、枕塊,是君子之所以為愡詭其所哀痛之文也。……卜筮視日、齋戒、脩涂、几筵、饋薦、告祝,如或饗之。物取而皆祭之,如或嘗之。毋利舉爵,主人有尊,如或觴之。賓出,主人拜送,反易服,即位而哭,如或去之。哀夫!敬夫!事死如事生,事亡如事存,狀乎無形影,然而成文。[75]

---

74 王先謙:《荀子集解·禮論》卷 13 第 19,頁 249-250。

75 王先謙:《荀子集解·禮論》卷 13 第 19,頁 250-251。

荀子又說明祭祀是表達對亡者之志意及思慕之情。由祭禮之進行，忠信愛敬之情表達至極限，禮節文飾也極為隆盛。如非聖人，不能得知其精義。聖人知其精義，士君子也能安然行之，官吏以為職守，百姓成為風俗；君子以為是人道之當然，百姓以為是敬事鬼神。故以鐘鼓管磬，琴瑟竽笙等樂器，韶夏護武汋桓簫簡象等樂曲，是君子因為變動而感動，以表達喜樂之情。用齊衰、苴杖、居廬、食粥、席薪、枕塊，是君子之所以為變動而感動，以之表達哀痛之文飾。卜筮擇吉日、齋戒、打掃庭除、几筵設於室之東面、饋獻牲畜、禱告尸祝，如神來饗一般。取物皆致祭，就如神靈親嘗一般。毋由佐食者舉尊酒，主人親自設置尊酒，如鬼身親臨酌觴。賓客出，主人拜送，回去易祭服為喪服，就位而哭，如神靈已經離去。悲哀啊！恭敬啊！事奉死者如同事奉生者，事奉亡者如事奉存者，神靈之情狀似乎沒有形跡影像，然而成就人道中祭祀之禮儀文飾。因此，孔孟荀在喪葬、祭祀之禮的精神與態度是一致。而且其根本宗旨除了慎終追遠外，還要能恢復和重建天下秩序。

第五節　孔孟荀樂舞思想之承變

　　荀子為善紹周孔二聖之大儒。周公制禮作樂，孔子刪詩書，定禮樂，荀子之禮為周孔之承續與發展而成就之。荀子論禮則與樂為一體，是一切規範之總稱，涵蓋所有的治國之道、與個人立身處世、飲食起居等。禮樂融合之程度密不可分。《荀子·樂論》云：

　　　夫樂者、樂也，人情之所必不免也。故人不能無樂，樂則必發於聲音，形於動靜；而人之道，聲音動靜，性術之變盡是矣。故人不能

不樂，樂則不能無形，形而不為道，則不能無亂。先王惡其亂也，
故制雅頌之聲以道之，使其聲足以樂而不流，使其文足以辨而不
諰，使其曲直繁省廉肉節奏，足以感動人之善心，使夫邪污之氣無
由得接焉。是先王立樂之方也。[76]

又說：

夫聲樂之入人也深，其化人也速，故先王謹為之文。

由此看出，樂可以調節情感與控制人民情緒之重要方法。故樂也者，治人
之盛者也。音樂對人之深之廣是全面性且影響深遠。又說：

樂也者，和之不可變者也；禮也者，理之不可易者也。樂合同，禮
別異；禮樂之統，管乎人心矣，窮本極變，樂之情也；著誠去偽，
禮之經也。[77]

在《禮記‧樂記》中云：

樂者為同，禮者為異，同則相親，異者相敬。樂勝則流，禮勝則
離。合情飾貌者，禮樂之事也。[78]

這裡說的意思是「樂」的功能在於協同，有「和」的社會功能，含有社會
秩序的展現。因此禮別異，故能樂合同。「禮」能夠辨別長幼尊卑的。兩
者同時並存，才會使人們相敬相親，合乎身分地交往，不同階級身分地位
也能互相尊敬，禮樂相濟，才能達到德育與美育的文化價值功能。而孔子

---

[76] 王先謙：《荀子集解‧樂論》卷14 第20，頁252。
[77] 王先謙：《荀子集解‧樂論》卷14 第20，頁254。
[78] 《十三經注疏‧禮記‧樂記》，頁667。

的樂舞思想是建立在政治性的禮樂制度，禮樂在孔子心目中地位極高，痛
惡鄭聲亂雅樂，他說：「鄭聲淫，佞人殆。」鄭聲是當時的民間歌舞，在
形式上，華麗的旋律色彩和愛情的樂舞場面與孔子推崇的雅樂背道而馳，
提出樂則韶舞，他認為禮樂就應該如《韶》舞一樣，有著「盡美矣，又盡
善也。」之韻，孔子的禮樂思想建立在「樂與政通」的基礎上。

　　而孟子受到墨家「兼愛」的影響，出現了「與民同樂」的發展[79]。荀
子為戰國後期，他繼承孔子，主張「樂得其道」，他強調了樂舞的教育作
用和社會功能，即以樂舞善化人性，幫助統治者維持社會秩序，這也正是
儒家「樂與政通」實質的體現。他從「人性惡」論點出發，主張「以道制
欲」來調理人性。荀子的樂論提出「立樂之方」和「立樂之術」[80]兩方面
來表達荀子的樂舞思想，因此，樂舞是人的本能的情感需要，是人情感的
產物再現；以雅頌之聲來感動人之善心，用樂之情來教化。人性惡，規範
禮義，使夫邪之氣無由得接焉。此外，荀子指出樂舞的作用在於調和人們
的關係，使君臣上下莫不和敬，父子兄弟莫不和親，長少之間莫不和順，
從而建立和而不流，齊而不亂的社會秩序，用樂來「和政」、「和社
會」。這是荀子對孔孟樂舞思想的繼承與發展。

　　荀子很少談及舞之事，其實舞在古代是配合祭祀、樂、詩演出，且不
可或缺。《荀子・樂論》云：「舞韶歌武，使人之心莊。」[81]韶為舜時之
樂，武為周武王時樂，古人樂必舞蹈，由此可見。《荀子・樂論》又云：

　　　舞意天道兼……，曷以知舞之意？曰：目不自見，耳不自聞也，然

---

[79] 《孟子注疏・梁惠王章句下》：據載孟子見於齊宣王，與齊宣王針對雅樂和俗樂進行一番對話。其
中，孟子答道：「今王鼓樂於此，百姓聞王鐘鼓之聲，管籥之音，舉疾首蹙頞而相告曰：『吾王之
好鼓樂，夫何使我至於此極也？父子不相見，兄弟妻子離散？』……此無他，不與民同樂也。」今
王鼓樂於此，百姓聞王鐘鼓之聲，管籥之音，舉欣欣然有喜色而相告曰『吾王庶幾無疾病與？何以
能鼓樂也？』……此無他，與民同樂也。」「今王與百姓同樂，則王矣。」
[80] 王先謙：《荀子集解・樂論》卷 14 第 20：「故樂在宗廟之中，君臣上下同聽之，則莫不和敬；閨
門之內，父子兄弟同聽之，則莫不和親；鄉里族長之中，長少同聽之，則莫不和順。故樂者，審一
以定和者也，比物以飾節者也，合奏以成文者也，足以率一道，足以治萬變。是先王立樂之術
也。」，頁 252。
[81] 王先謙：《荀子集解・樂論》卷 14 第 20，頁 254。

> 而治俯仰詘信，進退遲速，莫不廉制，盡筋骨之力，以要鐘鼓俯會
> 之節，而靡有悖逆者，衆積意諄諄乎！[82]

舞蹈之涵義，與天道相同。如何知舞蹈之涵義，荀子說明：舞蹈所蘊含之意，舞者目見不到自己，耳聽不見自己。但是探討舞者在舞動之時，身體之俯仰、屈伸、動作之進退、遲速，都有裁制之意。舞者用盡筋骨之力，以應合鐘鼓之聲，及俯仰會合之節奏，而無違背者，是衆多舞者在不斷習舞之時，心意已變敦厚吧！由此可見舞到具有深厚之教育力量。

　　古代祭祀必須配合舞蹈以娛神，《詩經》中之〈頌〉，即為宗廟祭祀之詩，要將王者之聖德，祭告神明，《詩經·大序》云：「〈頌〉者，美盛德之形容，以其成功告於神明者也。」[83]依孔穎達《詩序·正義》之說〈商頌〉應為殷人「祭其先王之廟，述其生時之功。」[84]屬宗廟祭祀之樂舞，〈周頌〉則是「周室成功致治後告神之樂舞。」〈魯頌〉係「春秋時，魯人歌頌僖公之樂舞。」[85]三頌必須詩、樂、舞三者一體，不可或缺。《禮記·樂記》曰：「詩，言其志也；歌，詠其聲也；舞，動其容也。三者本於心，然後樂器從之。」[86]詩、歌、舞皆為發自內心之行為，舞，動其容，容即舞容，舞蹈之形容。《尚書·舜典》云：

> 帝曰：「夔，命汝典樂，教胄子。……詩言志，歌永言，聲依永，
> 律和聲。八音克諧，無相奪倫，神人以和。」夔曰：「於！予擊石
> 拊石，百獸率舞。」[87]

此言舜時典樂之官夔已擊時奏樂，百獸皆聽樂聲而舞動。

---

[82] 王先謙：《荀子集解·樂論》卷14第20，頁255-256。

[83] 《十三經注疏·毛詩正義·大序》，頁18。

[84] 《十三經注疏·毛詩正義·大序》，頁19。

[85] 《十三經注疏·毛詩正義·大序》，頁19。

[86] 《十三經注疏·禮記正義·樂記》，頁682。

[87] 《十三經注疏·尚書正義·舜典》，頁46。

　　荀子作〈禮論〉、〈樂論〉、〈賦〉等，似乎對禮樂較為重視，而忽視詩與舞之重要性，其實詩如前述，皆在各篇中有所引述，舞應附於祭禮之中，〈禮論〉言祭，云「韶夏護武，勺桓箾象」，韶為舜樂，夏為禹樂，護為湯樂、武、勺、桓為武王樂，箾、象為文王樂，此樂歌應皆配合舞蹈演奏，又武、勺、桓皆為〈周頌〉篇名，亦為用之於祭祀之樂歌。綜上所述，舞在天人關係上，舞為人神之媒介，也是人藉舞於神之關係，意義重大。

第七章　荀子「天人分合」思想之價值

荀子天人分合理論，「相分」只是合的基礎開端，相分背後同樣蘊含「相合」的目的，人與天、自然，是一個不可分割的有機體，儘管他們各有不同的職能，彼此之間互相配合協調，人可與天地並列為三，人應盡人事，主動積極與天地參，人們利用天之所生，地之所成，就能成就人的偉業，人參與天地運化之中，即強調人成，這是天生人成的思想結構。因為天生人成的結果，人產生了能動性與積極性，「羣」的需求即產生，由此發揮互助合作的團隊精神，在互助合作中也產生了「能力與酬勞」等差，這是「分」的意義，而分由「禮」做為分配社會資源的準則，這個「分」更激勵人類必須努力學習，自覺地用社會規範法度來約束自己和改造自己，形成人類積極奮鬥的人生。

在個人方面，禮治社會可養「情」，通過禮樂教化作用，逐漸薰陶，培養人的道德情感，由內在心性化性而起偽，改變人性，使禮義從外在的行為規範，化為內在的需求，或通過後天教育和法律與社會規範，使人性趨向美、善。在認識論上，荀子有新的創舉，他吸收道家思想，提出「解蔽」的方法，主張「虛壹而靜」，才能把握「道」的根本方法。如果能做到「虛壹而靜」，就能達到「大清明」的境界，荀子的虛是指虛心接受新的事物，儘管心中已有所藏，但我們仍要虛心來接受新的知識，心靜能使我們保持頭腦的清醒澄明，克服外界的干擾。

荀子認為虛靜的目的是為了我們學習更多的知識，讓我們的認識更加全面，是一種積極的認識觀念。同樣靜並不是不動，而是在動中保持心的靜，靜並不是拋棄一切的靜，而是為了認識事物保持的一種心理狀態。荀子進而從藏中發展虛，從動中發展靜，我們可以藏一部分，虛一部分，繼而藏虛結合來去除心的蒙蔽，同時在動中保持心靈的靜，將動靜結合起來。荀子的這種思想是讓人能達到經世致用的目的，能洞明世事，沒有任

何偏頗。

在社會方面，荀子〈性惡〉認為：「夫好利而欲得者，此人之情性也。」荀子肯定人的欲望是有正當性的，他認為這是人的經濟行為，是為了滿足人的欲望的，這欲望是消費行為，荀子主張等級消費論，認為財富應依照人們在社會結構中等級身分不同進行有差等的分配和消費。他維護等級差異存在，反對財富平均分配。荀子認為過度節儉必會引發貧困，並趨向於惡性循環。由此，要促進經濟發展，就應該提高百姓的生活水準，鼓勵百姓滿足正當的物質需求，他反對奢侈消費，認為「本荒而用侈，則天下不能使之富。」勞動者一旦陷入貧窮，那麼，勞動力自身的再生產條件趨於惡化，勞動效率隨之降低，且勞動者必然缺乏對勞動工具進行改進及對土壤加以改良的經濟能力，在這種情形下，非但談不上進行擴大再生產，甚至連簡單再生產亦難以維持。

由此，要促進經濟發展，就應該提高百姓的生活水準、鼓勵百姓滿足正當的物質需求：「彼裕民故多餘，裕民則民富，民富則田肥以易，田肥以易則出實百倍。」他的消費觀是鼓勵適度消費、合理消費，提高百姓生活水準，促進經濟發展。他主張經濟運行建立在自然生態系統運動規律的基礎上，將合理開發和保護動植物資源結合起來，使生態保持動態平衡，極具現代進步的經濟思想。

禮治社會有安定人心和社會秩序之功用。例如：荀子提出「法制周詳、君子在位」的主張，法制必須周詳，才能溝通各部門職事，沒有陰謀隱藏，沒有善言遺漏，所有的事情都不會出錯，只有君子才能公平、中和地執法，所以，荀子認為君子比良法更為重要。雖然荀子一貫隆禮重法，但他骨子裡還是推崇儒家的人治，「治生乎君子，亂生乎小人」的古訓他時刻未忘。最後，荀子認為「明王始立而處國有制」，就是說英明的帝王一開始治理國家就要有制度。這個「制度」，就是用禮義來區分貧富貴賤，使其互相兼臨，這才是保有天下的根本。所以他說：「先王惡其亂也，故制禮義以分之，使有貧、富、貴、賤之等，足以相兼臨者，是養天下之本也。」最後是「王者之法」。這裡的「法」，講的是財政賦稅的法律制度。荀子首先肯定財稅是為了養護百姓的，「等賦、政事，財萬物，

所以養萬民也。」這無疑是一個政治家獨具慧眼的遠見卓識。

在國家方面：荀子通過〈王制〉〈王霸〉二篇專文，在吸取前人論說的基礎上，聯繫當時的社會現實，首先對先秦的王霸之說進行歸納總結，形成了完整而系統的王霸思想：強調王霸的治國法則，他反覆強調國家是天下的大器，治理國家是君主的重任，得道以治國則「大安」、「大榮」，不得道則「大危」、「大累」。實行王道的人治國，就能稱王天下；實行霸道的人治國，就能稱霸諸侯；走亡國之道的人治國，就只有亡國亡身。以禮正國，選賢任能，荀子認為禮是用來安定國家的，就好像權衡用於稱輕重，繩墨用於正曲直，規矩用於定方圓，國家沒有禮就不能安定。治理國家是一份重任，不積聚禮義就不能承擔；與積聚禮義的君子治國，天下歸心，百姓擁護才能王天下。

荀子認為：國家的混亂是因為君主昏暗，一味追求個人享樂忽視治國造成的，只會給國家和自己造成最大的憂患，治理國家的君主，得到百姓努力生產才會富裕，君主還必須「興天下同利，除天下同害」，百姓就會「貴之如帝，親之如父母，為之出死斷亡而不愉（渝）」，這是統一天下的必由道。荀子認為儒家的治國之道才是周詳完備的，首先朝廷要推崇禮義以明貴賤，由此使士大夫敬節死制，軍隊強大；使百官畏法守紀，國家綱常不亂。其次要重農輕稅，興百工、通財貨，使國家財用富裕。農民努力耕作而少負擔，就會「上不失天時，下不失地利，中得人和而百事不廢。」這就是儒家所宣導的完備周詳的治國之道。

第一節　對個人身心修養之價值

一、隆師親友之修身養德觀

荀子說：「禮，所以正身也；師，所以正禮也。無禮何以正身？無師

吾安知禮義之為是也。」[1]所以，荀子把「求師」、「尊師」看作是學習禮義、修身養德的重要途徑之一。他所說的「學莫便乎近其人」中的「人」，指的就是師。荀子認為，求師、尊師、學師對培養理想的人格、高尚的道德具有重要意義。他說：

> 故有師法者，人之大寶也；無師法者，人之大殃也。人無師法，則隆性矣；有師法則隆積矣。[2]

現實社會中，人如果沒有「師法」，就會加速自己本性的放縱，加速道德的淪喪；如果有「師法」，就會加速積習的善化，加速道德的昇華。荀子在強調「隆師」的同時，也強調「親友」的重要性，認為審慎取友是造就完美人格和高尚品德的重要途徑。他說：

> 擇良友而友之，得賢師而事之，則所聞者堯舜禹湯之道也。得良友而友之，則所見者忠信敬讓之行也。身日進於仁義而不自知也者，靡使然也。[3]

荀子將「親友」同「隆師」放在一起，認為與良友接觸，就像同師長接觸一樣，這會使人在不知不覺中趨向仁義、完善身心，取友「是德之基也」，「匹夫不可以不慎取友」[4]。要想結交賢人為友，荀子認為關鍵在於修養自己的道德品行，提高自己的精神境界：「君子潔其辯而同焉者合矣；善其言而類焉者應矣。」[5]這就是人以類聚、物以羣分的道理，修養身心，既是結交良友的目的，也是結交良友的前提。荀子不僅注重養心，而且也十分強調省身，即強調反省的功夫。他說，「君子博學而日參省乎

---

1 王先謙：《荀子集解・修身》卷 1 第 2，頁 20。
2 王先謙：《荀子集解・儒效》卷 4 第 8，頁 91。
3 王先謙：《荀子集解・性惡》卷 17 第 23，頁 299-300。
4 王先謙：《荀子集解・大略》卷 19 第 27，頁 337。
5 王先謙：《荀子集解・不苟》卷 2 第 3，頁 28。

已，則知明而行無過矣。」至於反省的方法則是：

> 見善，修然必以自存也：見不善，愀然必以自省也。善在身，介然
> 必以自好也。不善在身，菑然必以自惡也。[6]

> 體恭敬而心忠信，術禮義而情愛人，橫行天下，雖困四夷，人莫不
> 貴[7]。

在這裡荀子提出要恭敬、忠信、內心仁愛，這樣能使自身保持一種平和之
態，且與人為善利於創造一種和諧的外部環境，這是養生的重要條件與自
身緊密相連的道德修養內容就是「律己」。律己，就是指高度的道德自律
性。荀子說：

> 故君子務修其內而讓之於外，務積德於身而處之以遵道，如是則貴
> 名起如日月，天下應之如雷霆。[8]

在荀子看來，只要遵循大道而行，端端正正做人，時時刻刻修善反省自
己，既不為名利所引誘，也不為誹謗所恐嚇，就一定能成為真正的君子。

二、以人性論實踐德育理想

荀子主張性惡，認為人性可化，性偽之分就是天人之分，「性」是天
所賦予的，主張後天人為的重要，又說人性惡不能內求於己，必然求於外
[9]。提出「積善成德」的道德修養理論，這是強調外在道德行為的重要性，

---

[6]　王先謙：《荀子集解・修身》卷1第2，頁12。

[7]　王先謙：《荀子集解・修身》卷1第2，頁16。

[8]　王先謙：《荀子集解・儒效》卷4第8，頁81。

[9]　王先謙：《荀子集解・性惡》卷17 第23：凡人之欲為善者，為性惡也。夫薄願厚，惡願美，狹願

也就是荀子「居楚而楚，居越而越，居夏而夏」[10]的思想內涵。是荀子主張「外鑠假物」的方法。君子與常人並無不同之處，乃是善於利用他物的力量，培養自身的美德。荀子以「禮」為道德準則，荀子將人的理想人格由低到高分為三個層次，分別為一般人格的士、高尚人格的君子和理想人格的聖人，其中聖人是人所追求的最終理想人格。他說：「好法而行，士也；篤志而體，君子也；齊明而不竭，聖人也。」[11]士是在生活中，堅持地遵循禮法行事。具有君子人格的人，應該在言行上意志堅定地努力實行「禮」的規範，在為人處世方面，重義輕利，能夠成為他人效仿的榜樣，不論何時，從始至終將之踐行到底，都不會破壞「禮」。聖人是智慮敏捷而不窮竭，是荀子心目中最高的理想人格，是「化性起偽」所要達到的境界。

在「孝」方面，荀子以「禮義」的思想為內涵，〈子道〉云：

> 入孝出弟，人之小行也。上順下篤，人之中行也；從道不從君，從義不從父，人之大行也。[12]

在這裡可知道，不管是在家孝敬父母，或出外敬愛兄長，做人的最起碼的操守是道德。「從道不從君，從義不從父」是做人最高原則，荀子所說的孝悌內涵，不僅僅局限在家庭中對父母所行的孝道，而擴大範圍把對社會道義看作是「大行」之孝，荀子脫離了一味以順從雙親為孝的觀念，將社會道義之大孝代替小行之孝。荀子又進一步闡述孝子不從命有三：

> 從命則親危，不從命則親安，孝子不從命乃衷；從命則親辱，不從命則親榮，孝子不從命乃義；從命則禽獸，不從命則脩飾，孝子不

廣，貧願富，賤願貴，苟無之中者，必求於外。故富而不願財，貴而不願埶，苟有之中者，必不及於外。用此觀之，人之欲為善者，為性惡也。頁292。

[10] 王先謙：《荀子集解・儒效》卷4第8，頁92。

[11] 王先謙：《荀子集解・修身》卷1第2，頁19。

[12] 王先謙：《荀子集解・子道》卷20第29，頁347。

從命乃敬。故可以從而不從，是不子也；未可以從而從，是不衷
也；明於從不從之義，而能致恭敬，忠信、端愨、以慎行之，則可
謂大孝矣。傳曰：「從道不從君，從義不從父。」此之謂也。[13]

由此可知，荀子「孝」的思想已經超越孟子以家庭為核心的血緣關係的
「孝」，而將「孝」提升到對社會國家的功能作用，亦即注重「羣」的政
治功能，將家庭倫理和國家政治合而為一。禮義不能獨立於人而存在，必
須由個人的道德修養而實踐，進而融合「法」的思想，達到理想的德育制
度。

三、獨特的養心治血氣之術

　　荀子雖沒有專門的養生論著，但對於養生卻有著豐富的見解和主張，
他吸收前人的養生經驗並結合自己的思想，提出了一些較為具體的養生理
論和養生方法。從《荀子》一書中，可發現荀子對氣的涵意分為兩種：第
一是人身之氣的血氣和自然界之氣的陰陽之氣二類。動物和人類一出生
後，血氣就會因此產生，血氣一面與自然界之氣一脈相承，血氣就是自然
界之氣（陰陽之氣）在動物和人類身上的存在方式。血氣是「形」和
「神」的來源，荀子在〈天論〉中說：「天職既立，天功既成，形具而神
生。」物質的形體在先，情感的精神在後，說明形體是第一性的，精神是
第二性的，精神依附在形體裡面。人之身形及其天官、天情、天君都來自
「氣」，人的心、神以及感情也來源於氣。又說：

扁善之度，以治氣養生，則後彭祖[14]，以修身自名，則配堯禹。宜於
時通，利以處窮，禮信是也。凡用血氣志意知慮，由禮則治通，不
由禮則勃亂提僈；食飲衣服，居處動靜，由禮則和節，不由禮則觸

---

[13] 王先謙：《荀子集解・子道》卷 20 第 29，頁 347。

[14] 王先謙：《荀子集解・修身》卷 1 第 2：「彭祖，堯臣，名鏗。封於彭城。經虞夏至商，壽七百
　　歲。」，頁 12。

陷生疾；容貌態度，進退趨行，由禮則雅，不由禮則夷固僻違，庸
眾而野。故人無禮則不生，事無禮則不成，國家無禮則不寧。[15]

　　荀子認為無往而不善之法度，在於治氣養生。治氣養生之益處，可以
壽雖不及彭祖，但以之修身，則名配堯、禹。修身之人，適宜處通達之
時，亦有利於處窮困之時，是因為禮與信。大凡一個人用血氣、志意、智
慮，由禮而行則通順，不由禮則悖亂怠惰；飲食，居處、動靜，依禮而
行，就和適有節，不依禮而行，就會牴觸陷禍，而生疾病；容貌、態度、
進退、趨行，由禮而行，則雍容儒雅；不由禮而行，則倨傲僻邪，平庸而
鄙野。由此可知，人不講禮，則不能生存於世，做事無禮，則不能有所成
就，國家無禮，不能安寧。

　　血氣在於志意和知慮的前面，荀子一再強調修身是為了實現血氣上的
「平和」，血氣剛強，就要以柔順來調和安燕而血氣不惰，血氣的狀態包
含著人身善惡的好壞，當血氣處在平和的狀態下，則人身也會「安燕」，
也會「耳目聰明」[16]。也會「志意廣大，行義塞於天地之間，仁智之極
也」[17]，人性就會是「善」的，修身的目的也就達到了。「血氣」強調存
在於人身內部，其順序是血氣產生形神，最後成為人性之善惡。

　　沒有身體就不會有精神的存在，有了身體才具備了養生的基礎。因此
人應當首先注重保養人的身體，這在荀子看來，實現的主要方法就是要
「養備」。荀子云：

　　養備而動時，則天不能病；……養略而動罕，則天不能使之全。[18]

---

[15]　王先謙：《荀子集解・修身》卷1第2，頁13-14。

[16]　王先謙：《荀子集解・樂論》卷14第20：「君子以鐘鼓道志，以琴瑟樂心，動以干戚，飾以羽
旄，從以磬管；故其清明象天，其廣大象地，其俯仰周旋有似於四時。故樂行而志清，禮脩而行
成，耳目聰明，血氣和平，移風易俗，天下皆寧，美善相樂。」（臺北市：華正書局，2003年10
月），頁254。

[17]　王先謙：《荀子集解・君道》卷8第12，頁154。

[18]　王先謙：《荀子集解・天論》卷11第20，頁205。

提倡以運動來健身的「動養」思想，適當的運動能促進身體各個器官的正常運轉，使其功能正常發揮，增強體質，提高抗病能力，這是運動對於人生理的作用。同時，運動的過程能使人精力充沛、心胸闊達、情緒樂觀，這又有利於人精神的保養和心理的健康，因而適當的運動對於養生的作用是不容忽視的。有足夠的血氣強健身體，使得衣食之類的養生之具充足，盡可能地利用自然界中一切能為人類生存服務的資源。然後「聖人清其天君，正其天官，備其天養，順其天政，養其天情，以全其天功。」[19]荀子「養備」的思想，正是因為荀子認清了天人之間的客觀關係，才提升了人的主體性地位，從而使人相信自身具有「制天命而用之」的力量，因此才能積極發揮人的主動性，利用自然界中的一切完備養生之具。而養生之道便能在物質上給予身體以滿足和舒適，從而有助於保持人的身體健康，達到「萬物各得其和以生，各得其養以成」的理想狀態。

第二節　對社會功能之價值

一、豐富儒家之正名理論

　　孔子生活的年代是世衰道微，邪說暴行有作，社會政治混亂無序，面對這種「名不符實」的局勢，孔子提出「正名」主張，用以糾正天下無道造成的禮崩樂壞的社會，並糾正春秋以來諸侯、士大夫僭越引起的社會名分之顛倒，以達到名正、言順、事成、君君、臣臣、父父、子子以及理財正辭、禁民為非的理想社會。

　　孔子的正名學說主要是正政，他希望能撥亂世而反諸正，重新恢復「周禮」，使名實相符，以此來建立一個理想的國家。荀子繼承孔子正名主張，將正名歸為王者之事，並強烈要求克服當時名實混亂的狀況，主張「制名以指實」，他說：

---

[19]　王先謙：《荀子集解‧天論》卷11第17，頁207。

> 異形離心交喻，異物名實玄紐，貴賤不明，同異不別。如是，則志
> 必有不喻之患，而事必有困廢之禍。故知者為之分別制名以指實，
> 上以明貴賤，下以辨同異。貴賤明，同異別，如是，則志無不喻之
> 患，事無困廢之禍，此所為有名也。[20]

這也表明了荀子試圖通過正名，來「明貴賤」的政治思想，並指出正確使
用語言是實現良好秩序與和諧社會的重要條件。在這混亂的時代，最重要
的任務就是守約名、禁亂名，這樣才能使人民守政令、履行法制，維持社
會秩序，穩定政治。

荀子正名學說中有名、辭、辯說的邏輯系統，荀子提出「制名之樞
要」，即制名的原則為：第一，「約定俗成」。這是要重視「名」的社會
性，即同一社會中的人，大家都認同並遵守。第二，同則同之，異則異
之。名必須依據於實。物同則名同，物異則名異；異實則異名，同實則同
名。第三，單足以喻則單，單不足以喻則兼。能用一個字的就用單名（如
馬、牛），不能用一個字的就用兼名，即片語（如白馬、驪牛）。如果單
名、兼名所表達的事物屬同一類，就可以用共名（如黃牛、黑牛，以
「牛」為共名）。第四，對名相作出分類。提出了「大共名」、「大別
名」的概念。第五，「稽實定數」。即通過考察事物的實際，來確定名稱
的名目。荀子云：

> 物有同狀而異所者，有異狀而同所者，可別也。狀同而為異所者，
> 雖可合，謂之二實。狀變而實無別而為異者，謂之化；有化而無
> 別，謂之一實。此事之所以稽實定數也，此制名之樞要也。後王之
> 成名，不可不察也。[21]

這是說數之名必須根據實之數而定。例如：蠶化為蛹，蛹化為蛾，由蠶到

---

[20] 王先謙：《荀子集解・正名》卷16第22，頁276。
[21] 王先謙：《荀子集解・正名》卷16第22，頁279。

蛹再到蛾，形狀變了，而實質不變，這是「有化而無別」，也是「稽實定數」。孔子的正名，是以「實」決定「名」，即所有的「實」，必須符合「名」的含義，只有符合最初周禮所規定「名」的含義，才是正確的「實」。而荀子卻認為「實」決定名。因為，名是說明實的，制名是為了反映實。孔子強調「名」的神聖性，荀子卻認為「名」不是固定不變的，「名」並不是一成不變的，而是具有靈活性。許多「名」是可以沿用前朝的，當客觀情況發生了明顯的改變時，則「實變則名變」。

因此，荀子正名除了與孔子正名不同外，還豐富了孔子正名思想，荀子除了「政治正名」之外，還論及「邏輯正名」，即「辨同異」，還有名的不斷概括和限制。甚至還提出辭、辯說等邏輯思想，與名形成一個有系統的「概念」架構。

二、調和禮樂同構之思想

禮義是從外在行為言行及制度禮儀上，化性起偽。至於樂，則從內在心靈上，陶冶人性，並在社會風氣上，有移風易俗之效。故禮樂之配合，惟治國之大事，不可輕忽。《荀子‧樂論》云：「先王導之以禮樂，而民和睦。」[22]禮樂都能深植人心，是先王治國之要道。《荀子‧樂論》云：

> 樂行而志清，禮脩而行成。耳目聰明，血氣和平，移風易俗。[23]

此言推行樂教，使人之心志清明耳目聰明，血氣和平；修治禮教，使人德行完美。兩者同樣都有移風易俗之功。《荀子‧樂論》云：

> 樂也者，和之不可變者也；禮也者，理之不可易者也。樂合同，禮別異，禮樂之統，管乎人心矣。窮本極變，樂之情也；著誠去偽，

---

[22] 王先謙：《荀子集解‧樂論》卷 14 第 20，頁 254。
[23] 王先謙：《荀子集解‧樂論》卷 14 第 20，頁 254。

> 禮之經也。[24]

所謂樂,能和合人情之作用,永遠不變;所謂禮,據理而制之道理,亦不可變易。樂之作用在合諧情感,禮之作用在區分上下貴賤。禮樂之整體功能,在約束人心。從根本上直入人心,在情感上極盡變化,是樂之本質;表現誠敬之心,去除虛偽之行為,是禮之原則。

禮自外入,樂自心出,兩者實不可偏廢。然儒家較重禮之原因,是古代樂皆在行禮儀之時,樂配合演奏,如宗廟、朝廷、祠廟、甚至民間各項典禮,皆已樂配合,已達莊嚴肅穆之情。甚至征伐、揖讓之時,亦有樂配合。《荀子‧樂論》云:

> 樂在宗廟之中,君臣上下同聽之,則莫不和敬;閨門之內,父子兄弟同聽之,則莫不和親;鄉里族長之中,長少同聽之,則莫不和順。故樂者,審一以定和者也,比物以飾節者也,合奏以成文者也。足以率一道,足以治萬變。是先王立樂之術也。[25]

先王之樂在宗廟之中,君臣上下一同聆聽,莫不和睦恭敬;家門之內,父子兄弟一同聽賞,莫不和順親愛;鄉里族長之中,長幼老少一同聆聽,莫不融和順從。故樂,必須審定一基調,以定諧和之音,再比合各種樂器,以配合其節奏,一起合奏,以完成演奏。足以統率大道,足以治理萬變。是先王建立樂教之方術。在朝廷演奏雅頌之樂,或軍事征誅之事,亦須樂音。《荀子‧樂論》云:

> 故聽其雅頌之聲,而志意得廣焉;執其干戚,習其俯仰屈伸,而容貌得莊焉;行其綴兆,要其節奏,而行列得正焉,進退得齊焉。故樂者,出所以征誅也,入所以揖讓也;征誅揖讓,其義一也。出所

以征誅，則莫不聽從；入所以揖讓，則莫不從服。故樂者，天下之
大齊也，中和之紀也，人情之所必不免也。是先王立樂之術也。[26]

在朝廷聽雅頌之音，使淫邪不入，志意得以廣大；在武舞中，手持盾斧。
學習其俯仰屈伸，動止依禮，而儀容得以莊重；舞者依標誌及排列之位
置，隨著樂音之節奏，行列整齊，進退齊一。故音樂，出外可用於征誅，
入可用於揖讓，兩者之意義相同。故樂是齊一天下之要術，也是中正平和
之總要，人情所不可避免之事。是先王建立樂教之方術。

　　由上可知，樂之功能極大，故荀子認為樂入人深而化人速，可謂王道
之開始。《荀子‧樂論》云：

夫聲樂之入人也深，其化人也速，故先王謹為之文。樂中平則民和
而不流，樂肅莊則民齊而不亂。民和齊則兵勁城固，敵國不敢嬰
也。如是，則百姓莫不安其處，樂其鄉，以至足其上矣。然後名聲
於是白，光輝於是大，四海之民，莫不願得以為師，是王者之始
也。[27]

聲樂是植根於人心之事，不僅深入人心，而且變化人之氣質最快。故先王
謹慎地編定樂章。樂音中正平和，人民順而不放蕩；樂音肅穆莊嚴，人民
齊一而不亂。人民平和齊一，則兵力強勁，城池堅固。敵國不敢侵犯。如
此，則百姓都安其居處，樂其鄉里，以至充分尊崇其君上。然後名聲於是
顯白，光輝廣大，四海之民，莫不願得以為君，是王者治國之始基。

　　樂需用樂器演奏，各種樂器有不同之功能與聲調，可以依需要有所選
擇。《荀子‧樂論》云：

---

[26] 王先謙：《荀子集解‧樂論》卷14第20，頁252-253。

[27] 王先謙：《荀子集解‧樂論》卷14第20，頁253。

> 聲樂之象，鼓大麗，鐘統實，磬廉制，竽笙簫[28]和，竽簫發猛，塤篪
> 翁博，瑟易良，琴婦好，歌清盡，舞意天道兼。鼓其樂之君邪。故
> 鼓似天，鐘似地，磬似水，竽笙簫和竽簫似星辰日月，鞉柷拊鞷椌
> 楬似萬物。[29]

各種樂器，有其不同之象徵意義。鼓聲大而聞遠，鐘聲充實博厚，磬聲有
隅稜而有裁斷，竽笙簫之聲平和，竽簫之聲發揚猛起，塤篪低沉寬廣，瑟
音平和樂易，琴音柔婉美好，歌聲清明盡意，舞意兼天道循環不息之意。
若深言之，鼓聲主節奏，是樂器中之君。樂器之中，鼓聲遠大似天，鐘聲
博厚似地，磬聲裁斷似水，竽笙簫竽簫聲似星辰日月，鞉柷、拊鞷、椌楬
聲似萬物。

　　由上可知，各種樂器所發之聲，都能達到《荀子・樂論》所云：

> 耳目聰明，血氣和平，移風易俗，天下皆寧，美善相樂。[30]

當聽到樂音之時，使人耳聰目明，血和氣平，達到轉移社會風氣之效果。
並使天下安寧，人人皆以美善之心靈，享受樂教之喜樂。

三、節用裕民之經濟思想

　　國家富強是荀子政治思想內容，也是荀子經濟思想內容要使國家富
強，必須做到使人民富裕，「下貧則上貧，下富則上富」，並進而認為，
這是荀子對儒家傳統的「藏富於民」思想的進一步發揮，荀子對「富國」
下的定義是「兼足天下」或「上下俱富」。他說：「足國之道，節用裕

28　王引之謂「簫」當為「肅」。王叔岷謂「簫」無誤，「和」為小笙。筆者以為，原文無誤，不必修
　　正。

29　王先謙：《荀子集解・樂論》卷14第20，頁255。

30　王先謙：《荀子集解・樂論》卷14第20，頁254。

民，而善藏其餘。」[31]在「裕民」、「保民」、「節用」方面，孔子主張「愛民」、「養民」、「利民」、「富民」的民本思想；孟子提出了「民為貴，社稷次之，君為輕」和「有恒產者有恒心，無恒產者無恒心。苟無恒心，放僻邪侈，無不為已。」[32]墨子則提出節用、節葬、非樂、薄稅、興利等裕民經濟主張，而荀子受到孔孟、墨子影響則提出節用、尚德、善政的裕民思想，荀子的「強本節用」是實現富國的途徑。

所謂「強本」，是指發展社會生產，主要是指農業生產；所謂節用，則是指節約消費，尤其是指節省國家的各種用費，為了有效節約用度和資源，荀子還提出了「節用以禮」的等級消費，即以「禮」來節制社會各階層的消費。荀子指出：「禮者，貴賤有等，長幼有差，貧富輕重皆有稱者也。」[33]而且人民應勤儉節約、善藏其餘，荀子認為，作為君主，應該做到以民為本，隆禮尊賢，貴禮義而輕欲利，多讓利於民，做到愛民、利民、富民，這是實施德治的基本前提。

所謂尚德裕民，是指為政當權者必須有德，做到廉潔自律、廣濟博施；廣濟博施是指政府廣施收養工作與救濟工作，對於痦、聾、跛躄、斷者、侏儒五類殘疾人員，為政者應集中收養，根據他們各自的能力和資質安排力所能及的事情，根據他們的傷殘程度和特長安排各自的工作，讓他們自食其力、衣食無憂，充分認識和體現自身的價值所在，做到「富有天下而無怨財，布施天下而不病貧。」[34]同時告誡當政者要清廉自律、舉賢任能、隆禮至法，提出禮法並重的管理方法。

在其經濟消費論：一、消費欲望論，荀子認為：欲望是人的生理機能，是與生俱來的。人的欲望不斷產生，不斷要求滿足，對社會上的消費品和勞務產生各種需要，都是推動社會經濟發展的原動力。二、等級消費論，荀子主張各貴賤等級都按照自己等級的條件，盡情滿足欲望。荀子認為財富應依照人們在社會結構中等級身份不同，進行有差等的分配和消

---

[31]　王先謙：《荀子集解・富國》卷 6 第 10，頁 114。

[32]　趙岐注、孫奭疏：《孟子注疏・滕文公章句上》，頁 90。

[33]　王先謙：《荀子集解・富國》，頁 115。

[34]　王先謙：《荀子集解・哀公》，頁 355。

費。並維護等級差異存在，反對財富平均分配，三、強本節用論，荀子提出，要「節用」，認為節用是富國裕民的好辦法。這與孔孟思想觀念是一致的。

重農思想是中國傳統經濟思想的重要內容，也是荀子的「強本」論，比先秦其他學者的重農思想都更完整，更豐富並有更高更多的理論水準，是先秦最有代表性的重農思想。荀子吸收、綜合和改造了他以前的各家重農思想，把先秦的重農思想發展成一個既包括生產技術，也包括經營、管理制度，既有詳備的政策、措施，又有理論的說明和論證的完備的體系，把農業看作是產生財富的本源。他說：

> 不富無以養民情，不教無以理民性。故家有五畝宅，百畝田，務其業而勿奪其時，所以富之也。[35]

荀子主張在重農的同時，對工商業的發展採取積極的政策。他提出了「工商眾則國貧」的論點，主張限制工商業的發展規模和從業人數，「省工賈，眾農夫」，以保證農業生產有足夠的勞動力。這種「務本盡末」的重農抑商思想是荀子經濟思想和孔孟思想不同之處，這些主張是孔孟未談過的問題，但是其經濟思想並沒有超出儒家思想的原則，甚至將儒家思想發展得更完整，更實用。

荀子高瞻遠矚地看到社會分工的必然性，提出以「禮義制利」的思想，將儒家倫理融入到商業文化中，宣導商業誠信，特別難能可貴的是，他提出了「聖王之制」、維護生態平衡、實現可持續發展的理念，在財富分配方面主張德必稱位，位必稱祿，將財富的合理範圍界定在社會階層的等級上，主張按照社會階層來確定應得的財富，社會階層越高享受的社會財富就越多，而社會階層的劃分又是以德能為考量標準，這就形成了祿隨位、位隨德的階層化原則。

---

[35] 王先謙：《荀子集解・大略》卷19第27，頁328。

四、建立禮法合治之思想

荀子提出「禮法」概念正是看到禮在當時難以維持穩定的社會格局，而法家的重刑主義又無視儒家的「人道」原則，但「禮」象徵著文化教養，「法」則象徵著公平公正。因此試圖糾正禮法之利弊，並各取所長，大體上，荀子主張「隆禮」是為了培育道德之根，因為道德是法的基礎，法之所以施行本質上還是為了維護社會的道德秩序；其所以又「重法」，當然是因為禮的柔性所致的限制性，特別是在宗法社會結構下，社會動盪不定、禮的約束力進一步降低的情況下，不足以維持局面使然。在政治層面，荀子突破了傳統儒家只重視「禮」、「仁」的思想格局，在治國策略上也改變了「德主刑輔」傳統，對於違禮的懲戒也打破了只按傳統習俗柔性對待的方式，將「法」融入禮之中，以此作為治理國家的手段，創造了一種禮法並用的政治新模式，這也是荀子思想的精彩之處。不過，在理想層面，荀子還是與儒家保持了一致，仍舊認為禮尊法卑、以禮為先，但是在荀子看來，禮法是相輔相成、缺一不可的：「**君人者，隆禮重法尊賢而王，重法愛民而霸。**」[36]

荀子思想中作為法的基本原則的禮，不僅是道德規範，也不僅是一般的傳統禮俗，而是一種有強制力的行為規範，從這一點來看，荀子主張的「禮法」具有一般禮所沒有的政治含義與現實權威，顯然是想要改變傳統的禮的彈性，在荀子那裡，「法」是「禮」的一種體現方式。只不過和孔孟「德主刑輔」思想有所不同的，荀子的禮法思想在立法和施法上，仍是以禮所代表的道德原則為基礎，在荀子之前的儒家，基本上只是將禮看成道德原則和規範，和「刑」相同。孔孟都只是將「刑」看成禮治的一種輔助手段，「刑」比不上「法」和「禮」的重要。然而，荀子是將法家所強調的「法」的效用吸收到儒家「禮」的精神實質之中，這就既防止了法家將「刑」擴大為「法」的重刑主義傾向，又糾正了儒家淡化「法」的意識，荀子提出了「明德慎罰」的主張。荀子說：「明德慎罰，國家既治四

---

[36] 王先謙：《荀子集解‧大略》卷19第27，頁321。

海平。」[37]「明德」是他作為儒者的基本特徵,「慎罰」則是他反思單純德治和禮治思想不足之後,站在儒家基礎上對法家思想的吸收。

　　荀子之禮法,與法家者流不同。法家之法是為君主一人服務,是君主掌握政治實權之後,講求「法」、「術」、「勢」,企圖以法約束臣民百官。故法家以法為本,而無倫理文化觀念。《韓非子‧五蠹》云:

　　明主之國,無書簡之文,以法為教;無先王之語,以吏為師。[38]

此種重視法術,不循先王之道之思想,使秦國十七年而亡。荀子之禮,是以人為本,植根於儒家之傳統文化,以仁政德治為基礎,包含人類生存之價值觀念。在禮法上說,以隆禮為尚,對姦邪矯詐之人繩之以法,故荀子之禮法,是從孔、孟思想之精隨衍生而來。

　　禮之涵蓋甚廣,包含萬事萬物。但荀子重禮,其精神在於禮之制度與規範。荀子是將禮做為治國之工具,若讓君臣百姓,循規蹈矩,法式不可缺之工具。故《荀子‧君道》云:「法者,治之端也。」[39]《荀子‧致士》云:

　　士之與人也,道之與法也,國家之本作也。[40]

土地與人民,是國家存在之必要條件。治道與律法亦是國家之根本作為。禮與法兩者是相輔相成。但是禮須要高尚之道德為準繩,若是不仁不義之人,禮樂是無法約束其行為,故《論語‧八佾》云:

---

[37] 王先謙:《荀子集解‧成相》卷18第25,頁307。

[38] 王先慎:《韓非子集釋‧五蠹》(臺北:藝文印書館,2008年3月),頁701。

[39] 王先謙:《荀子集解‧君道》卷8第12,頁151。

[40] 王先謙:《荀子集解‧致仕》卷9第14,頁173。

人而不仁，如禮何？人而不仁，如樂何？[41]

在單講禮樂，無法約束凶惡之人時，法與禮之結合，可達到治國之目標。推其原因，隆禮對士大夫有功效，因士大夫在為政之時，要做庶民之表率。《荀子‧富國》云：

由士以上，則必以禮樂節之；眾庶百姓，則必以法數制之。[42]

荀子非常清楚，士大夫與庶人，在道德上有所不同。士大夫隆禮，在行事時，能審度禮制，在行為上，亦會有所節制。庶民百姓，常憑個人之喜怒好惡行事，不知道德之規範為何？故須以法防治之。《荀子‧儒效》：

禮節脩乎朝，法則度量正乎官。[43]

《荀子‧富國》云：

其百吏好法，其朝廷隆禮。[44]

《荀子‧彊國》云：

人君者，隆禮尊賢而王，重法愛民而霸。[45]

此皆言人君在朝廷隆禮尊賢，以治百官；對庶民則重法愛民，使萬民富

[41] 何晏注、邢昺疏：《論語注疏‧八佾》，頁 26。
[42] 王先謙：《荀子集解‧富國》卷 6 第 10，頁 115。
[43] 王先謙：《荀子集解‧儒效》卷 4 第 8，頁 76。
[44] 王先謙：《荀子集解‧富國》卷 6 第 10，頁 125。
[45] 王先謙：《荀子集解‧彊國》卷 11 第 16，頁 194。

足。

　　由上可知，禮可積極提升道德，適合行之於君臣百官。對一般無自覺反省能力者，宜用法令約束之。所以禮與法都是改造人性的方法，荀子聽政之大分在於「以善至者待之以禮，以不善至者待之以刑。」[46]在荀子看來，雖然通過禮義教化，可以「賞不用民勸，罰不用而民服。」[47]但是，他清楚地看到了傳統儒家專任禮治的嚴重缺陷，雖然通過禮義教化，可以「賞不用民勸，罰不用而民服。」但是，對於那些不能用禮義教化的人，則必須待之以刑罰，不進行禮義教化而單靠刑罰，其結果只讓刑罰越來越繁重但卻不能制止作惡；如果是只進行教化而放棄刑罰，作惡的人也得不到應有的制裁，同樣也不能制止作惡。只有禮法結合，雙管齊下，在功能上相互憑藉，才能使國家「合於文理，歸於治。」[48]

第三節　對國家大一統之價值

一、發揚法後王之理念

　　最早評論荀子「法後王」的是司馬遷，他的《史記・六國年表》以「後王」為「近當代之王」[49]。近代學者馮友蘭謂：「文王、周公為後王」[50]，根源於儒家思想救世濟民的思想與強化儒學的現實性，「法後王」應該是「當今之王」或「近世之王」之義。儒家應該法先王，還是法後王。依孔子之說，應是先王、後王並重。《論語・為政》云：「述而不

---

[46]　王先謙：《荀子集解・王制》卷 5 第 9，頁 95。

[47]　王先謙：《荀子集解・君道》卷 8 第 12，頁 152。

[48]　王先謙：《荀子集解・性惡》卷 17 第 23，頁 289。

[49]　楊家駱：《新校本史記三家注并附編二種一・六國年表》：「傳曰：『法後王，何也？』」《史記正義》：「後王，近代之王。」(臺北市：鼎文書局，1993 年 2 月)，頁 686。

[50]　馮友蘭：《中國哲學史》(臺北市：臺灣商務印書館，2016 年 2 月)，頁 297。

作，信而好古。」[51]又云：「我非生而知之者，好古而敏求而已。」[52]《禮記・中庸》云：「孔子祖述堯、舜，憲章文、武。」[53]

孔子對於先王堯、舜、禹、湯，後王文、武之思想，都能接受。可謂篤好古道，而加以述說。如言堯，《論語・泰伯》云：

> 大哉！堯之為君也。巍巍乎，唯天為大，唯堯則之。蕩蕩乎！民無能名焉。巍巍乎！其有成功也。煥乎！其有文章。[54]

孟子繼承孔子，有取法古聖先賢之思想，《孟子・離婁》云：

> 今有仁心仁聞，而民不被其澤，不可法於後世者，不行先王之道也。……遵先王之法而過者，未之有也。[55]

又云：「為政不因先王之道，可謂智乎？」[56]孟子法先王為何人？依據《孟子・滕文公上》云：「孟子道性善，言必稱堯舜。」[57]《孟子・離婁上》云：「師文王，大國五年，小國七年，必為政於天下矣。」[58]孟子對堯、舜、文王等聖王，皆稱先王，一併推崇。

荀子認為時代是不斷進步，先王離世遼遠，許多典章制度，會因時移事易，而不適用於後代，故主張法後王。後王是指周代之王，如文王、武王皆為後王，故後王亦應可稱周代之王。

荀子認同先王之道，值得效法，且言先王明禮義，講忠孝，使天下人一而行之。《荀子・君道》云：「古者，先王審禮以方皇周浹於天下，動

---

[51]　《論語注疏・述而》，頁 60。

[52]　《論語注疏・述而》，頁 63。

[53]　《十三經注疏・禮記注疏・中庸》，頁 899。

[54]　《論語注疏・泰伯》，頁 72。

[55]　《孟子注疏・離婁章句上》，頁 123。

[56]　《孟子注疏・離婁章句上》，頁 127。

[57]　《孟子注疏・滕文公上》，頁 88。

[58]　《孟子注疏・離婁章句上》，頁 127。

無不當也。」[59]《荀子‧禮論》云：「先王案為之立文，尊尊親親之義至矣。」[60]《荀子‧非相》也云：「凡言不合先王，不順禮義，謂之姦。」[61]此言先王凡事審禮而行，廣大周遍於天下；並將禮制立文以行之。將尊尊親親之義，大明於天下，凡有不合先王之禮法，不順禮義而行者，稱為姦言。但是先王距今久遠，其禮文制度固然美好，亦有未必適合現代之處，故特別指出先王之說之問題所在。《荀子‧非相》云：

> 妄人者，門庭之間，猶可誣欺也，而況於千世之上乎？聖人何以不可欺？曰：聖人者，以己度者也。故以人度人，以情度情，以類度類，以說度功，以道觀盡，古今一度也。類不悖，雖久同理，故鄉乎邪曲而不迷，觀乎雜物而不惑，以此度之。五帝之外無傳人，非無賢人也，久故也。五帝之中無傳政，非無善政也，久故也。禹湯有傳政而不若周之察也，非無善政也，久故也。傳者久則論略，近則論詳，略則舉大，詳則舉小。愚者聞其略而不知其詳，聞其詳而不知其大也。是以文久而滅，節族久而絕。[62]

荀子以為：自古以來，為聖人不可欺。因為聖人能自己以道度測萬物，不論度人、度情、度類、度功皆屬之。所謂以人度人，即以今人推測上古之人；以情度情，即以一人之情，推測千萬人之情；以相類之事物推測相類之事物；以言說推測功效；以禮法推測萬物之理。天下之物，各有其類，不相乖悖。雖經歷長久，其理相同。故聖人趨向邪曲不正而不迷惑，受到雜物炫耀而不迷惑。世傳五帝[63]之外，當時之人，皆湮沒不傳。並非無賢人，只因年代久遠之故。五帝之後，禹、湯雖有傳者，不若周代之人事，

---

[59] 王先謙：《荀子集解‧君道》卷 8 第 12，頁 153。

[60] 王先謙：《荀子集解‧禮論》卷 13 第 19，頁 250。

[61] 王先謙：《荀子集解‧非相》卷 3 第 5，頁 53。

[62] 王先謙：《荀子集解‧非相》卷 3 第 5，頁 52。

[63] 依據《禮記‧月令》，以大皞（伏羲）、炎帝、黃帝、少皞、顓頊為五帝；《帝王世紀》以少昊、顓頊、帝嚳、堯、舜為五帝；《呂氏春秋》以太昊、炎帝、黃帝、少昊、顓頊為五帝；《史記‧五帝本紀》以黃帝、顓頊、帝嚳、唐堯、虞舜為五帝。今依《史記》之說。

明備可察。並非五帝之時無善政，也是因為年代久遠之故。傳寫歷史者，由於時代久遠，敘述簡略；時代較近，史料完備，則敘述詳細。簡略是只舉其大事，詳細就能舉其小事。愚昧者聽聞簡略而不知其詳，聽聞詳細，就不知其大事。由此可知，禮法久遠，就容易失傳；制度久遠，就易於滅絕。即使後人有傳聞之言，亦常有虛妄不實之處，未可盡信。文獻不足，當是荀子法後王之主因。

《荀子‧儒效》云：

> 言道德之求，不二後王。道過三代謂之蕩，法二後王謂之不雅。……百家之說，不及後王，則不聽也。夫是之謂君子言有壇宇，行也防表也。[64]

此言君子言有界限，行為有準則。放言應在壇宇範疇之內。若問道德之事，不以後王以外之事告之。其言後王，即周代也。《荀子‧非相》云：「欲知億萬，則數一二。欲知上世，則審周道。」亦言治道超過三代，就蕩然無稽。言禮法超越後王之外，則不容易正確也。百家之說，言不及於後王，則不足聽聞也。《荀子‧不苟》云：

> 百王之道，後王是也。君子審後王之道，而論於百王之前，若端拜而議。[65]

荀子以為：論說上世百王之治道，宜於晚近周代之王。君子若要詳審後王之道。卻去追論百王之前，而若與其端坐拱手而議論一般，是遙不可及之事。《荀子‧非相》更做詳細之說明，其云：

> 欲觀聖王之跡，則於其粲然者矣，後王是也。彼後王者，天下之君

---

64 王先謙：《荀子集解‧儒效》卷4第8，頁93。

65 王先謙：《荀子集解‧不苟》卷2第3，頁30。

也；舍後王而道上古，譬之是猶舍己之君，而事人之君也。故曰：
欲觀千歲，則數今日；欲知億萬，則審一二；欲知上世，則審周
道；欲知周道，則審其人所貴君子。故曰：以近知遠，以一知萬，
以微知明，此之謂也。[66]

荀子以為後王之禮儀法度，粲然明備。法後王，據前所論，即周代之文、
武、周公，後王是天下之君主，捨後王而道上古之事，譬猶捨己之君而事
人之君。故欲觀千年前之事，就看今日即可；欲知億萬之數，便從一二開
始。欲知上世先王之事，就從周代審察即可；欲知周代禮文，就應細觀周
代隆禮之君子。此道理就是由近知遠，從一知萬，見微知著之道理。

　　由上所述，後王之禮法制度，粲然明備。欲知後王之治道，應審查周
代之文、武、周公。先王之道，荀子並不排斥，只是年代遙遠，所存資料
簡約而已。因此，不宜假先王之名，欺騙愚昧不知之人。《論語・為政》
中，孔子亦云：

　　殷因於夏禮，所損益可知也；周因於殷禮，所損益可知也。其或繼
　　周者，雖百世可知也。[67]

雖然孔子是由古往下推論，與荀子由今往古推測，其理相同。

二、深化聖王觀之思想

　　「聖王」一詞在論語未談及，只有在《論語・雍也》中，子貢問仁，
孔子回答對話中談到「聖」[68]，又在《論語・述而》中說：「聖人，吾不
得而見之矣；得見君子者，斯可矣。」而孟子則在《孟子・盡心章句下》

---

[66] 王先謙：《荀子集解・非相》卷 3 第 5，頁 51。

[67] 《論語注疏・為政》，頁 19。

[68] 《論語注疏・雍也》：「如有博施於民而能濟眾，何如？可謂仁乎？」子曰：「何事於仁，必也聖
乎！」，頁 55。

說：「大而化之」之謂聖，但在《荀子》書中對「聖王」有多處探討，如
〈非相〉云：

> 辨莫大於分，分莫大於禮，禮莫大於聖王；聖王有百，吾孰法焉？
> 故曰：文久而息，節族久而絕，守法數之有司，極禮而襤。故曰：
> 欲觀聖王之跡，則於其粲然者矣，後王是也。彼後王者，天下之君
> 也[69]

又〈解蔽〉也說：

> 故學也者，固學止之也。惡乎止之？曰：止諸至足。曷謂至足？
> 曰：聖也。聖也者，盡倫者也；王也者，盡制者也；兩盡者，足以
> 為天下極矣。故學者以聖王為師，案以聖王之制為法，法其法以求
> 其統類，以務象效其人。嚮是而務，士也；類是而幾，君子也；知
> 之，聖人也。[70]

《荀子·非十二子》云：

> 無置錐之地，而王公不能與之爭名，在一大夫之位，則一君不能獨
> 畜，一國不能獨容，成名況乎諸侯，莫不願以為臣，是聖人之不得
> 埶也。仲尼子弓是也。一天下，財萬物，長養人民，兼利天下，通
> 達之屬莫不從服。六說者立息，十二子者遷化，則聖人之得埶者。
> 堯舜是也。今夫仁人也，將何務哉？上則法堯舜之制，下則法仲尼
> 子弓之義，以務息十二子之說。[71]

---

[69]　王先謙：《荀子集解·非相》卷3第5，頁50-51。
[70]　王先謙：《荀子集解·解蔽》卷15第21，頁271。
[71]王先謙：《荀子集解·非十二子》卷3第6，頁60-61。

堯舜既是聖人，又能「一天下，財萬物，長養人民，兼利天下」，他們是
得勢的聖人。如此，聖人與聖王的唯一不同就在於是否得勢掌權。如是則
天下之害除，仁人之事畢，聖王之跡著矣！

內聖外王之道本是道家莊子學派明確提出的一種「聖王」觀。經過儒
家思想家的改造，這一思想逐漸成為戰國後期儒家的政治理想。荀子的
「聖王」觀即「王道」思想，既繼承了《尚書》、《詩經》、孔子的思
想，也豐富了他〈正論〉的「王道」理想。荀子從三個方面，論證了理想
中的王者形象以及「非聖人莫之能王」的「聖王」理想。並通過對「聖
王」的闡述，揭示了王權正當性的根據。第一，「能用天下之士謂之
王。」荀子認為，在聖王不存在的歷史條件下，諸侯之中有「能德明威
積」，「海內之民莫不願得以為君師」之人，在除暴安民的同時而能做
「必不傷害無罪之民，誅暴國之君若誅獨夫，若是則可謂能用天下矣。」
第二，「天下歸之謂之王。」荀子認為，湯武並不僅僅是用武力奪取天下
的，而是因為他們「修其道，行其義，興天下之同利，除天下之同害，而
天下歸之也。」[72]「天下歸之之謂王，天下去之之謂亡。」從這一角度
說，「桀紂無天下而湯武不弒君。」這就從民意認同的角度論證了王權交
替過程中「革命」手段的合理性與正當性。第三，「非聖人莫之能王。」
荀子認為：

> 天下者，至重也，非至彊莫之能任；至大也，非至辨莫之能分；至
> 眾也，非至明莫之能和。此三至者，非聖人莫之能盡。故非聖人莫
> 之能王。聖人備道全美者也，是縣天下之權稱也。……天下者，至
> 大也，非聖人莫之能有也。[73]

正是從這三重的立體角度說，現任天子也不能禪位於他人，得天下者必須
是有德之士。所以，荀子說：

---

[72] 王先謙：《荀子集解·正論》卷12第18，頁216。
[73] 王先謙：《荀子集解·正論》卷12第18，頁216-217。

> 天子者，執位至尊，無敵於天下，夫有誰與讓矣？道德純備，智惠甚明，南面而聽天下，生民之屬莫不振動從服以化順之，天下無隱士，無遺善，同焉者是也，異焉者非也，夫惡有擅天下矣。[74]

這是從個人的德智完備的角度論述了「王者」的內在資格。在論證「聖王」何以能具備統治的正當性，荀子仍然借用了「道」與「義」的概念。，荀子云：「道者，非天之道，非地之道，人之所以道也，君子之所道也。」這種「道」，就是仁愛之情，仁德之政；從制度層面看，就是禮法制度。在荀子看來，符合王道政治理想的國家，並不以軍事上的強大來征服他國，而是以制度的合理性、人民的認同、實力的強大來威懾他國。如荀子說道：

> 古之兵，戈矛弓矢而已矣，然而敵國不待試而詘；城廓不辨，溝池不抇，固塞不樹，機變不張，然而國晏然不畏外而明內者，無它故焉，明道而分鈞之，時使而誠愛之，下之和上也如影響，有不由令者，然後誅之以刑。故刑一人而天下服，罪人不郵其上，知罪之在己也。是故刑罰省而威流，無它故焉，由其道故也。[75]

荀子所講的「道」，即是強調一個國家要擁有政治正當性的，通過這種政治正當性讓一國的政治對內能凝聚人心、國力，走向全面的富強，對外能形成絕對的威勢，讓敵國不敢冒犯，甚至不敢動冒犯之念。「義」其實也就是仁德，是「道」在現實政治生活中的運用。他將「義」解釋為：

> 夫義者，所以限禁人之為惡與姦者也。……夫義者，內節於人而外節於萬物者也，上安於主而下調於民者也。內外上下節者，義之情

---

[74] 王先謙：《荀子集解・正論》卷 12 第 18，頁 221。

[75] 王先謙：《荀子集解・議兵》卷 10 第 15，頁 188。

也。[76]

因此，在荀子的政治思想體系中，「義為本而信次之」，禹、湯本義務信而天下治，桀、紂棄義背信而天下亂，故為人上者將慎禮義，務忠信然後可，此君人者之大本也。

在〈禮論〉，荀子提出了「聖人者，道之極也」的觀點。但其論述的重點是通過對「聖王」概念分析，重新確定了王者的資格，從而為王權的正當性做出了新的論證，荀子對誰最具備掌握天下之大權的資格問題，做出論證。他否認世俗的說法：「桀、紂有天下，湯、武篡而奪之。」他認為：只能說桀、紂擁有天下，並不能說他們是以自身的德行，躬身治天下而應當擁有天下的權柄。真正能成為天下之王的人，必然是令行於諸夏。荀子所提倡的王道政治，雖以禮為制，但對於禮背後蘊涵的「理」，「禮者，人道之極也」[77]、「聖人者，道之極也。」[78]禮制背後的「理」，即所以然的道理，它是仁民愛物的根本精神，以及貴德尚賢，重視公平的用人制度與社會分配制度。

三、制定大一統之藍圖

前言個人由天生人成之道，探討由心性之休養，至具有聖心之大清明境界。此言由聖王經理國家，達到大一統之帝業，即由人成方面探討治國大道，是有系統之理論體系，非憑口泛泛說之也。

荀子首言富國，孔子認為足食為治國之首。《論語·顏淵》云：

> 子貢問政。子曰：「足食。足兵。民信之矣。」子貢曰：「必不得已而去，於斯三者何先？」曰：「去兵。」子貢曰：「必不得已而

---

[76] 王先謙：《荀子集解·彊國》卷11 第16，頁203-204。

[77] 王先謙：《荀子集解·禮論》卷13 第19，頁237。

[78] 王先謙：《荀子集解·禮論》卷13 第19，頁237。

去，於斯二者何先？」曰：「去食。自古皆有死，民無信不立。」[79]

子貢問政於孔子，糧食充足，軍備修整，人民信任政府三者，首要人民信任政府，其次足食、再次足兵。民心屬民心之歸向，是心理建設。但足食比足兵重要。如《管子‧牧民》所云：「倉廩實而知禮節，衣食足而知榮辱。」[80]富國是治國之首要問題，也就是從經濟層面，使國家富裕豐足。富國之道，在節用裕民。《荀子‧富國》云：

> 足國之道：節用裕民，而善臧其餘。節用以禮，裕民以政。彼裕民，故多餘。裕民則民富，民富則田肥以易，田肥以易則出實百倍。……夫君子奚患乎無餘？……不知節用裕民則民貧，民貧則田瘠以穢，田瘠以穢則出實不半；上雖好取侵奪，猶將寡獲也。而或以無禮節用之，則必有貪利糾譑之名，而且有空虛窮乏之實矣。[81]

國家富足之道有二，節用與裕民，而且還要善藏所餘，不浪費虛耗。節用要依禮法之規定，富裕人民要行善政，讓人民富足。民富就有餘力肥沃土地，生產百倍之糧食。執政之君子，又何必憂慮無餘糧呢？反之，不知節用裕民，則人民窮困，田地貧瘠且荒蕪，糧食生產不到一半。即使君主巧取豪奪，如不依禮法節省用度，就會有貪利收取之名，而且有空虛窮乏之實。

國家依禮法施政，富足之後，要有王者之兵，也就是仁義之兵，《孟子‧梁惠王上》云：「仁者無敵」。[82]《荀子‧議兵》云：

> 彼兵者所以禁暴除害也，非爭奪也。故仁人之兵，所存者神，所過者化，若時雨之降，莫不說喜。是以堯伐驩兜，舜伐有苗，禹伐共

---

[79] 何晏注、邢昺疏：《論語注疏‧顏淵》，頁107。

[80] 《管子今詮》中編卷2，〈牧民〉，頁183。

[81] 王先謙：《荀子集解‧富國》卷6第10，頁114-115。

[82] 《孟子注疏‧梁惠王章句上》，頁14。

工，湯伐有夏，文王伐崇，武王伐紂，此四帝兩王，皆以仁義之兵行於天下也。故近者親其善，遠方慕其德，兵不血刃，遠邇來服。[83]

荀子以為：仁君愛民如子，又循理而行。故其用兵，意在禁暴除害，而非爭奪。故仁君存止之處，人皆悅服如神明；所過往之處，皆前來歸化。有若降下及時雨，莫不悅喜。因此堯伐驩兜，舜伐有苗，禹伐共工，湯伐有夏，文王伐崇，武王伐紂，此四帝兩王，皆以仁義之兵，行之於天下。近者親近其仁善，遠方仰慕其仁德，不用兵刃砍殺，遠近皆來順服，

在治國上，主張隆禮用賢，由聖王實行仁政。聖王法先王，先王為周文王、周武王，其大道具在儒家經典之中。《荀子‧儒效》云：

聖人也者，道之管也。天下之道，管是矣；百王之道，一是矣。故詩書禮樂之歸是矣。詩言是其志也，書言是其事也，禮言是其行也，樂言是其和也，春秋言是其微也，故風之所以為不逐者，取是以節之也，小雅之所以為小雅者，取是而文之也，大雅之所以為大雅者，取是而光之也，頌之所以為至者，取是而通之也。天下之道畢是矣。鄉是者臧，倍是者亡；鄉是如不臧，倍是如不亡者，自古及今，未嘗有也。[84]

聖王是大道之管鑰，也是天下之管鑰，也是百王之道歸結到聖王之上。聖王之道就是詩書禮樂之歸趨。詩言聖王之意志，書言聖王之行事，禮言聖王之行為，樂言聖王之平和，春秋言聖王之微言。《詩經》中，〈國風〉不會流於放蕩，就是聖王之道節制其情性，〈小雅〉就是聖王之道文飾它，〈大雅〉就是聖王之道光大它，〈頌〉就是生亡之道通達它。天下之道全在於此。順聖王之道者美善，違背者滅亡；鄉是如不臧，違背聖王之道而不滅亡者，未之有也。

[83] 王先謙：《荀子集解‧議兵》卷 10 第 15，頁 185-186。
[84] 王先謙：《荀子集解‧儒效》卷 4 第 8，頁 84-85。

　　聖王之道，全繫於儒家之學，儒家文武之道，即以詩書禮樂治國。
《荀子‧儒效》云：

> 脩百王之法，若辨白黑；應當時之變，若數一二；行禮要節而安
> 之，若生四枝；要時立功之巧，若詔四時；平正和民之善，億萬之
> 衆而博若一人：如是，則可謂聖人矣。[85]

　　聖王精通儒家之學，在修治百王之法度，以制定禮法，就如分辨黑白一般
清楚。順應當時形勢之變化，如數一二般容易；實踐禮法要節制，而且安
定，若生於人身之四肢一般自然；把握時機立功。就如詔示百姓依四時務
農一般；平正政事，和齊百姓之善政，使億萬民眾，團結如一人一般。如
此，就可謂聖人。因此，荀子主張治國應以聖王為師。《荀子‧儒效》
云：

> 人無師法，則隆性矣；有師法，則隆積矣。而師法者，所得乎情，
> 非所受乎性。不足以獨立而治。性也者，吾所不能為也，然而可化
> 也。情也者，非吾所有也，然而可為也。注錯習俗，所以化性也；
> 并一而不二，所以成積也。習俗移志，安久移質。并一而不二，則
> 通於神明，參於天地矣。[86]

　　效法後王之文武周公之道，為治國之標竿。故人須師法，師法者，聖王
也。人無師法，就會重視情欲而恣為；有師法，就會重視積學以化善。故
師法，是由積學而得，並非稟受於性。性屬天性，不能獨立治理，必待師
法積習以化之，故性非人力所能為，然而可積習以變化；積也非吾所有，
然而可藉師法而為之。安排習俗，可以變化本性；專一心志，就可以通達
神明，與天地並列為三。

85　王先謙：《荀子集解‧儒效》卷4第8，頁83。
86　王先謙：《荀子集解‧儒效》卷4第8，頁91。

聖王治國，知百姓皆務農，故在農業上，亦甚為注重。《荀子·天論》云：

> 彊本而節用，則天不能貧；養備而動時，則天不能病。……本荒而用侈，則天不能使之富；養略而動罕，則天不能使之全。倍道而妄行，則天不能使之吉。[87]

此言加強農業生產，而節省用度，則天不能使之貧；養生所需之衣食完備，一切行動配合時令，則天不能使人生病。反之，衣食減少，行動亦少，即使天都不能使人保持康健。不行正道，不講禮義，天都不能使人吉祥幸福。

古之聖王在制定官職之時，亦對農商之事極為重視。《荀子·王制》云：

> 脩隄梁，通溝澮，行水潦，安水臧，以時決塞，歲雖凶敗水旱，使民有所耘艾，司空之事也。相高下，視肥墽，序五種，省農功，謹蓄藏，以時順脩，使農夫樸力而寡能，治田之事也。脩火憲，養山林藪澤草木魚鼈百索，以時禁發，使國家足用，而財物不屈，虞師之事也。順州里，定廛宅，養六畜，閒樹藝，勸教化，趨孝弟，以時順脩，使百姓順命，安樂處鄉，鄉師之事也。[88]

文中提及四位官吏，司空、治田、虞師、鄉師，皆與百姓之農事有關。如司空負責修治河堤橋梁，疏濬田間溝澮，排除低地積水，安固水庫，按旱澇不同而開放和關閉，每年雖有凶年水災旱災，要使民眾能耕耘收穫。治田負責察看地勢之高下，視察土地之肥沃或貧瘠，按時序種五穀，省視農耕之功效，謹慎地蓄藏糧食，並按時修治糧倉，使農夫樸實力田，而無外

---

[87] 王先謙：《荀子集解·天論》卷 11 第 17，頁 205。

[88] 王先謙：《荀子集解·王制》卷 5 第 9，頁 107。

務。虞師負責修訂燒山之法令，養育山林湖澤之草木魚鱉百蔬，按時開採與禁止，使國家之糧食足用，而財物不拮据。鄉師負責和順州里，規定百姓住宅之界線，畜養六畜，學習種樹之才藝，鼓勵教化，督促孝弟，按時順修，使百姓順從王命，平安快樂地居住鄉里。以上皆屬農事，都命官吏治理，使國家之農事導入正軌，人民安居樂業。

　　聖王治國最重要者，還是在使國家安定，而禮法是主要之工作，禮法是周代聖王文王、武王及周公治國之要道，《荀子・王制》中，荀子認為禮義是「治之始也」[89]，《荀子・成相》認為禮與刑是「治之經」，也就是說禮是治國首要之工作，也是治國不變之常道。《荀子・修身》云：「國家無禮則不寧」[90]，《荀子・性惡》云：「禮義生而制法度」[91]，又可知國家依禮義而制定法度後，才會安寧。禮法是治國之根本。《荀子・性惡》云：「禮之所以正國也……既錯之而人莫之能誣也。」[92]以禮治國，可以端正國家。設置禮制之後，是任何人都無法欺騙它。

[89]　王先謙：《荀子集解・王制》卷 5 第 9，頁 103。

[90]　王先謙：《荀子集解・修身》卷 1 第 2，頁 14。

[91]　王先謙：《荀子集解・性惡》卷 11 第 17，頁 292。

[92]　王先謙：《荀子集解・王霸》卷 7 第 11，頁 136。

第八章　後代對荀子「天人分合」思想之發展與評議

　　漢代以來由於儒學興盛，荀子是先秦儒學大師，又漢代思想儒法兼併，因此從漢代以來荀學一直受到推崇與重視[1]。西漢司馬遷作《孟子荀卿列傳》，將孟荀並列，表彰孟荀之功[2]，稱讚荀卿明禮義，總結儒、墨、道三家得失，從而改造儒學的功績，縱使司馬遷史記中的〈禮書〉和〈樂書〉皆採荀子的〈禮論〉和〈樂論〉。劉向《孫卿書錄》稱董仲舒「作書美孫卿」[3]，可知董仲舒亦尊荀。魏晉南北朝以來，隨著玄學的興起和儒學的衰落，玄學化的儒學成為儒學發展史上一個特殊的發展階段。隋朝時期儒學發展，大致沿襲魏晉遺風，有隋朝大儒王通認為窮達由天，決定於人道，主張道在禮中，以禮言道，這與荀學的「禮學」思想相一致[4]。王通將「道」與「欲」對立，是開宋明理學「理欲之辨」的先河。

　　在唐初期，由於反思隋亡唐興的歷史教訓，對於荀子「天人之分」，進而「天人合德」之思想，在唐代產生高度重視。如漢代董仲舒天人感應之思想，摻入陰陽家之思想，形成其天人之說；宋代程頤所謂「天人本無二，不必言合。」[5]；朱熹則主張存天理去人欲；王陽明致良知之說；在天

---

[1] 王先謙：《荀子集解‧堯問》卷20第32：「今之學者，得孫卿之遺言餘教，足以為天下法式表儀。所存者神，所過者化，觀其善行，孔子弗過。世不詳察，云非聖人，奈何！天下不治，孫卿不遇時也。德若堯禹，世少知之；方術不用，為人所疑；其知至明，循道正行，足以為紀綱。嗚呼！賢哉！宜為帝王。」，頁364。

[2] 司馬遷：《史記‧孟子荀卿列傳》：「獵儒墨之遺文，明禮義之統紀，絕惠王利端，列往世興衰。」

[3] 劉向：《孫卿書錄》(北京市：中華書局，1999年6月)，頁1185-1186。

[4] 鄭春穎：《文中子中說譯註》(黑龍江：人民出版社，2003年)：「禮，其皇極之門乎！其得中道乎。」，頁116。

[5] 程頤《二程集‧河南程氏遺書》卷6，頁80。

人分合之發展史上，荀子皆對其有重大之影響。唐宋以來甚多學者對荀學都存異議，從韓愈批評荀子之書為大醇而小疵，到宋儒因重「理氣」心性之學，攻擊荀學更是如排山倒海而來，深究其原因皆由於荀子言「性惡」之故，待至楊倞解詁註譯後，一直到清代訓詁考據學的興起，荀學才再度復興。從漢唐至明清時期，受荀學天人思想影響的思想家無以計數，以下只列出後代較重要或具代表性的朝代與思想家，以瞭解後代對荀學天人思想的承變，並進一步發揚兩千年之學的荀子哲學智慧。

第一節　漢唐時期

　　漢代大儒陸賈（240—170B.C.），是漢高祖的主要謀士，西漢王朝建立後，總結秦亡後漢興的經驗與教訓，著《新語》二卷，陸賈在《新語·無為》指出：「蒙恬討亂于外，李斯法治于內，事愈煩，天下愈亂，法愈滋而奸愈熾，兵馬益設而敵人愈多。秦非不欲為治，然失之者，乃舉措暴眾而用刑太極故也。」這說明秦朝滅亡乃是施行暴政和用刑太多，只有實施仁義與無為而治，才是指導政治的基本原則。在論天方面，陸賈和荀子一樣，認為天行有常，他說「世衰道亡，非天之所為也。」〈道基〉也說：「天生萬物，以地養之，聖人成之，功德參合，而道術生焉。」萬物是天地所生成的，天的作用是生，地的作用是養，人的作用是完成天地自然的功用。《新語》大旨皆崇儒道，黜霸術，歸本於修身用人，並強調天人合一。其〈道基〉第一云：

> 先聖乃仰觀天文，俯察地理，圖畫乾坤，以定人道，民始開悟，知有父子之親，君臣之義，夫婦之別，長幼之序。於是百官立，王道乃生。……禮義不行，綱紀不立，後世衰廢，於是後聖乃定五經，明六藝，承天統地，窮事察微，原情立本，以緒人倫，宗諸天地，脩篇章，垂諸來世，被諸鳥獸，以匡衰亂，天人合策，原道悉備，智者達其心，百工窮其巧，乃調之以管弦絲竹之音，設鐘鼓歌舞之

樂，以節奢侈，正風俗，通文雅。[6]

文中言及「天人合策，原道悉備。」亦言先聖合天人之道，仰觀天文，俯察地理，圖畫乾坤，以定人道，並將天人之道，以易卦表示。圖畫乾坤，乃《易經》六十四卦，以陰陽卦爻圖畫，以明天人之道。又立禮義制度，以建立國家之綱紀，及倫常關係。又言承天統地，宗諸天地，亦言天地之道。後言之以管弦絲竹之音，設鐘鼓歌舞之樂，則言重視禮義之外，而樂亦不可偏廢，並言樂有節奢侈，正風俗，通文雅之功能。與荀子之說，不謀而合。

　　董仲舒(179—104B.C.)是西漢著名的哲學家，是漢初儒者中，受陰陽家思想影響最深的人物。漢儒學之發展，自漢武帝建元元年時，詔舉賢良時，用董仲舒「天人三策」之議，罷黜百家，孔道以尊，儒學以顯。董仲舒將陰陽家思想用於儒術後，漢儒思想由「人」之本位而歸於天。董仲舒以天為百神之物，並且將陰陽五行與天人感應之說融合，形成天人相副、天人感應之說。天創造人，人是天的副本，既然人與天相副相連，天與人便合而為一。在心性方面，孟子由心之善而體認到性之善，董仲舒則由「人副天數」[7]的觀點來說性，以為「天兩有陰陽之施，身亦有貪仁之性。」因為天人一氣，天的陰陽二氣。表現在人身上，便是貪仁二氣，既然天有陰氣與陽氣，人亦有貪和仁。這是性中兼具善惡，人有善惡就像天有陰陽，這與荀子「以心治性」的觀點不同。

　　《春秋繁露‧天道施》云：

　　男女猶道也。人生別言禮義，名號之由，人事起也。不順天道，謂之不義，察天人之分，觀道命之異，可以知禮之說矣。[8]

董仲舒言「察天、人之分」，與荀子「明於天、人之分」相同，但「觀

6　陸賈：《四部叢刊‧新語》二卷 320 冊，〈道基〉，頁 6-14。

7　所謂人副天數，是把人身的種種與天相比副，凡人身所有的，天也有，天所有的，人也有。

8　賴炎元註譯：《春秋繁露‧天道施》卷 17(臺北市：臺灣商務印書館，1984 年 5 月)，頁 443。

道、命之異」，與荀子之說不同。董仲舒篤信陰陽五行之道，故道可稱陰
陽、男女；命則人副天數，天是大宇宙，人是小宇宙。聖人定禮義以教
之，因禮義而產生名號，以治複雜之人事，然其本則原於天，故應順天
道。不順天道，謂之不義。荀子則以人由天生，但人應明天人之分，應制
天而用之。《春秋繁露・立元神》云：

> 天地人，萬物之本也。天生之，地養之，人成之；天生之以孝悌，
> 地養之以衣食，人成之以禮樂；三者相為手足，合以成體，不可一
> 無也……三者皆亡，則民如麋鹿，各從其欲，家自為俗……猶不能
> 逃之也。[9]

　　董仲舒認為天地人，是萬物之根本。故天生萬物，地養萬物，人成萬
物。孝悌之道屬天生，地以衣食養人類，人以禮樂成就之，三者缺一不
可。人若缺孝悌、衣食、禮樂，就如動物中之麋鹿一般，各自依從欲望而
行。此與荀子之說不同，荀子以為「天有其時，地有其財，人有其治。」
天地人各有職責，天有寒暑四時，與董仲舒孝悌之道亦屬天生不同，地生
萬物，衣食須由人耕植而得，與董仲舒之地就能生衣食不同；人須由聖王
制定禮樂，方能治理人民，與董仲舒言人能成禮樂不同。
　　《春秋繁露・實性》云：

> 善如米，性如禾，禾雖出米，而禾未可謂米。性雖出善，而性未可
> 謂善也。米與善，人之繼天而成於外也，非在天所為之內也。天所
> 為，有所至而止。止之內謂之天，止之外謂之王教。王教在性外，
> 而性不得不遂。故曰：性有善質，而未能為善也。豈敢美辭，其實
> 然也。天之所為，止於繭麻與禾。以麻為布，以繭為絲，以米為
> 飯，以性為善，此皆聖人所繼天而進也，非情性質樸之能至也，故

9　賴炎元註譯：《春秋繁露・立元神》卷6，頁156-157。

　　不可謂性。[10]

　　董仲舒將性與善的關係比喻成米與禾的關係。米不是禾，但禾中可以生出米來。同樣道理，性雖可以產生出善的本質，但是不可以說性就是善。這是在繼天的基礎後，再加上外在法天的過程完成的，不是在天所創造的範圍。天以「天人感應」的方式去對人的法天行為做檢視，並對人進行「懲罰或獎賞」。[11]人與天是一種外在的關係，天是作為外在人的客觀學習的對象。這在闡明董仲舒所謂的性，有出於善，也有不善，善也未必自內心出，須有外力幫助，這是受到荀子人為思想之影響。

　　西漢司馬遷（145—86B.C.）著《史記》，亦以天人之道為其著述之宗旨。其〈自序〉云：「究天人之際，通古今之變，成一家之言。」[12]司馬遷曾學於董仲舒，但卻反對董仲舒的「天人感應說」，聞《春秋》之旨意，於天人之學，都有涉獵。如《史記》中之〈禮書〉、〈天官書〉、〈曆書〉、〈律書〉、〈封禪書〉等篇，多言天人關係。如〈天官書〉云：

　　　　在斗魁中，貴人之牢。魁下六星兩兩相比者，名曰三能。三能色齊，君臣和；不齊，為乖戾。輔星明近，輔臣親彊；斥小，疏弱。[13]

　　此乃以天象明人事。言斗魁戴匡六星為文昌宮：一曰上將，二曰次將，三曰貴相，四曰司命，五曰司中，六曰司祿。此六星在斗魁中，主理牢獄之事。魁下六星，兩兩相比，稱三台。三台星之色齊一，則君臣和諧。陰陽和，風雨時；色不齊一，則乖戾多災，好興甲兵。輔星大而明，則近臣擅權；遠而小，則君主疏弱。

---

[10]　賴炎元註譯：《春秋繁露・實性》卷10，頁274。

[11]　賴炎元註譯：《春秋繁露・王道》卷4：「道，王道也；王者，人之始也。王正，則元氣和順，風雨時，景星見，黃龍下；王不正，則上變天，賊氣并見。」，頁87。

[12]　司馬遷：《史記新校本史記三家注并附編二種四》卷130，〈太史公自序第七十〉，頁3285。

[13]　司馬遷：《史記新校本史記三家注并附編二種二》卷27，〈天官書第五〉，頁1293。

　　《史記》用「天」和「人」來解釋歷史變化的關係，但是在解釋天和人時是有時強調人，有時肯定天，有時又對天產生懷疑。在〈伯夷列傳〉中，司馬遷又云：

> 或曰：「天道無親，常與善人。」若伯夷、叔齊，可謂善人者非邪？積仁絜行如此而餓死！且七十子之徒，仲尼獨薦顏淵為好學。然回也屢空，糟糠不厭，而卒蚤夭。天之報施善人，其何如哉？盜蹠日殺不辜，肝人之肉，暴戾恣睢，聚黨數千人橫行天下，竟以壽終。是遵何德哉？[14]

或言天道無親，常助善人。如若伯夷、叔齊，可謂善人。積仁絜行，卻餓死於首陽山！且孔子弟子，仲尼特推許顏淵好學。然回也簞瓢屢空，食糟糠而不厭，而卒早夭。天是如何施惠於善人？盜跖日殺無罪之人，食人之肝，剛暴狠戾，恣意而為，聚集黨人數千，橫行於天下，竟壽終正寢。是依遵何德而如此？司馬遷從天人觀點，敘述人事之不平，天卻無法相助。而在《史記・六國年表序》分析秦統一中國，不是兵、德義等因素，也不是地理形勢險要堅固，是因為天在幫助它。《史記・六國年表序》云：

> 論秦之德義不如魯衛之暴戾者，量秦之兵不如三晉之彊也，然卒并天下，非必險固便形埶利也，蓋若天所助焉。[15]

又在《史記・項羽本紀》批評項羽：「天亡我，非用兵之罪也，豈不謬哉！」在這裡，司馬遷肯定項羽的失敗，「天命」不是失敗的因素。但是對於「天人思想」並不是相分或相合，而是根據史學家自己的史學精神來推定的。

　　與班固同時代之王充（27—97A.D.），字仲任，著《論衡》，反對董

14　司馬遷：《新校本史記三家注并附編二種三》卷61，〈伯夷列傳第一〉，頁2121。

15　司馬遷：《新校本史記三家注并附編二種一》卷15，〈六國年表第三〉，頁685。

仲舒的天人感應之說、反對讖緯之說，王充的學習理論是重視學習，偏重於為學[16]，必重於經驗，這是王充和荀子相同之處。對天人之說，其〈談天〉中，認為天是「含氣之自然」。宇宙萬物皆是含氣之大自然，天由氣構成。

又〈說日〉中云：

> 天之行也，施氣自然也。施氣則物自生，非故施氣以生物也。天不動，氣不施，氣不施，物不生，與人行異，日月五星之之行，皆施氣焉。[17]

從此文觀之，王充是氣一元論。他在〈率性〉說：「人之善惡，共一元氣。氣有多少，故有賢愚。」、「稟氣有厚薄，故性有善惡也」王充認為稟氣之厚薄決定人性之善惡。他批評荀子的性惡論，他認為人性有善惡之別，才是正常，如果只有惡而無善，就如同天氣有陰而無晴。荀子的性惡指的是人因欲望而順之縱之不知節制而形成，是基於經驗的觀察而得，與王充以「氣為性」觀點對荀子性惡的認知不同。人因稟氣不同，故有貴賤貧富之不同。〈幸偶〉云：

> 俱稟元氣，或獨為人，或為禽獸；並為人，或貴或賤，或貧或富；富或累金，貧或乞食，貴至封侯，賤至奴僕，非天稟施有左右也，人物受性有厚薄也。俱行道德，禍福不均；並行仁義，利害不同。[18]

王充認為人與禽獸，具稟元氣而生。但人有貧富貴賤之異，並非天稟施有多少之不同，人稟受天性有厚薄也。同行道德之事，但禍福不同；並行仁

---

[16] 蔡鎮楚注譯：《王充‧論衡》〈知實〉：「賢聖可學，為勞佚殊，故賢聖之號，人智共之。」（臺北市：三民書局，2015 年 6 月），頁 1409。又〈實知〉：「人才有高下，知物由學。學之乃知，不問不識。」，頁 1382。

[17] 蔡鎮楚注譯：《王充‧論衡》卷 11，〈說日〉，頁 586-587。

[18] 蔡鎮楚注譯：《王充‧論衡》卷 2，〈幸偶〉，頁 55。

義之事，利害亦有不同。由上可知，王充將人之貴賤、禍福、利害，都歸之於命，都是自然無意志的、偶然巧合的命運之命。在天道主張「自然無為」[19]、「天人不相知」[20]、「天人不相感」[21]。

　　唐代儒釋道三家並興，皆有關於天人之說。其中儒家之韓愈（768—824A.D.）對於天人關係說是繼承孔孟思想，承認天有意志，但是也有不同，即孔子不怨天，韓愈於氣憤時則怨天尤人，否定天命，尊孟抑荀。其〈讀荀〉云：「孟氏，醇乎醇者也，荀與揚，大醇而小疵。」[22]文中稱揚孟子如醇酒般美好，荀子則大醇而小疵，其缺點指荀子性惡之說，又云：「考其辭，時若不粹，要其歸，與孔子異者鮮矣。」[23]可見韓愈是以孔子之角度評論荀子，且內容簡短，為對荀學作深入探討，不能稱為平允之論。在韓愈作〈原道〉以表荀不及孟之意的同時，時人楊倞在荀學史上第一個為《荀子》作注，楊倞在荀子序中，對荀子多所稱讚，楊氏謂：

> 昔周公稽古三五之道，損益夏、殷之典，制禮作樂，以仁義理天下，其德化刑政存乎《詩》。至於幽、厲失道，始變《風》變《雅》作矣。平王東遷，諸侯力政，逮五霸之後，則王道不絕如縷。故仲尼定禮樂，作《春秋》，然後三代遺風弛而復張，而無時無位，功烈不得被于天下，但門人傳述而已。陵夷至于戰國，於是申、商苛虐，孫、吳變詐，以族論罪，殺人盈城，談說者又以慎、

---

[19] 蔡鎮楚注譯：《王充‧論衡》卷 3，〈初稟〉：「自然無為，天之道也」，頁 151，此處的自然無為與老子的自然無為不同。王充的自然無為乃是天自己在照顧自己，與經過一種功夫的努力而使能體道的「天道」不同。見《徐復觀‧兩漢思想史》卷二，(臺北市：臺灣學生書局，2015 年 9 月)，頁 618-619。

[20] 《徐復觀‧兩漢思想史》卷二：「王充以天之生物，其目的在說明天之自身，只由形體的運動而施氣，施氣並不是以生物為目的，物乃在施氣之下偶然自生，天並不知道，更無所要求於它所生的物；所以天所生之物，與天地毫不相干，而物既生之後，人與天的地位既懸隔，人之體又與天之體全不相同，由此而導出天人不相知。」，頁 616-617。

[21] 蔡鎮楚注譯：《王充‧論衡》卷 15，〈明雩〉：「夫人不能以行感天，天亦不能隨行而應人。」，頁 802。

[22] 《韓昌黎集‧讀荀》，卷 1，頁 21。

[23] 《韓昌黎集‧讀荀》，卷 1，頁 21。

墨、蘇、張為宗，則孔氏之道幾乎息矣。有志之士所為痛心疾首也！故孟軻闡其前，荀卿振其後。觀其立言指事，根極理要，敷陳往古，掎挈當世，撥亂興理，易於反掌，真名世之士，王者之師。[24]

所以荀子有羽翼六經，增光孔氏之功，非徒諸子之言也。楊倞研究認為孟荀有功於時政，是為公允之論。按楊倞對儒學之振興，厥功甚偉，殊不可沒，其學說思想足以匡正人心，是唐倞氏之高見也。

劉禹錫（772—842A.D.），字夢得，中唐時期，與柳宗元同時之思想家與文學家，著〈天論〉上中下三篇，其「天論」思想受荀子很深的影響，柳宗元是他這方面的知己。他認為韓愈的「陰騭之說」與柳宗元的「自然之說」都有片面性。雖然天人相分，天人不相影響，但是人是宇宙自然的一部份，自然與天人之間必然互相影響，補充了柳宗元〈天說〉的不足，提出了「天與人交相勝」的主張。這是劉禹錫繼承荀子「天人相分」的理論成果。主要在說明「天之能」與「人之能」在那方面交相勝，劉禹錫云：

其說曰：天之道在生殖，其用在強弱；人之道在法制，其用在是非。陽而阜生，陰而肅殺；水火傷物，木堅金利；壯而武健，老而耗眊，氣雄相君，力雄相長：天之能也。陽而蓺樹，陰而揫斂；防害用濡，禁焚用光；斬材竁堅，液礦硎鋏；義制強訐，禮分長幼；右賢尚功，建極閑邪：人之能也。[25]

由上文可知，「天之能」指的是「陽而阜生，陰而肅殺；水火傷物，木堅金利；壯而武健，老而耗眊，氣雄相君，力雄相長」，這些是自然變化，是人所無能為力的。「人之能」指的是「陽而蓺樹，陰而揫斂；防害用濡，禁焚用光；斬材竁堅，液礦硎鋏；義制強訐，禮分長幼；右賢尚功，

---

[24]　王先謙：《荀子集解·序》，頁2。

[25]　劉禹錫：《劉禹錫集·天論上》（北京市：中華書局，2000年12月），頁68。

建極閑邪」，這是指人類的生產或控制自然的能力，以及用正義來維護社會秩序，和尊重賢德崇尚功績，這是天所無能為力的。劉禹錫和荀子一樣，把法（禮義）和天分開。人是實行法治的，法治是人所立的，人可以相勝改變自然狀態。這是人之道戰勝了天之道。劉禹錫以「天人交相勝」且「相用」的觀點，來表示天人間既相對立又互相統一。這是補充柳宗元「天人不相預」，只看到天人間各不相預，而沒看到天人間相互作用的結果。劉禹錫認為人之所以能勝天，是人類能掌握宇宙萬物客觀事物的「數」和「勢」[26]，即使「天」也受「數」和「勢」的制約，把握這種規律，就可以了解自然界的的秩序和變化，並進而成就萬物一貫之理。這「數」和荀子所說的「天有常道矣，地有常數矣」的道理相同。

然而，劉禹錫的「勢」是改造和發展荀子的「勢」，他將「勢」賦予必然性趨勢的意義。他認為事物相遇合，必存在著社會性常規，有了規定性的常理，就會有必然性的發展，而且相互依存，這種客觀事物的變化不能「逃乎數而越乎勢」，這是客觀事物發展的必然性，不能違背，也不能改變。所以劉禹錫的「勢」是「數存而勢生」和荀子的「君子之勢」並不同。

柳宗元（773—819A.D.），反對天人合一之說，著〈天說〉、〈天對〉、〈時令論〉、〈天爵論〉等。主張天人不相預的哲學思想，明確指出，天與人事無關，人作為天地萬物的一部分，也是由元氣構成的。在這一點上，他繼承了荀子的「自然之說」的基本觀點。其〈天說〉云：

> 彼上而玄者，世謂之天；下而黃者，世謂之地；渾然而中處者，世謂之元氣；寒而暑者，世謂之陰陽。是雖大，無異果蓏、癰痔、草木也。假而有能去其攻穴者，是物也，其能有報乎？蓄而息之者，其能有怒乎？天地，大果蓏也；元氣，大癰痔也；陰陽，大草木也，其烏能賞功而罰禍乎？功者自功，禍者自禍，欲望其賞罰者大

---

26 劉禹錫：〈天論中〉：「天形恒圓而色恒青，周回可以度得，晝夜可以表候，非數之存乎？恒高而不卑，恒動而不已，非勢之乘乎？今夫蒼蒼然者，一受其形於高大，而不能自還於卑小；一乘其氣于動用，而不能自休於俄頃，又惡能逃乎數而越乎勢邪？」，頁71。

謬；呼而怨，欲望其哀且仁者，愈大謬矣。子而信子之義以遊其
內，生而死爾，烏置存亡得喪於果蓏、癰痔、草木耶？[27]

文中引用韓愈所言：謂果蓏飲食腐壞則蟲生；人之血氣敗散則癰生；木朽
而蠍生，草腐而螢飛，萬物皆以壞而後出？物壞則蟲生；元氣陰陽之壞散
則人生。故能使人日薄歲削，禍元氣陰陽者滋少，是則有功於天地者也；
蓄而息之者，天地之仇也。柳宗元則認為天為上而圓之務，地為下而黃之
物，天地之間充滿元氣，寒暑是陰陽二氣之變化，豈有賞功罰禍之功能。
人之存亡，與果蓏、癰痔、草木不能混為一談。天沒有意志，也不能干預
人事以至主宰人類社會，此說與荀子天人相分之觀念相同。反對符命之
說，主張「天人不相預」，也不可能產生「天人感應」。撰寫「褶說」[28]
透過歷史來否定災異、符瑞之說與人事無關，這與《荀子集解・天論》有
相同觀念。
　　又〈天爵論〉以才德探討天人之關係。其云：「故善言天爵者，不必
在道德忠信，明與志而已矣。」言天爵者，始於孟子。《孟子・告子上》
云：

孟子曰：「有天爵者，有人爵者。仁義忠信，樂善不倦，此天爵
也；公卿大夫，此人爵也。古之人，脩其天爵，而人爵從之。今之
人，脩其天爵，以要人爵。」[29]

柳宗元認為孟子的天爵只講人內在的本質的「德」。柳宗元認為不夠，天
爵不只是道德，還要將仁義忠信體現出來，意即「明」與「志」。他說：

仁義忠信，先儒名以為天爵，未之盡也。夫天之貴斯人也，則付剛

---

[27]　柳宗元：《柳河東全集・天說》(臺北市：河洛圖書出版社，1974 年 12 月)，頁 286-287。

[28]　柳宗元：《柳河東全集，褶說》卷 16，頁 296-297。見拙著期刊，金春燕：〈柳宗元天人思想——
在荀學理路下之承變〉《孔孟月刊第五十八卷第十一、十二期，2020 年 8 月 28 日〉，頁 45-57。

[29]　趙岐注、孫奭疏：《孟子注疏・告子上》，頁 204。

健純粹之氣於其躬，倬為至靈，大者聖神，其次賢能，所謂貴也。
剛健之氣，鍾於人也。為志得之者，運行而可大，悠久而不息，拳
拳於得善，孜孜於嗜學，則志者其一端耳。純粹之氣，注於人也為
明，得之者，爽達而先覺，鑒照而無隱，眈眈於獨見，淵淵於默
識，則明者又其一端耳……。故善言天爵者，不必在道德忠信，明
與志而已矣。道德之於人，猶陰陽之於天也；仁義忠信，猶春秋冬
夏也。舉明離之用，運恆久之道，所以成四時而行陰陽也。宣無隱
之明，著不息之志，所以備四美而富道德也。……使仲尼之志之明
可得而奪，則庸夫矣。授之於庸夫，則仲尼矣。若乃明之遠邇，志
之恆久，庸非天爵之有級哉？故聖人曰：「敏以求之，明之謂也；
為之不厭，志之謂也。道德與五常，存乎人者也。克明而有恆，受
於天者也。」[30]

天爵是來自天之尊貴，柳宗元認為是天賦於人剛健、純粹之氣，顯著廣
大。可達至靈聖神之境界，其次可為賢能之人。剛健之氣，如聚於人為
志。運行此氣，可廣大悠久而不息，懇切不忘於得善，孜孜不倦於好學。
純粹之氣，注於人為明，得此氣者，心中爽達，而能先覺，明照事物。而
無隱藏；燭見道理，表現誠懇；默記智識，深遠莫測，此為明之另一種表
現。光明是天道之應用，恆久為天之道，而舉明與智二者，已包含人倫之
道之大要。明是要明鑑事物，志是要記取事物，役用道德之根本，展示其
五倫之本質，充塞之可滿天下，散播之可振奮百代，此聖賢之事也。故孔
子言「敏以求之」，就是明；「為之不厭」，就是志。道德與五常，存在
於人之道；能明而有恆，是稟受於天之道。

　　此說與荀子不同者，是柳宗元將明與志，說成天賦之事，剛健之氣就
是「志」，純粹之氣就是「明」，就是「領悟力」。柳宗元主張用元氣來
解釋人的差異性，剛健之氣讓人意志堅強，純粹之氣讓人聰明，長於理解
和分析，只有既明且志，才能成為聖賢。「敏以求之」，「為之不厭」，

才能「備四美而富道德也」。又荀子與柳宗元所謂之天，都屬自然之天，並無神格或人格之天，對人亦無制約之天，兩者相同。道德五常不是天爵，不是人性中所本有的，而是人為的。「天命之性」的「明」與「志」是形成道德意識的前提，有了「明」與「志」才有形成道德意識可能。柳宗元在〈封建論〉中，關於人類社會歷史的發展，提出了一個新的概念──「勢」，他認為，人類社會的歷史是一個自然而然的客觀過程，封建不是聖人之意，是社會客觀形勢所決定。這裡所謂的「勢」，並沒有客觀規律的意思，它是指由眾人的願望造成的情勢，是一種反映當時的客觀的社會形勢，是以「生人之意」為基礎的，是「聖人不得已之勢」也是「自然之勢」。荀子的「勢」蘊含著倫理道德與政治權力的結合，得勢之人君，必須處事以「道」，否則民心不服，所以荀子的「勢」是「人設之勢」與柳宗元不同。

第二節　宋明時期

　　儒學發展到宋明時期，一羣有心改變儒學學者，以儒家為正統，融合儒、佛、道三家之長，形成以理學為主的新儒學。北宋儒學以經世致用為主，南宋至明以尊孔為主的心性之學，顯然荀學在宋代極度衰微，推其原因：宋人重視個人之道德修養，不信鬼神與卜筮，主張從性命之理探討天人之關係。

　　張載（1020─1077A.D.），字子厚，後人尊稱他為橫渠先生，是北宋著名之理學家，敦守儒學，他所創立的學派叫「關學」。它是用氣論來說明天人合一之理。氣是宇宙萬物的本體，太虛以氣為體，體之謂性。主張人具有天地和諧之性，這和諧之性是「氣」，是構成宇宙的生成與變化，意即「氣質之性」。天地之性與氣質之性，是同一個性，人陷於偏陷於濁，這是氣質之性，化偏為正，化濁為清，即為天地之性。如何能發揮天地之性，這是修養功夫與實踐的功夫。功夫的目的，在知性知天，窮理盡性，則性天德，命天理，而求聖人。因此，「氣質之性」並非全惡，而是

有善有惡，所以變化氣質，就是要去惡為善。張載為學宗旨是以「以易為宗，以中庸為的，以禮為體，以孔孟為極」，他用禮節制氣質之性，使惡的氣質，變為善的氣質，這正調和了孟子的性善，和荀子的性惡，至於以「孔孟為極」，則是以儒家為道統的精神。

其所作〈近思錄拾遺〉中云：「為天地立心，為生民立命，為往聖繼絕學，為萬世開太平。」[31]為學者視為圭臬之名言。在天人關係上，張載論述甚多。如《正蒙‧太和第一》云：

> 知虛空即氣，則有無、隱顯、神化、性命，通一無二。……太虛為清，清則無礙，無礙故神。……鬼神者，二氣之良能也。……天道不窮，寒暑也。眾動不窮，屈伸也。鬼神之實，不越二端而已矣。[32]

張載哲學以「虛」和「氣」作為構成「性」的要素。氣在虛空之中，似顯似隱，生命是氣神妙之變化，其理無二。太虛之氣清則無礙，無礙故神妙，神鬼是陰陽二氣能量，天道循環無窮，就是寒暑之變化。眾人活動不息，是軀體之屈伸，鬼神之運動，不超越陰陽二端。張載明言有鬼神，而鬼神之運動，實是陰陽二氣之變化而已，與荀子之無神論不同。《正蒙‧誠明第六》云：

> 天人異用，不足以言誠。天人異知，不足以盡明。所謂誠明者，性與天道不見乎大小之別也。[33]

又《正蒙‧乾稱第十七》云：

> 天人一物，輒生取舍。可謂知天乎？……大學當先知天德，知天德

---

[31] 《景印文淵閣四庫全書‧張載集‧近思錄拾遺》(臺北市：商務印書館)，頁376。

[32] 《景印文淵閣四庫全書‧張載集‧正蒙‧太和第一》697冊，頁97-99。

[33] 《景印文淵閣四庫全書‧張載集‧正蒙‧誠明第六》697冊，頁144。

則知聖人，知鬼神。[34]

由上可知，張載主張天人合一，故言天人一物，天生養萬物，故稱天德。聖人知天人一體，鬼神與人皆太虛之氣化成，若言天人之用相異，則不知天道與人皆以誠為本；若言天人之知相異，則不足以明天道與人。不論言性與天道，皆要以誠心體會天性即天道，張載之「誠」意味著性與天道的統一。張載以氣論為天論的基礎，但其思想要素，卻將其他各家各派思想融入其中。

王安石（1021—1086A.D.），字介甫，是北宋著名之思想家。他原則上屬於孔孟一系，極注重心性之學，是歷史上批評荀子最多的人。其《王臨川全集》，〈論說・九變而賞罰可言〉一文中云：

> 萬物待是而後存者，天也；莫不由是而之焉者，道也；道之在我者，德也；以德愛者，仁也；愛而宜者，義也。……故莊周曰：「先明天而道德次之，道德已明而仁義次之，仁義已明而分守次之，分守已明而形名次之，形名已明而因任次之，因任已明而原省次之，原省已明而是非次之，是非已明而賞罰次之。」是說雖微莊周，古之人孰不然？古之言道德所自出而不屬之天者，未之有也。……至後世則不然，仰而視之曰：「彼蒼蒼而大者何也？其去吾不知其幾千萬里，是豈能知我何哉？吾為吾之所為而已，安取彼？」於是遂棄道德，離仁義，略分守，慢形名，忽因任，而忘原省，直信吾之是非，而加人以其賞罰。於是天下始大亂，而寡弱者號無告。[35]

此文上二行似為韓愈〈原道〉首段之修正，韓愈從「博愛之謂仁，行而宜之之謂義，由是而之焉之謂道，足乎己而無待於外之謂德。」[36]起寫，詮

---

[34] 《景印文淵閣四庫全書・張載集・正蒙・乾稱第十七》697冊，頁144。

[35] 王安石：《王臨川全集・九變而賞罰可言》卷67（臺北市：世界書局，2015年3月），頁422。

[36] 韓愈：《韓昌黎集・原道》卷1，頁7。

釋仁義道德之涵義，王安石則做修正，詮釋天、道、德、仁、義之義，但
內容不同，王安石取莊子之說，將天居於首位，依次說明道、德、仁、
義，並評擊後世之人，以為天蒼蒼而廣大，其實天離我們幾千萬里遠，豈
能奈我何？我做我自己要做之事而已，何必拿天來說。於是就拋棄道德，
離開仁義，忽略分守，怠慢形名，疏忽因任，而忘記原省，只相信自己之
是非，而以賞罰加之於人。於是天下開始大亂，而寡弱無助者，哭號而無
所告訴。他以荀子的「天行有常，不為堯存，不為桀亡」的思想，說明
「水旱常數，堯湯所不免，此不足招聖慮，但當修人事以應之。」[37]，王
安石並非一味強調天人相分，而是要求「輔相天地以理萬物」，積極主張
認識天命，以求天人的統一。王安石在〈禮論〉六十六卷評論荀子不知
禮。他說：

> 嗚呼！荀卿之不知禮也，其言曰：「聖人化性而起偽」，吾是以知
> 其不知禮也。知禮者，貴乎知禮之意，而荀卿盛稱其法度節奏之
> 美，至於言化，則以為偽也。亦烏知禮之意哉？夫禮始於天而成於
> 人，知天而不知人則野，知人而不知天則偽。聖人惡其野而疾其
> 偽，以是禮興焉。今荀卿以謂聖人之化性為起偽，則是不知天之過
> 也，然彼亦有見而云爾。[38]

他認為荀子性惡說，是「禍仁義」，可以不必去討論。而「禮」是順
著人的「天命之性」而為的，荀子則是以「人為」為著眼點，他是以天人
合一的觀點去尊孟抑荀的。在〈洪範傳〉六十五卷，又云：

> 夫天之為物也，可謂無作好，無所惡，無偏無黨，無反無側，會其

---

[37] 《宋史・王安石傳》(北京市：中華書局 1977 年 11 月)，頁 10548。

[38] 王安石：《王臨川全集・禮論》卷 66，頁 416。

有極，歸其有極矣。[39]

又說：

謀之人以盡其智，謀之鬼神以盡其神，而不專用己也。[40]

王安石認為天大公無私，無所好惡，無所偏黨，不會反覆，若有疑慮之事，可以謀之於鬼神，可謂有神論者，此與荀子大不相同。在〈周公〉開頭即認為「甚哉，荀卿之好妄也。」[41]最後又批評荀子：「後世之士遵荀卿，以為大儒而繼孟子者，吾不信矣。」[42]由上可知，王安石的天人思想是以孟子為主的理想主義者。

　　北宋理學家中，程顥、程頤是宋明理學「天理」創造者，二程主張人與天是一本，人須合天道、合天德。二程承孟子從心性關係來談天，人與天合一，以心知天，盡心便知性，知性便知天。因此心、性、天合一，這就是所謂「性之自然謂之天，自性之有形者謂之心。」[43]之說。性中只有仁義禮智信，它是性也是理，二程對「性」思想，主張性善論與荀子的性惡不同。二程皆尊孔抑荀。

　　程顥（1032—1085A.D.），字伯淳，號稱明道先生，為陸王心學一派先驅。《河南程氏遺書》對之評論為：

韓退之言孟子醇乎醇，此言極好。……其言荀、揚大醇小疵，則非也。荀子極偏駁，只一句性惡，大本已失。揚子雖少過，然已自不

---

[39]　王安石：《王臨川全集・洪範傳》卷66，頁409。

[40]　王安石：《王臨川全集・洪範傳》卷65，頁405。

[41]　王安石：《王臨川全集・周公》卷64，頁400。

[42]　王安石：《王臨川全集・周公》卷64，頁401。

[43]　程頤：《二程集》，〈河南程氏遺書〉卷25，頁318。

識性，更說甚道？[44]

程頤（1033—1107A.D.），字正叔，號稱伊川先生，為程朱理學一派先驅。程頤認為人性有二：一是「生之謂性」，是氣稟之性。二是「天命之謂性」，「天命之謂性」是「理」在人身上體現。氣稟之性在生活中形成，所以有善有惡。二程思想以「理」來解天，主張天道即是天理，天生成了人，人又體現了天，所以人與天地一物，「天理」是人生活存在的基礎。天人間各有不同職分，因此「天人所為，各自有分」[45]此觀念與荀子相同。二程以孟子性善論為前提，認為人必須通過修養，來變化氣質。程顥主張以「仁」為目標，程頤以「理」以「誠敬」、「致知」為方法。反對荀子提出的性惡，他認為荀子提出的性惡論，看不到人能反其性，復歸性善之本，並且對荀子大加韃伐，認為荀子非小疵，而是大駁。他說：

> 荀卿才高學陋，以禮為偽，以性為惡，不見聖賢，雖曰遵子弓，然而時相去甚遠，聖人之道，到卿不傳。[46]

理學家好從天、道、理、氣、性、命等論述，並強調「存天理、去人欲」，或做「義利之辨」。但理學家對人欲極少闡述，似乎與天理、天道不合，或者重在發揚仁義道德，而避開性惡之一端，與荀子之說，就相距甚遠矣。

蘇軾（1037—1101A.D.），是北宋之文學家、書畫家，蘇軾認為荀子主張「人性惡」是一種異說，甚至為小人的作亂，提供理論的依據，指出性惡論是逞一時之快以立論的。其所著〈荀卿論〉中云：

> 嘗讀《孔子世家》，觀其言語文章，循循莫不有規矩，不敢放言高

---

[44] 程頤：《二程集》，〈河南程氏遺書〉卷 19，頁 262。

[45] 程頤：《二程集》，〈河南程氏遺書〉卷 15，頁 158。

[46] 程頤：《大全集拾遺》，〈二程外書〉卷 10，頁 7。

論，言必稱先王，然後知聖人憂天下之深也。……荀卿者，喜為異說而不讓，敢為高論而不顧者也。其言愚人之所驚，小人之所喜也。子思、孟軻，世之所謂賢人君子也。荀卿獨曰：「亂天下者，子思、孟軻也。」天下之人，如此其眾也；仁人義士，如此其多也。荀卿獨曰：「人性惡。桀、紂，性也。堯、舜，偽也。」由是觀之，意其為人必也剛愎不遜，而自許太過。彼李斯者，又特甚者耳。今夫小人之為不善，猶必有所顧忌，是以夏、商之亡，桀、紂之殘暴，而先王之法度、禮樂、刑政，猶未至於絕滅而不可考者，是桀、紂猶有所存而不敢盡廢也。彼李斯者，獨能奮而不顧，焚燒夫子之六經，烹滅三代之諸侯，破壞周公之井田，此亦必有所恃者矣。彼見其師歷詆天下之賢人，以自是其愚，以為古先聖王皆無足法者。不知荀卿特以快一時之論，而荀卿亦不知其禍之至於此也。其父殺人報仇，其子必且行劫。荀卿明王道，述禮樂，而李斯以其學亂天下，其高談異論有以激之也。孔、孟之論，未嘗異也，而天下卒無有及者。苟天下果無有及者，則尚安以求異為哉！[47]

此文中，蘇軾對荀子極力貶抑，除批評性惡說外，又言其喜為異說而不讓，敢為高論而不顧，剛愎不遜，而自許太過。此批評未免太過。蘇軾生於北宋，已是承平時期，荀子生於戰國，諸侯互相攻伐，殺人盈野，人心之險惡，豈是蘇軾親眼所見。荀子從人之情欲貪念不止，造成天下之紊亂，李斯、韓非承齊家學，卻未悟其師欲以聖王制禮樂治天下之苦心，改行法家之治。蘇軾不能將弟子之罪，歸之於師。況且，荀子大一統之思想，開前聖之所未發，其說皆一一具體可行，豈是異說、高論哉？

　　蘇軾對性是超越善惡的，他既反對性善論，也反對性惡論，認為人合理性的行為，並非是人性善所決定的，而是人實踐理性的行為結果，這與荀子用理性化性起偽的人性論相類似。蘇軾認為仁義禮智信是人的理性認知實踐，不是道德本體，這與荀子化性起偽的認知心是相同的，這是蘇軾

---

[47] 蘇軾：《蘇軾文集(第一冊)‧荀卿論》(北京市：中華書局，2008 年 7 月)，頁 100-101。

「天道無心」的自然本質。

　　南宋時，朱子（1130—1200A.D.），名熹，字元晦，別號晦翁。是理學大師，是宋代理學家集大成。他開創的學派又稱閩學，朱子承接二程的洛學，再加上他對〈太極圖說〉的偏好，以太極為中心，由「無極而太極」開始，綜合了濂溪、橫渠、二程理論，構成他「格物致知」、「存天理，滅人欲」的學說。朱子採張載的氣質之性，認為由氣的變化，而產生了性惡。得人心之正者是「天理」，是聖人，得人心之偏者是「人欲」，是凡人。要存天理，必須有修身治學的功夫。主張天即是心，也是仁。人既由氣化而來，當然秉承於天，也是性，而這是由心中之仁來體現，但是心的主宰卻是「理」的作用，也是天，「天即理也」，其學說多尊孟貶荀。從所著《朱子語類》卷一百三十七，有評論荀子之語，其云：

> 問：「東坡言三子論性，孟子已道性善，荀子不得不言性惡，固不是。然人之一性，無自而見。荀子乃言其惡，它莫只是要人修身，故立此說？」先生曰：「不須理會荀卿，且理會孟子性善。渠分明不識道理。如天下之物，有黑有白，此是黑，彼是白，又何須辨？荀揚不惟說性不是，從頭到底皆不識。當時未有明道之士，被他說用於世千餘年。韓退之謂荀揚『大醇而小疵』。伊川曰：『韓子責人甚恕。』自今觀之，他不是責人恕，乃是看人不破。今且於自己上作工夫，立得本。本立則條理分明不待辨。」[48]

朱子要弟子理會孟子性善，不要理會荀子。對荀子主張性惡，也不予理會。對於講道德性理者，只談善，不談惡，於理不通。又云：

> 或言性，謂荀卿亦是教人踐履。先生曰：「須是有是物而後可踐履。今於頭段處既錯，又如何踐履？天下事從其是。曰同，須求其真箇同；曰異，須求其真箇異。今則不然，只欲立異，道何由

---

[48] 《景印文淵閣四庫全書‧朱子語類》（臺北市：商務印書館）702 冊卷 137，頁 749。

明？」[49]

對於性，認為應從善處修身、踐履，荀子主張性惡，如何踐履？並認為天下事同則同，異則異，不許同中求異，認為荀子立異之說，無法昌明道理。

　　與朱熹同時之陸象山（1139—1193A.D.），名九淵，字子靜。強調宇宙為理所充塞，他說：「此理在宇宙，未嘗有所隱遁，天地之所以為天地者，順此理而無私焉耳。」[50]陸九淵反對朱子絕對的理系統，而另創心學，主張心即理、天人之性同一，故在於我之本性，正是天之所命，天命就是人性。陸九淵將孟子「盡心知性知天」，由三階段改為二部分，性即天，盡心即知天，天地與人是同一個本體的現象存在。他不滿程朱，而發明本心。所謂本心，即孟子先驗的道德心，此先驗的道德心，就是孟子所說的良知良能，這與程明道「仁者與萬物為一體」相同。而他的本心，是由體悟、頓悟而來，主張天即道與天人為一，理在宇宙普遍存在，天在性中。其〈雜說〉中云：「宇宙便是吾心，吾心即是宇宙。」[51]《語錄》中云：「宇宙不曾限隔人，人自限隔宇宙。」[52]可謂天人合一之理論。但對荀子天人分合之說，未見著墨。只有荀子〈解蔽〉之論，在《語錄》中云：

> 諸子百家所字，乃是分諸子百家處。蔽陷離窮，是其實；詖淫邪遁，是其名；有其實，而後有其名。……荀子〈解蔽〉篇，卻通蔽字之義。觀《論語》六言六蔽與荀子〈解蔽〉篇，便可當於所字上分諸子百家。[53]

---

[49] 《景印文淵閣四庫全書‧朱子語類》702 冊卷 137，頁 749。

[50] 《景印文淵閣四庫全書‧象山集‧與朱濟道》1156 冊卷 11，頁 142。

[51] 《景印文淵閣四庫全書‧象山集‧語錄》1156 冊卷 22，頁 450。

[52] 《景印文淵閣四庫全書‧象山集‧雜說》1156 冊卷 1，頁 545。

[53] 《景印文淵閣四庫全書‧象山集‧語錄》1156 冊卷 36，頁 1156。

陸九淵從荀子〈解蔽〉，領悟諸子百家之區別，如「莊子蔽於天而不知人」[54]。陸九淵之義理都是根據孟子〈大體小體〉章（〈告子上〉），孟子以心之官是人之大體，此大體，即仁義之心（即仁即心即理）是「天之所以與我的」，能將「天之所以與我的」呈現出來，人才能有所立，才能盡人道，才能與天地並立為三。

　　王守仁（1472—1529A.D.），字伯安，別號陽明子，世稱陽明先生。他繼承和發展了陸九淵的心學理論，以「致良知」為核心內容，是宋明理學陸王心學的集大成者。王守仁的心學是他的人性論與認識論，主張「心即理」或「良知即天理」[55]，這心即是良知，是道德的主體性。他認為事物之理，不在事物本身，而在自己心裡。「天理是在良知中。」心者，天地萬物之主也，心即天，言心者，天地萬物皆舉之矣。良心是本心之天理，這天理，也就是人性。荀子云：「涂之人可以為禹」，王陽明也說：

> 良知良能，愚人愚婦與聖人同。但惟聖人能致其良知，而愚夫愚婦不能致，此聖愚之所由分也。[56]

王陽明和荀子都認為每個人都可成為聖人，但是王陽明認為愚夫愚婦不能為聖人，是因為被物欲所昏蔽，去人欲，便識天理，致吾心良知之天理于事事物物，則事事物物皆得其理也，此乃致知格物之道理。這與荀子「知禮義」，行「仁義法正」等道德規範有相同的思想。但是王陽明「心性天」是一體的，禮也是心是理，是內在的致良知，荀子的禮是外在的經驗主義不同。王陽明也主張愛要有差等，他說：

> 問：「大人與物同體，如何大學又說個厚薄？」先生曰：「惟是道理自有厚薄。比如身是一體，把手足捍頭目，豈是偏要薄手足？其

---

[54] 王先謙：《荀子集釋‧解蔽》卷 15 第 21，頁 262。

[55] 王陽明：《傳習錄》下，《全書》卷 1：「天理在人心，亙古至今，無有終始。天理即是良知。」（臺北市：正中書局，1976 年），頁 92。

[56] 王陽明：《傳習錄》下，《全書》卷 1，頁 41。

道理合如此。禽獸與草木同是愛的，把草木去養禽獸，又忍得？人
與禽獸同是愛的，宰禽獸以養親與供祭祀，燕賓客，心又忍得？至
親與路人同是愛的，如簞食豆羹，得則生，不得則死，不能兩全，
寧救至親，不救路人，心又忍得？這是道理合該如此。及至吾身與
至親，更不得分別彼此厚薄。蓋以仁民愛物皆從此出，此處可忍，
更無所不忍矣。《大學》所謂厚薄，是良知上自然的條理，不可逾
越，此便謂之義；順這個條理，便謂之禮；知此條理，便謂之智；
終始是這個條理，便謂之信。」[57]

待物何者宜厚，何者宜薄，自己的良知會自知之。而此厚薄是良知上自然
的條理，也是禮，荀子也講「制禮定分」，強調等級分配，注重人為作
用。王陽明強調本心良知。知善知惡是良知，分清善惡，為善去惡是格
物，按照良知去行善事，這是王陽明「知行合一」之終極目標。

　　王廷相（1474—1544A.D.），字子衡，號浚川。是明代中葉著名之思
想家。與王陽明、羅欽順同屬正德、嘉靖時期之學者，有關天人關係之論
述，在自然的天方面，是與荀子天人相分之說相同，在氣學方面則同於王
充、張載之元氣一元論。所著《王廷相集・雅述》中云：

天地之先，元氣而已矣。元氣之上無物，故元氣為道之本。……孟
子之言性善，乃性之正者也；而不正之性，未嘗不在。其言：「口
目耳鼻四肢之欲，性也，有命焉，君子不謂性也。」豈非不正之性
乎？是性之善不善，人皆共之矣。[58]

又云：

且夫仁、義、禮、智，儒者之所謂性也。自今論之，如出於心之愛

---

[57] 王陽明：《傳習錄》下，《全書》卷1，頁27-28。

[58] 王孝魚點校：《王廷相集・雅述》(北京市：中華書局1989年9月)，頁845。

為仁，出於心之宜為義，出於心之敬為禮，出於心之知為智。皆人
之知覺運動為之而後成也。苟無人焉，則無心矣。無心則仁、義、
禮、智出於何所乎？則有生則有性可言，無生則性滅矣。[59]

王廷相認為元氣是道之本，說法與張載相同，張載又稱為太虛之氣。有關
性命之說，以及性之善惡，王廷相認為善性是性之正，朱熹稱為天理之
性；口目耳鼻四肢之欲，朱熹稱為氣質之性。不論性善性惡，王廷相不歸
之天性，而稱人性。又孟子所言知善性，即仁、義、禮、智四端，皆須出
自於人心，人存在，始能言仁、義、禮、智，人亡則一切均歸於寂滅矣。
主張天人交相勝，他認為天人之間，各有所能，亦各有所不能。主張天人
各有相勝，反對理學家以人為天的觀點。

第三節　清代時期

　　明末清初以來，由於歷史文化思想的發展，宋明理學追求心性思想從
內在、抽象的思辨轉向現實生活的功利追求，荀子思想成為顯學。荀學知
探究者日多，荀學有中興之勢。在天人關係之探討有：
　　張爾岐（1612—1678A.D.），字稷若，號蒿庵。為了矯正王學末流空
疏的流弊，宗奉程、朱之理學思想，主張自然客觀的天道論、天人相及全
由一氣，變化的「勢」，會影響天人的關係。將《儀禮鄭注節釋》定句
讀，改名為《儀禮鄭注句讀》，推動禮學，是清代復興經學的先導。又精
通三禮之學者。著有《蒿庵集》，其〈天道論〉上下云：

夫天與人之相及也，以其氣而已。寄其氣於人而質立，質立而事
起，事起而勢成。而天之氣因之，任之，若水之行于山崖谷莽曠之
墟，為奔，為跳，為洄洑，為人立，為安流，亦不自知其至也。聖

人逆觀其勢，而知其衰興，決之數百年之前，應在數百年之後，若有鬼神。……萬物始終，莫非陰陽合散之所為。……人以為聖人之於天道。如是其著明也，而垂之訓者，不過曰惠迪吉，從逆凶，福善禍淫，積善餘慶，積不善餘殃而已矣，其曲折必至之勢，不能為人言也。而人執此一言以衡古今禍福之數，見其不應，以為無天道，甚矣其固也！……曰天道者，猶之曰自然而已矣。勢之所必至，氣之所必至，安得不曰天道也！國之興替則然。[60]

文中言天以氣生人，人稟受天地之氣不同，故人之特質亦因人而異。聖人能逆觀其勢，而知天下之興衰，有若鬼神一般清楚。聖人對天道之了解，深切著明。不過從古今知吉凶、福禍、善惡觀察天道。其中之曲折、趨勢，有不能為人言者，若以一言名之，自然而已矣。亦可謂勢之必至，氣之必至，皆自然形成。國家之興替，亦是如此。張爾岐之論述，亦是沿襲張載以來，以氣貫通天人之道之說法。又認為天道即自然，應順勢、順氣而為，亦為另一種天人之說。

清初王夫之（1619—1692A.D.），字而農，號薑齋，學者稱船山先生，是著名之思想家。王船山的氣化宇宙觀，是由張載所啟發，到王船山而完成。王船山思想目標是要把《易傳》、《中庸》、《孟子》加以統合，建立一個「氣化的天人合一論」。他認為「道」不分形而上或形而下，整個宇宙乃是「氣化」的過程。而天人合一的關鍵在「心」的作用。在性方面不能說是「氣質之性」，只能說是「氣質中的性」，因為性藏於形質之中。他說：「質者性之府也，性者氣之紀也，氣者質之充而習之所能御者也。」「氣」不同於「質」，充之以氣叫「形質」，一旦充之以氣，就有善惡，有善惡要靠學習來控制，善與不善都是性所本有，與荀子的性惡論不同，但成善要靠學習的過程與荀子相同。著有《船山思問錄》，在天人關係上，主張天人合一。《船山思問錄·內篇》云：

---

[60] 張爾岐：《蒿庵集·天道論上》卷1，頁 14-15。

知、仁、勇，人得之厚而用之也至，然禽獸亦與有之矣。禽獸之與有之者，天之道也。「好學近乎知，力行近乎仁，知恥近乎勇」，人之獨而禽獸不得與，人之道也。故知斯三者，則所以修身、治人、治天下國家以此矣。近者，天、人之詞也……太極動而生陽，動之動也；靜而生陰，動之靜也。廢然無動而靜，陰惡從生哉！……一動一靜，闔闢之謂也。由闔而闢，由闢而闔，皆動也。……在天而為象，在物而有數，在人心而為理。古之聖人，於象數而得埋也，未聞於理而為之象數也。……立人之道曰仁與義，在人之天道也。由仁義行，以仁道率天道也。行仁義，則待天機之動而後行。非能盡夫人之所以異於禽獸者矣。天道不遺於禽獸，而人道則為人之獨。由仁義行，大舜存人道，聖學也。自然云乎哉？[61]

王夫之將天之象，人之理來區分天人之不同。陰陽動，而人能做到知、仁、勇，是天之道也。從好學、力行、知恥方面努力，是人之道也。也是修身、治人、治天下國家者之事。仁與義是天道，由仁義行勢人道，人道是人獨有者，亦是聖人之學。是自然嗎？王夫之之說，將倫理道德本之於天，但人須修身，才能達成。人不修身，則與禽獸無異。大舜由仁義行而治天下，可謂聖人之學。王夫之之實踐仁義之說，修正孟子未能強調實踐之說，並與荀子性惡之說不同。

清代中葉乾嘉時期，許多經學與考據學家，漸脫離理學，而肯定荀子對傳承經學之貢獻，認為對荀學有再評之必要。如：謝墉（1719—1795A.D.），字昆成，號金圃。清代著名經學家，〈荀子箋釋序〉云：

愚竊嘗讀其全書，而知其荀子之學之醇正，文之博達，自四子而下，洵足冠冕羣儒，非一切名法諸家，所可同類共觀也。觀於議兵篇對李斯之問，其言仁義與孔孟同符，而責李斯以不探其本，而索其末，切中暴秦之弊，乃蘇氏譏之，至以為其父殺人，其子必且行

劫。……顧以嫉濁世之政，而有〈性惡〉一篇，且詰孟子性善之說
而反之。於是宋儒乃交口攻之矣。嘗即言性者論之，孟子言性善，
蓋勉人以為善而為此言；荀子言性惡，蓋疾人之為惡而為此言。要
之，繩以孔子相近之說，則皆為偏至之論。……然尚論古人，當以
孔子為權衡。[62]

謝墉以孔、孟在不同之時代，故有性善、性惡之不同之主張。又主張以孔
子講「性相近也，習相遠也。」並未明言人性之善惡，而要以孔子之說，
作為權衡二人之標準，應為平允之論。

　　戴震（1724—1777A.D.），字東原，是乾隆時期著名之思想家、考據
學家，其著作講「義理之學」，在這時期的思想家，戴震與荀子思想最接
近。他說：「解蔽莫如學」[63]。錢穆也認為，東原思想與荀子，皆注重學
習的重要，又主張事物之理，則必就事物剖析至微，而後理得。反對宋儒
「理無不在」的主張，而是循其腠理而分析之，即分門別類，由廣至微，
由表及裡的分析過程。其天人關係之論述，在所著〈原善〉卷上云：

　　天人之道，經之大訓萃焉。…仁義之心，原於天地之德者也。是故
　　在為性之德，斯二者，一也。……天道，五行陰陽而已矣，分而有
　　之以成性。[64]

戴震旨在闡發經文中之天人之道，將人道之仁義，與天地之德並論，可謂
天人合一論者。又謂天道為五行陰陽，再從陰陽化生人類，而有人性。亦
天人合一思想之引申，與荀子之說無異。

　　又在所著《孟子字義疏證·仁義禮智》云：

[62] 王先謙：《荀子集解考證上·謝墉荀子箋釋序》，頁 8-9。

[63] 戴震：《孟子字義疏證·原善下》（北京市：中華書局，2020 年 9 月），頁 176。

[64] 戴震：《孟子字義疏證·原善卷上》，頁 61-65。

> 自人道遡之天道，自人之德性遡之天德，則氣化流行，生生不息，
> 仁也。由其生生，有自然之條理，觀於條理之秩然有序，可以知禮
> 矣；觀於條理之截然不可亂，可以知義矣。[65]

戴震「道」為氣化之流行，而使人類及萬物生生不息。而生生不息是一種
自然之規律，與荀子「天行有常」之說相同。然人道遡之天道，人之德性
遡之天德，則與荀子之「天人相分」不同。

雖然戴震有天人合一之說，但對人性，有其看法，《孟子字義疏證卷
上‧理》云：

> 人之血氣心知，本乎陰陽五行者，性也。…………欲者，血氣之自
> 然，其好是懿德也。心知之自然，此孟子所以言性善。心知之自
> 然，未有不悅理義者，未能盡得理合義耳。[66]

戴震認為人之血氣，源自陰陽五行，是性。則性應源自自然，自屬天性，
此與荀子相同。至於欲，戴震也認為屬血氣之自然，則與天同為懿德善
性，此與孟子之性善說相同。又〈原善〉卷上云：

> 人與物同有欲。欲也者，性之事也；人與物同有覺。覺也者，性之
> 能也，欲不失之私，則仁。覺不失之蔽，則智；仁且智，非有所加
> 於事能也，性之德也。言乎自然之謂順，言乎必然之謂常，言乎本
> 然之謂德。[67]

戴震認為人與物同有欲與覺，但欲要做到無私，就是仁；覺要做到無蔽，
就是智；仁與智，屬性之德，亦是性之本然。就是將欲與覺往性善、天

---

[65] 戴震：《孟子字義疏證卷下‧仁義禮智》，頁48。

[66] 戴震：《孟子字義疏證卷上‧理》，頁8-18。

[67] 戴震：《孟子字義疏證‧原善卷上》，頁62-63。

德、仁智方向推論，使欲不至於邪僻而淪為惡，使智不至於蔽而淪為昧。戴震認為聖王知此情形，故制禮義以節制之，則與荀子之說相同。不過，戴震對荀子「性惡論」的評議為：「蓋荀子之見歸重於學，而不知性之全體。」[68] 又說：「荀子知禮義為聖人之教，而不知禮義亦出於性；知禮義為明於其必然，而不知必然乃自然之極則，適以完其自然也。」[69]這是荀子思想的矛盾。戴震綜合荀子的「性惡論」與孟子的「性善論」，認為仁義禮智既是調節、規範人的欲望感情，又不離「血氣心知」，包含在「欲」之內，這是戴震對荀子思想的發展與超越。

　　錢大昕（1728—1804A.D.），字曉徵，一字辛楣，號竹汀，清代史學家。對荀子思想重新解說評議，他在〈荀子跋〉中指出：

> 蓋自仲尼既歿，儒家以孟、荀為最醇，太史公敘列諸子，獨以孟、荀標目，韓退之於荀氏雖有「大醇小疵」之譏，然其云「吐辭為經，優入聖域」，則與孟氏竝稱無異詞也。宋儒所訾議者，惟〈性惡〉一篇。愚謂孟言性善，欲人之盡性而樂於善；荀言行惡，欲人之化性而勉於善，立言雖殊，其教人以善則一也。宋儒言性，雖主孟氏，然必分義理與氣質而二之，則已兼取孟、荀二義。至其教人以變化氣質為先，實暗用荀子化性之說，然則荀之書詎可以小疵訾之哉![70]

由上可知，錢氏意圖循著荀子的思路，從人的本性賦予禮義予以新的解釋，並對荀子的人性論給予高度的肯定。

　　郝懿行（1757—1825A.D.），字恂九，號蘭皋，清朝學者。在〈荀子補注與王引之伯申侍郎論孫卿書〉評議荀子：

> 近讀荀卿書而樂之，其學醇乎醇，其文如孟子，明白宣暢，微為繁

---

[68] 戴震：《孟子字義疏證中・性》，頁32。
[69] 戴震：《孟子字義疏證中・性》，頁32。
[70] 王先謙：《荀子集解考證上・又錢大昕跋》，頁10。

富，益令人入而不能出，頗怪韓退之謂為大醇小疵……非知言也，
何以明之？孟尊孔氏之訓，不道桓文之事，苟矯孟氏之論，欲救時
世之急，王霸一篇，劃切錞于，沁入肌骨。假使六國能用其言，可
無暴秦并吞之禍，因時無王，降而思霸。孟荀之意，其歸一耳。至
於性惡性善，非有異趣，惟雖善不能廢教，性即惡必假人為。……
孟荀之恉，本無不合，惟其持論，各執一偏。準以聖言性相近，即
兼善惡而言，習相遠乃從學染而分，後儒不知此義，妄想毀詆。[71]

郝懿行對荀子讚譽有加，甚至認為孟荀之間並無不合，只是各從不同角度
來論述善惡而已。

王先謙（1842—1917A.D.），字益吾，號葵園，義理考據與經世致用
並重，清末民初經學的一大宗師，王先謙學術成就最大的方面是史學，他
治史的方法遵循乾嘉學風，注重校勘。他在《荀子集解・序》評議荀子：

夫使荀子而不知人性有善惡，則不知木性有枸直矣。然而其言如
此，豈真不知性邪？余因以悲荀子遭世大亂，民胥泯棼，感激而出
此也。荀子論學論治，皆以禮為宗，反復推詳，務明其指趣，為千
古脩道立教所莫能外。其曰：「倫類不通，不足謂善學。」又曰：
「一物失稱，亂之端也。」探聖門一貫之精，洞古今成敗之故，論
議不越几席，而思慮浹於無垠，身未嘗一日加民，而行事可信其放
推而皆準，而刻覈之徒，詆諆橫生，擯之不得與於斯道。余又以悲
荀子術不用於當時，而名滅裂於後世，流俗人之口為重屈也。[72]

王先謙為怕世人不察荀子之術不用於當時，審視《荀子》並發掘其價值，
認為荀子不只是知「性」，論學論治，皆以禮為宗，反覆推詳，洞悉古今
成敗之理，為千古整理一套禮法並治之道，並且要能仁義貫通，才足謂善

[71] 王先謙：《荀子集解考證上・荀子補注與王引之伯申侍郎論孫卿書》，頁10。
[72] 王先謙：《荀子集解・序》，頁1。

學，學也者，要能貫一，盡善盡美。

晚清章太炎（1869—1936A.D.），原名學乘，字枚叔，後易名為章炳麟。章炳麟受佛教影響很深，他以佛教性論為基礎，對性做了改造。他反對性善論的觀點，認為生物本性無善無惡，而其作用，可以為善為惡，人類的進化是善與惡同時並進。作〈後聖〉一文，其云：

> 自仲尼而後，孰為後聖？曰：水精既絕，制作不紹，浸尋兩百年。以踵相接者，惟荀卿足以稱是。……孟氏未習，不能窺其意。[73]

章氏認為荀卿可接踵仲尼，孟子不窺其意，可謂尊荀抑孟之學者。後又作〈尊荀〉一文，將孔、荀二人並稱。在同書〈菌說〉一文，對荀子天人相分說，提出看法，其云：

> 一人際遇，非能自主，合羣圖事，則成敗視其所措，故一人有命，而國家無命。荀子曰：「人之命在天，國之命在禮。君人者，隆禮尊賢而王，重法愛民而霸，好利多詐而危。權謀傾覆幽險而盡亡矣。」〈天論篇〉此以一人之命有定限，而一國之命無定限也。又曰：「從天而頌之，孰與制天而用之。」是則以天為不足稱頌，而國命可自己制。則何有於天哉！曰天者，自然而已矣。從俗之，則曰天命。夫豈以蒼蒼者布命於下哉？[74]

章氏認為自柳宗元論天之後，甚少將荀子天論闡述如此詳盡。但言一人之命有定限，而一國之命無定限；天不足稱頌，而國命可自己制。則言之太過，但一人可以綿延國祚，亦可敗喪邦國，所謂人存政興，人亡政息，史論之例無數。國之興衰，人與國皆交互影響，治國者不可不慎。章太炎最為看重的是儒家大師荀子，因為在他看來，荀子既秉承儒學精粹又能摒棄

---

[73] 湯志鈞：《章太炎政論選集》上，頁37-38。

[74] 湯志鈞：《章太炎政論選集‧菌說》上，頁131。

孔孟侈言仁義道德和尚古復古的意識。在當時社會大變革時期，以積偽俟
化治身，以隆禮合羣治天下；不貳后王，以綦文理。即以理性的態度和進
取的精神，對待人生社會，以化性起偽修身，以明分使羣治世，以一尊
「聖王」，思想與政治上是否救世濟民，是否經世致用，是章太炎標褒貶
的尺度，這與荀子的主張相同。

第四節　近代時期

　　清代以後至今，兩岸學者研究荀子之成果，極為豐碩，大多為闡釋發
揚荀子之學，然而少數學者如勞思光以西方哲學的視角來批判荀子仍是
「儒學之歧途」。以下列舉說明如下：
　　陳大齊（1886—1983A.D.），字百年，專長普通心理學，是中國現代
心理學的先驅。以現代科學方法解析孔孟和荀子的學說，他在理論心理和
實驗心理上的開拓，是中國現代心理科學建立的基礎之一。陳大齊學者對
荀子評議為：

> 荀子以主張性惡著稱，其他學說遂為所掩，於是後世之評論荀子者
> 唯注重此點，且復多所誤解。……但其所重於荀子者，僅以崇禮尚
> 義，實則荀子學說的價值不僅於崇禮尚義，關於心理、論辨思維，
> 均有其精闢獨到的見解，雖以現代的眼光來衡量，亦是值得珍視
> 的。[75]

他又讚揚荀子：

> 是中國古代一位博學而有創見的學者，其言論涉及諸種學問，且其
> 學說有與希臘的亞里士多德不謀而合者，故有人稱之為中國的亞里

---

[75] 陳大齊：《荀子學說》（臺北市：中國文化大學出版部，1989 年 6 月），頁 3-4。

士多德。[76]

　　馮友蘭（1895—1990A.D.），字芝生，為中國哲學家、哲學史家，及現代新儒家。著有《中國哲學史》，書中第十二章，論〈荀子及儒家中之荀學〉，對荀子之論述，言天為自然之天，並言受老莊之影響。其實荀之論天，與莊子截然不同，莊子之天，雖言自然，但其自然是「齊物」之自然，就是「天地與我並生，萬物與我齊一。」[77]之自然，以及「天地一指也，萬物一馬也。」[78]並從而與天地融合為一。與荀子「天有其時，地有其財，人有其治，夫是謂能參。」[79]之天人說不同。馮友蘭批評荀子：「孟子以後，儒者無傑出人才，至荀卿而儒家壁壘，始又一新。……中國哲學中，荀子最善於批評哲學，西漢經師，亦多得荀子傳授，蓋其用力甚勤，學文極博。」[80]

　　牟宗三（1909—1995A.D.），字離中，為現代思想家、哲學家、是新儒家學派代表人物。著作甚多，有關荀子之學說，在其《名家與荀子》一書中，有〈荀學大略〉認為，「天生人成」為荀子之基本原則。其云：

　　荀子指言人道以治天，而天無所謂道。即有道，亦只天然之道也。人以禮義法度而行其治，則能參。參者治己而遂以治天也。……天生人成，自天生方面而言，皆是被治的，皆是負面的，此無可云善也。自人成方面言，皆是能治的，正面的，此方可說是善。而其所以善，則在禮義法度。自孔孟言，禮義法度皆由天出，即皆由性分中出。而氣質人欲非所謂天也。[81]

---

[76] 陳大齊：《荀子學說》，頁2。

[77] 郭慶藩：《莊子集釋·齊物》(臺北市：商周出版社，2018年1月)卷1，頁79。

[78] 郭慶藩：《莊子集釋，齊物》卷1，頁66。

[79] 王先謙：《荀子集解·天論》卷11第17，頁206。

[80] 馮友蘭：《中國哲學史》(臺北市：商務印書館，2015年11月)，頁293。

[81] 牟宗三：《名家與荀子》，〈荀學大略〉(臺北市：臺灣學生書局，1994年8月)，頁214。

由於荀子將禮義法度歸之於人為，故牟宗三認為荀子不見本源，又偏重功利，是其不及孟子處，但對荀子之稱讚，在其誠樸篤實處。其云：

> 惟荀子誠樸篤實人也。知統類，一制度，隆禮義而殺詩書，充實飽滿，莊嚴隆重，盡人生宇宙皆攝而統治于一大理性系統中。此其分量之重，廣被之遠，非彼誠樸篤實者不能言，非彼天資特高者不能行。而若惟是從對治之則功利著眼，則落於現實；凡巧便於功利者無不可為，不必禮義也。是刻薄者終將由荀學轉而為法家，李斯、韓非是也。[82]

牟宗三讚美荀子誠樸篤實，建立知統類，一制度之理性系統，但易被功利著眼，或刻薄者，如李斯、韓非之流，轉變為法家，此為荀子所始料未及者。

　　勞思光（1927—2012A.D.）原名勞榮瑋，字仲瓊，號韋齋，筆名思光，勞思光學者是近代重要之哲學家及教育家。著作遍及文、史、哲學、考據、時論等，尤以著作《新編中國哲學史》望重於時。他說荀子學說之基源問題可說為：「『如何建立一成就禮義之客觀軌道』，蓋荀子之價值哲學，於主體殊無主見，故其精神落在客觀秩序上，然以主體之義不顯，所言之『客觀化』亦無根。」[83]

　　其所著《中國哲學史》第一冊第六章論「荀子與儒學之歧途」，內容包括荀子之生平，性惡與師法、心與天、君與禮、學與正名等重點。其論天人關係方面，提到荀子制天之說，並認為荀子對天之價值，依其對君及禮之理論，屬於權威主義。勞思光評議荀子云：

> 荀卿生孟子後，不辨心性之本義。又深譏孔門弟子各支學說。〈非十二子〉中對子張，子夏，子游三支之譏嘲，固可按而觀之；甚至

82　《名家與荀子》，〈荀學大略〉，頁215。

83　勞思光：《新編國哲學史〈一〉》（臺北市：三民書局，2012年6月），頁317。

子思孟子傳曾子之學，荀卿亦視之為不知統；雖以為承仲尼子弓，實以儒學改革者自處。然言性時只知自然之性，乃苦持「性惡」之論；言心時只立觀照之心，遂有槃水之喻。性中既無價值自覺，心德又為虛靜清明；徒言禮義師法，不得其根。益之以制天用天之義，遂又不能取道家立場。價值根源渺無所者，終乃轉入崇君尊禮，有類乎墨子之尚同。於是，「德行我」蔽而不彰，遂有以「外在權威秩序」代「內在道德秩序」之趨向。[84]

荀子之天是自然之天，與人不同，天人各司其職，可謂天人相分。在人治方面，由聖王制禮義制度，仍重視民意。〈君道〉云：「得其人則存，失其人則亡。」君主行仁愛是國家存亡之關鍵。以民為主之國家，不能稱權威主義。國家循禮義制度治理，與現代法治國家應無不同，不能稱為權威主義。

---

[84] 勞思光：《新編國哲學史〈一〉》，頁329。

第九章　結論

　　近百年來，人類最重視的是政治和經濟兩方面的價值，但卻忽略了各種人文文化價值，國家政府想要現代化，一定要建立一些組織，我們欠缺的是社會人文文化組織，社會人文文化事業不發達，會令社會人民與政府關係減弱，造成政府組織的鬆散和沒有效率，整個社會國家無法和諧，就算推行民主政治，沒有堅實的社會基礎，民主政治亦不能實行，而荀子天人分合之學，即是開展這種豐富、多方面的人文世界，這人文世界的形成，是要建立各類的人倫關係和諧，各個機制互相配合，互相統率，互相成就，形成仁人君子依禮的文化制度，荀子的帝王之治，不只是著重心知還要貫通各類，由實踐而成就統類，以禮為人道事業，所謂：「禮者，人道之極也。」[1]以人文統率文化而形成的道，就是人與自然（天道）的融攝，政道與治道結合。

　　在天人關係問題上，荀子以「天人相分」而著稱，其實，相分只是其中的一部份，相分背後同樣蘊涵著相合。無論是相分還是相合，都有不同的意旨。因為荀子的天有「自然之天」，也有作為創生、主宰一切的原生力量——「形而上之天」。「自然之天」的含義是指人既與自然之天各盡其職而相分，也應該積極地「制天命而用之」，實現天人間的統一，這是在相分基礎上達到相合。而對於「形而上之天」而言，人世間萬物皆是其創生的成果，並為其所主宰，這是天德的表現；但這種合乃是有形事物與無形現象與本源之間的合，即合中有分。它意味著，人與天乃是屬於不同的層次，人不可能真的上達於天，但卻因兩種不同層次的相分達到天人之間的相合，這是荀子天人關係思想的真正內容。就如儲昭華所說的：「就天人關係來說，則確立起天與人之間有著內在張力的矛盾統一，而不是以

---

[1]　王先謙：《荀子集解‧禮論》卷 13 第 19，頁 237。

人消融、替代了超越之天。」[2]這是人以其禮智思慮所制定的人文規範約束了人類自身的行為，才使得人類為其自身與其所居處的自然世界之間建構起和諧的關係。[3]〈王制〉也云：「君者，善羣也。羣道當，則萬物皆得其宜，六畜皆得其長，羣生皆得其命。」[4]就是這個道理。荀子的天人統合是指天的至高之德使人獲得生的權利，人須仿效自然的天（天德），修養自己的道德修養，「上察於天，下錯於天，塞備天地之間，加施萬物之上，微而明，短而長，狹而廣，神明博大以至約。」[5]天德與人德結合，體現盡人之性、盡物之性以至贊天地之化育，而與天地相參。

　　在荀子〈天論〉裡指出治亂與天無關、人祅交錯於國中最可怕[6]，32篇文本裡的內容也都直接間接與政治哲學為立論的基礎，由此觀之，荀子的天人關係都是以治理社會國家為主，在「天人之分」的背景之下，人類社會的治亂完全是由人自身決定的，又荀子經歷戰國末期戰爭殘暴與紛亂，看到人性的慾惡、暴動，社會的動盪不安，提出性惡論，主張性偽之分。既然人之性惡，社會混亂，又如何讓社會正理平治呢？這必須「立君上之埶以臨之，明禮義以化之，起法政以治之，重刑罰以禁之，使天下皆出於治，合於善也」[7]，這時候需要以「禮」作為社會規範來化解社會之惡，來限制人類過度的情欲，而禮義者，是聖人之偽，禮是聖人制定出來的，然而聖人是如何制定的呢？就如孫旭鵬所言：「荀子認為聖人是『人之所積』的結果，因為聖人能夠不斷地學習積累，社會治理的重任，只能寄託在聖人身上，聖人產生了，社會自然會得到很好的治理，人的能動性被充分體現出來，天為人類社會提供了形而上的支撐。」[8]如此一來，「禮」與

---

[2] 儲昭華：〈關於荀子思想特徵與地位的在認識〉，《河北學刊‧哲學天地》，2012年第5期，頁9。

[3] 袁信愛：《人學省思》（臺北市：文史哲出版社，2005年6月），頁87。

[4] 王先謙：《荀子集解‧王制》卷5第9，頁105。

[5] 王先謙：《荀子集解‧王制》卷5第9，頁105。

[6] 王先謙：《荀子集解‧天論》卷11第17：「政令不明，舉錯不時，本事不理：夫是之謂人祅。勉力不時，則牛馬相生，六畜作祅，禮義不脩，內外無別，男女淫亂，則父子相疑，上下乖離，寇難並至：夫是之謂人祅，祅是生於亂，三者錯，無安國。」，頁209-210。

[7] 王先謙：《荀子集解‧性惡》卷17第23，頁293。

[8] 孫旭鵬：〈荀子天人觀新論──政治哲學的視角〉（江蘇：北方論叢第1期，2016年），頁100。

「聖人」成為實現「參於天地」的重要媒介。而善是後天人為的結果，這聖人必定是有認識能力、有道德觀念能結合成一定的社會組織，以力勝物的人，所以聖人能「化性而起偽」，這是說人性雖惡，但後天的法治和教化，可以變惡為善。如此一來，人人可以為堯舜、涂之人可以為禹。人人可以通過道德修養，性道合一，這是道德理想主義與實踐理性的超越，更是現實與理想的統一。

　　荀子天人分合之學，涵蓋整個荀子思想，其內容可分為天道與人事。從天而言，認為天人相分是「不為堯存，不為桀亡」，因此人不須從天而頌之，而是制天而用之，如此人們能「應之以治則吉，應之以亂則凶。彊本而節用，則天不能貧，養備而動時，則天不能病。脩道而不貳，則天不能禍。」[9]；不須望時而待之，而是應時而使之；不須因物而多之，而是騁能而化之。從人而言，主張建立一有系統之治國藍圖，為混亂之戰國時代，重建以周文王、武王為標竿之禮樂社會。由於當時人心，順情性、好利、而爭奪，並認為人之性惡，其善者偽也，故主張由聖人制禮義法度，以矯治之。在個人修身方面，主張勸學，學先王之遺言，始乎誦經，終乎讀禮；始乎為士，終乎為聖人。其次修身，修身之道，必從禮以正身，從師以正禮，達到治氣養心之目標；還要做到行事不苟，不苟要有至誠慎獨之心；再次是榮辱之心，先義後利之心為榮，先利後義者辱，故聖人以仁義詩書禮樂教人，以保萬世也。這是荀子把孔孟強調的「仁義」，由聖人用客觀化的「禮義之道」來治理世界，這就是「人成」的思想。

　　在治國方面，首在正名，正名有利治道，荀子的正名是在孔子的基礎上的繼承與發展。荀子的正名是企圖用正名和復禮，來維護社會的等級制度，使「君君、臣臣、父父、子子。」皆能名定而實辨，道行而志通，有益於天下的太平與統一。次言富國，富國之道，在節用裕民、節用以禮，則倉廩實而府庫滿；裕民以政，則進賢而得民。再言彊國，應以王道治國，國君應隆禮尊賢，教民禮義。言議兵，兵以仁義為本，故行王者之政，以禮義教化齊一人民，則無敵於天下；言王霸，則取相為稱王之關

---

[9]　王先謙：《荀子集解・天論》卷11第17，頁205。

鍵，賢相隆禮明分，興利除害。而得天下；而君之道，首在修己明禮，二在愛民，三在量能而授官，任賢相以治國；為臣之道，國君任用聖臣，聖臣諍諫而輔弼其君，務求利國利民；談王制，即聖王之制，以禮仁義威四者治天下，上以飾賢良，官吏各司其職，下以養百姓而安樂之。言致士，即真誠用賢，使國家政治清明而不亂。這是人在天的覆蔭下達到安身立命之道，也是表明宇宙本體天道與人文道德人道的「合一」，是天人之分下的「合」，合中亦有分，在此「天人分合」思想，有其時代意義。

荀子的外王之學（禮義之統），開啟了後代的實踐哲學，心性之學更是奠定宋明程朱理學與陸王心學之基礎。尤其王陽明「良知」論與「知行合一」說，更是心體的實踐論，人本著良知行事，便是「天理」。綜觀荀子思想對儒家最突出之貢獻，最主要是用法治精神來補充孔孟思想之不足，主張性惡論，認為人的性惡沒有凡聖之別，應以「禮樂教化」來實現，通過禮義之道的薰陶，國家社會就會達到正理平治；其次是明分思想的傳承與開拓，孔孟「心性天的道德義」轉變成「道家的自然虛靜義」，這是孔孟思想的歧出，亦是道家思想的開創。僅管如此，荀子政治哲學思想皆是以「治」的達成，作為「天人統合」的目標。從個人心性論而言，由分而有別，社會方面，由分而有治，分工、有等級，社會多元，人生才會精彩。

荀學因注重外王之學，屬於經驗現實主義，凡事重客觀存在，以禮義為依歸，從而維繫社會的整合，有效確保社會的安定，然而荀子所云之心，至始至終，皆非道德之心；善亦非性分中之物，也非由情而出，從道德形而上觀點而言，不免有所缺陷，百姓因受限於規範制度的制約，易受聖王所操控，國家易走向極權統治思想。但是荀子積極進取的人生觀，卻值得後人學習。而孔孟哲學偏內聖之學，依孔孟之學說，固然可以加強自身的道德修養，彰顯個人道德良知，但是難以掌控實現人的道德本性，無法確保人之必然為善的行為。因此孔孟之學與荀學不乏有許多相異之處，但仍可互為補充，作為個人修身養性或上位者治理社會國家之借鏡。儘管如此，孔孟荀對人性的本質及其內容雖有不同的看法，但是對於「人性根於天」的觀念卻是一致的，天性成就了人性，天能化生萬物，聖人之道與

天地之道相通，人與天地並立為三（參），這是儒學天人合一的中心觀念，更是荀學「天人分合」思想之最高境界。

參考文獻

一、古籍（依朝代先後排序）

〔漢〕司馬遷：《史記》（臺北：鼎文書局，1993.02）。

〔漢〕王逸：《楚辭章句》（臺北：藝文印書館，2010.09）。

〔魏〕王弼注：《老子道德經》（臺北：文史哲出版社，2014.07）。

〔唐〕劉禹錫：《劉禹錫集》（北京：中華書局，2000.12）。

〔唐〕柳宗元：《柳河東全集》（臺北：河洛圖書出版社，1974.12）。

〔宋〕王安石：《王臨川全集》（臺北：世界書局，2015.03）。

〔宋〕蘇軾：《蘇軾文集》（北京：中華書局，2008.07）。

〔宋〕程頤、程顥：《二程集》（臺北：里仁書局，1982.03）

〔宋〕朱熹：《四書章句集注》（臺北：國立臺灣大學出版中心，2016.06）。

〔宋〕朱熹：《周易本義》（臺南：翰巨出版社，1984.09）。

〔宋〕洪興祖：《楚辭補注》（臺北：大安出版社，2009.01）。

〔明〕王廷相：《王廷相集》（北京：中華書局，1989）。

〔清〕戴震：《孟子字義疏證》（北京：中華書局，2020.09）。

〔清〕阮元校勘：《十三經注疏》（臺北：藝文印書館，2011.12）。

〔清〕紀昀等：《景印文淵閣四庫全書》（臺北：商務印書館，1773）。

〔清〕王先謙：《荀子集解》（臺北：世界書局，2003.10）。

〔清〕孫詒讓：孫啟治點校《墨子閒詁》全二冊，（北京：中華書局，2001.04）。

〔清〕章太炎：《章太炎全集》（上海：上海人民出版社，2014.04）。

二、專書（依姓氏筆畫排序）

王邦雄、成溢岑、高柏園、楊祖漢：《中國哲學史》（臺北：國立空中大學，1928.01）。

王邦雄、曾昭旭、楊祖漢：《孟子義理疏解》（臺北：鵝湖出版社，2018.04）。

王邦雄、曾昭旭、楊祖漢：《論語義理疏解》（臺北：鵝湖出版社，2018.04）。

王慶光：《荀子與黃老道家異趨之研究》（臺北：文史哲出版社，1996.08）

王邦雄：《老子道德經的現代解讀》（臺北：遠流出版公司，2018.01.16）。

王凱：《老子道德經釋解》（北京：人民出版社，2012.12）。

王曰美：《儒家政治思想研究》14卷，20世紀儒學研究大系，總21卷，（北京：中華書局，2003）。

王曰美：《孔子研究》第1卷，20世紀儒學研究大系，總21卷，（北京：中華書局，2003）。

王鈞林：《中國儒學史》全七冊，（廣州：廣東教育出版社，1998）。

王叔岷：《莊學管窺》（臺北：藝文印書館，1978）。

王志躍：《先秦儒學史概論》（臺北：文津出版社，1994.10）。

王祥齡：《中國古代崇祖敬天思想》（臺北：臺灣學生書局，1994.09）。

王祥齡：《荀子的超越性思維》（臺北：五南圖書公司，2005.08）。

王清祥：《老子河上公注之研究》（臺北：新文豐出版公司，1994.09）。

王讚源：《中國法家哲學》（臺北：東大圖書公司，1989.02）。

方介：《韓柳新論》（臺北：臺灣學生書局，1999.03）。

牟宗三：《中國哲學的特質》（臺北：學生書局，1997）。

牟宗三：《中國哲學十九講》（臺北：學生書局，1997）。

安德明：《天人之際的非常對話》（北京：中國社會科學出版社，2003.04）。

伍振勳：《荀子正名釋義》（北京：大北京學古文獻研究中心集刊第九
　　輯，2010）。

朱哲：《先秦道家哲學研究》（上海：上海人民出版社，2000.09）。

朱曉鵬：《老子哲學研究》（北京：商務印書館，2009.12）。

朱維煥：《歷代聖哲所講論之心學述要》（臺北：臺灣學生書局，2001.07）。

成中英：《合外內之道：儒家哲學論》（新北：康德出版社，2005.11）。

匡業明：《柳宗元評傳》（江蘇：南京大學出版社，1998.12）。

匡業明：《韓愈評傳》（江蘇：南京大學出版社，1998.12）。

李威熊等：《經學理學名家粹集》（臺北：孔孟學會，2019.12）。

李申：《中國儒教史》上下卷，（濟南：山東教育出版社，2000.02）。

李申：《天人合一說》（北京：國家圖書館出版社，2013.12）。

李申：《上帝──儒教的至上神》（臺北：東大圖書公司，2004.04）。

李杜：《中西哲學思想中的天道與上帝》（臺北：聯經出版社，
　　1985.04）。

李哲賢：《荀子名學析論》（臺北：文津出版社，2005.10）。

李哲賢：《荀子之核心思想─禮義之統及其時代意義》（臺北：文津出版
　　社，1994.08）。

李滌生：《荀子集釋》（臺北：臺灣學生書局，1981.10）。

李雄揮：《孔子哲學之研究》（高雄：復文圖書公司，1986.05）。

李中生：《荀子校詁叢稿》（廣東：廣東高等教育出版社，2001.01）。

李明輝：《儒家思想的現代詮釋》（臺北：中央研究院中國文哲研究所籌
　　備處，1997.10）。

李漁叔：《墨子今註今譯》（臺北：臺灣商務印書館，1988.04）。

何敬羣：《莊子義繹》（臺北：正生書局，1971.04）。

何淑靜：《荀子再探》（臺北：學生書局，2014.03）。

佐藤將之：《荀子禮治思想的淵源與戰國諸子之研究》（臺北：國立臺灣
　　大學出版中心，2013.12）。

佐藤將之：《參於天地之治──荀子禮治思想的起源與構造》（臺北：國

立臺灣大學出版中心，2016.09）。

佐藤將之：《荀學與荀子思想研究：評析・前景・構想》（臺北：萬卷樓
　　圖書公司，2015.12）。

吳康：《孔孟荀哲學》上下冊，（臺北：臺灣商務印書館，1977.02）。

吳康等著：《孟子思想研究論集》（臺北：黎明文化事業公司，1982.02）。

吳怡：《中庸誠的哲學》（臺北：東大圖書，1993.10）。

吳復生：《荀子思想新探》（臺北：文史哲出版社，1998.09）。

吳文璋：《荀子「樂論」之研究》（臺南：宏大出版社，1992.01）。

吳汝鈞：《儒家哲學》（臺北：臺灣商務印書館，1995.12）。

周羣振：《荀子思想研究》（臺北：文津出版社，1987.04）。

周紹賢：《荀子要義》（臺北：臺灣中華書局，2015.07）。

林希逸：《莊子口義》（臺北：臺灣商務印書館，1983）。

邱鎮京：《論語思想體系》（臺北：文津出版社，1981.07）。

東方朔：《合理性之尋求：荀子思想研究論集》（臺北：國立臺灣大學出
　　版中心，2011.06）。

南懷瑾：《易經繫傳別講》上下傳二冊，（臺北：老古文化事業股份有限
　　公司，2001.08）。

韋政通：《中國思想史》（臺北：水牛出版社，1993）。

韋政通：《荀子與古代哲學》（臺北：臺灣商務印書館，1997）。

韋政通：《先秦七大哲學家》（臺北：水牛出版社，2005.11）。

梁韋弦：《孟子研究》（臺北：文津出版社，1993.07）。

胡毓寰：《孟子本義》（臺北：正中書局，1982.05）。

胡元玲：《張載易學與道學》（臺北：臺灣學生書局，2004.08）。

胡適：《中國古代哲學史》（臺北：五南圖書公司，2013.05）。

侯外盧、趙紀彬、杜國庠：《中國思想通史》五卷，（北京：人民出版
　　社，1956.08）。

姜國柱：《中國歷代思想史（先秦卷）》（臺北：文津出版社，1993.12）。

馬積高：《荀學源流》（上海：上海古籍出版社，2009.09）。

袁宙宗：《莊子學說體系闡微》（臺北：黎明文化事業公司，1977.06）。

袁保新：《從海德格、老子、孟子到當代新儒學》（臺北：臺灣學生書局，2008.10）。

袁信愛：《人學省思》（臺北：文史哲出版社，2005.06）。

孫叔平：《中國哲學史稿》（上海：新華書店，2000.12）。

徐復觀：《中國人性論史》（臺北：臺灣商務印書館，2018.12）。

徐復觀：《兩漢思想史》卷一～卷三，（臺北：臺灣學生書局，2015.09）。

徐平章：《荀子與兩漢儒學》（臺北：文津出版社，1988.02）。

高正：《荀子版本源流考》（北京：社會科學出版社，1992）。

高柏園：《莊子內七篇思想研究》（臺北：文津出版社，1992.04）。

陳政揚：《明清《正蒙》思想詮釋研究：以理氣心性論為中心》（臺北：2017.10）。

陳飛龍：《荀子禮學之研究》（臺北：文史哲出版社，1989.04）。

陳光連：《荀子分義研究》（南京：東南大學出版社，2013.12）。

陳大齊等著：《孔子思想研究論集》一、二冊，（臺北：黎明文化事業公司，1983.01）。

陳訓章：《孟子管窺》（臺北：黎明文化事業公司，1984.02）。

陳鼓應：《老子今註今釋》（臺北：臺灣商務印書館，1994）。

陳鼓應：《莊子今註今釋》（臺北：臺灣商務印書館，2005.10 ）。

陳鼓應：《老子註譯及評介》（臺北：中華書局，2009.02）。

陳德和主編、王邦雄等著：《當代新儒學的關懷與超越》（臺北：文津出版社，1997.12）。

陳正雄：《荀子政治思想研究》（新北：文津出版社，1980.08）。

陳玉林：《中國學術通史（先秦卷）》（北京：人民出版社，2004.12）。

陳來：《古代思想文化的世界》（臺北：允晨文化實業有限公司，2006.01.10）。

崔大華：《儒學引論》（北京：人民出版社，2001.09）。

梁韋弦：《孟子研究》（臺北：文津出版社，1993.07）。

郭慶藩：《莊子集釋》（臺北：商周出版社，2018.01）。

曾春海：《中國哲學史綱》（臺北：五南圖書出版公司，2012.08）。

曾振宇：《中國氣論哲學研究》（山東：山東大學出版社，2003.01）。

葉海煙：《莊子的生命哲學》（臺北：東大圖書，1993.10.）。

張豈之：《中國學術思想編年》〈秦漢卷〉，（西安：陝西師範大學出版社，2005.01）。

張秋升：《天人糾葛與歷史運演——西漢儒家歷史觀之現代詮釋》（濟南：齊魯書屋，2005.07）。

張立文：《氣》（臺北：臺灣學生書局，1990.12）。

張立文：《天》（臺北：七略出版社，1996.11）。

張立文：《心》（臺北：七略出版社，1996.11）。

張立文：《性》（臺北：七略出版社，1996.11）。

張立文：《變》（臺北：七略出版社，1996.11）。

張立文：《道》（臺北：漢興書局有限公司，1994.05）。

張岱年：《中國哲學史史料學》（北京：中華書局，2018.09）。

張曙光：《外王之學——荀子與中國文化》（河南：河南大學出版社，1995.06）。

黃懷信、李景明：《儒家文獻研究》（濟南：齊魯書屋，2004.12）。

黃開國、唐赤蓉：《諸子百家興起的前奏——春秋時期的思想文化》（成都：四川出版集團巴蜀書社，2004.11）。

黃公偉：《孔孟荀哲學》（臺北：幼獅文化公司，1975.01）。

黃釗：《帛書老子校注析》（臺北：臺灣學生書局，1999.09）。

勞思光：《新編中國哲學史》一、二、三上下，（臺北：三民書局，2012.06）。

馮友蘭：《中國哲學史新編》（臺北：藍燈文化事業公司，1991）。

馮友蘭：《中國哲學史》（臺北：臺灣商務印書館，2015.11）。

程發軔等著：《儒家思想研究論集》一、二冊，（臺北：黎明文化事業公司，1983.05）。

傅佩榮：《儒家哲學新論》（臺北：業強出版社，1993）。

傅佩榮：《儒道天論發微》（臺北：學生書局，1985.10）。

傅佩榮：《一本就通西方哲學史》（臺北：聯經出版事業股份有限公司，
　　　　2011.04）。

曾暐傑：《性惡論的誕生——荀子「經濟人」視域下的孟學批判與儒學回
　　　　歸》（臺北：萬卷樓圖書公司，2019.06）。

賀榮一：《孟子之王道主義》（北京：北京大學出版社，1993.07）。

楊春梅：《儒家文化思想研究》，總 21 卷，20 世紀儒學研究大系 20 卷，
　　　　（北京：中華書局，2003）。

楊慧傑：《天人關係論》（臺北：水牛出版社，1994.08）。

楊亮功等：《四書今註今譯》（臺北：臺灣商務印書館，1984.07）。

楊柳橋：《荀子詁譯》（臺北：仰哲出版社，1987.09）。

楊儒賓、祝平次：《儒學的氣論與功夫論》（臺北：臺灣大學出版社，
　　　　2012.05）。

楊伯竣：《孟子譯注》（北京：中華書局，1962.11）。

塗可國、劉廷善：《荀子思想研究》（濟南：齊魯書屋，2015.06）。

熊公哲：《荀子今注今譯》（臺北：臺灣商務印書館，1984.07）。

熊公哲：《荀卿學案》（臺北：臺灣商務印書館，1984.07）。

蒙培元：《中國心性論》（臺北：學生書局，1990）。

蔡仁厚：《儒家心性之學論要》（臺北：文津出版社，1990）。

蔡仁厚：《孔孟荀哲學》（臺北：臺灣學生書局，1984.12）。

蔡仁厚：《中國哲學史》上下，（臺北：臺灣學生書局，2011.09）。

蔡錦昌：《從中國古代思考方式論較荀子思想之本色》（臺北：1989.03）。

廖名春：《荀子新探》（北京：中國人民大學出版社，2014.06）。

蒙培元：《中國心性論》（臺北：臺灣學生書局，1990.04）。

劉蔚華、趙宗正：《中國儒家學術思想史》（濟南：山東教育出版社，
　　　　1996.12）。

劉瀚平：《儒家心性與天道》（臺北：商鼎文化出版社。1996.12.31）。

劉文起：《荀子成聖成治思想研究》（高雄市：復文圖書出版社，1983.04）。

鮑國順：《荀子學說新論》（臺北：華正書局，1982）。

錢穆：《中國思想史》（臺北：臺灣學生書局，1995.08）。

錢穆：《墨子、惠施公孫龍》（北京：九州出版社，2016.09）。

儲昭華：《明分之道——從荀子看儒家文化與民主政道融通的可能性》（北京：商務印書館，2007.07）。

龍宇純：《荀子論集》（臺北：臺灣學生書局，1987.04）。

魏元珪：《孟荀道德哲學》（臺北：谷風出版社，1987.05）。

魏元珪：《荀子哲學思想》（臺北：谷風出版社，1987.12）。

羅光：《中國哲學思想史》（臺北：學生書局，1984）。

譚宇權：《孟子學術思想評論》（臺北：文津出版社，1995.02）。

三、期刊論文（依姓氏筆畫排序）

王祥齡：〈釋論荀子人定勝天「勝」義思想之開展〉（臺北：孔孟學報，第 83 期，2017.09）。

孔德成：〈荀子的禮學〉（臺北：孔孟月刊，第 24 卷，第 12 期，1971.04）。

李哲賢：〈荀子禮論之特質研究〉（臺北：哲學與文化，第 21 卷第 12 期，1994.12）。

李宜錦：〈荀子人性論分析〉（臺北：孔孟月刊，第 56 卷第 11、12 期，2018.08）。

宋志明：〈荀子的禮學、人學與天學——兼論荀孟異同〉（北京：東岳論叢，第 30 卷第 1 期，2009.01）。

金春燕：〈《尚書》中的天人思想〉（臺北：孔孟月刊，第 55 卷第 1、2 期，2016.10）。

金春燕：〈荀子詩教之探微〉（臺北：孔孟月刊，第 56 卷第 3、4 期，2017.12）。

金春燕：〈柳宗元天人思想——在荀學理路下之承變〉（臺北：孔孟月刊，第 56 卷第 3、4 期，2020.08）。

吳康：〈荀子論禮樂〉（臺北：孔孟學報，第 20 期，1967.04）。

吳康：〈荀子哲學思想〉（臺北：孔孟學報，第 22 期，1968.04）。

吳康：〈荀子論王霸〉（臺北：孔孟學報，第 22 期，1971.09）。

陳大齊：〈荀子所說的義〉（臺北：孔孟學報，第 21 期，1971.04）。

陳堅：〈荀子性惡再探析〉（山東：江南學院，第 16 卷的 1 期，2001.03）。

陳良武：〈出土文獻與《荀子·成相》〉（福建：長安大學學報，第 10 卷第 3 期，2008.09）。

陳葉新：〈「是天人分合」還是「天人合一」──《荀子》天人關係再考察〉（上海：交通大學學報，第 14 卷總 51 期）。

陳光連：〈荀子生命觀探析──兼論對孔子、老莊的批判融通〉（安徽：〈道德與文明〉，2008 年第 1 期，頁 60）。

周紹賢：〈荀子議兵〉（臺北：哲學與文化，第 15 卷第 4 期，1988.04）。

周德良：〈荀子心偽論之詮釋與重建〉（臺北：臺北大學中文學報，第 4 期，2008.03）。

周天令：〈荀子隆禮義而殺詩書義疏〉（臺北：孔孟月刊，第 26 卷第 1 期，1988.04）。

施銘燦：〈荀子欲望論〉（臺北：哲學與文化，第 17 卷第 1 期，1990.01）。

夏春梅：〈勸學篇在荀子內聖架構中之地位〉（臺北：孔孟月刊，第 55 卷第 3、4 期，2016.12）。

侯婉如：〈荀子之認識論〉（臺北：孔孟月刊，第 34 卷第 11 期，1996.05）。

孫旭鵬：〈荀子天人觀新論──政治哲學的視角〉（江蘇：北方論叢第 1 期，2016.01）。

許慧如：〈先秦儒家對商周時期「天人思想」之繼承與創新〉（臺北：有鳳初鳴年刊，2015.10）。

鄧秀屏：〈荀子性惡論的批判〉（臺北：孔孟月刊，第 26 卷第 11 期，

1989.03）。

馮耀銘：〈荀子的正名思想〉（臺北：哲學與文化，第 16 卷第 4 期，
　　1989.04）。

蔡仁厚：〈荀子的認識心及其義用〉（臺北：孔孟學報，第 26 期，
　　1973.09）。

簡淑慧：〈分的起源及其在荀子思想系統中的地位〉（臺北：孔孟月刊，
　　第 29 卷第 5 期，1991.09）。

楊素珍：〈荀子禮論與其政治思想的關聯〉（臺北：孔孟月刊，第 34 卷第
　　2 期，1995.05）。

楊秀宮：〈荀子倡議「不求知天」的意義與價值——轉向「統類」思維的
　　研究〉（邯鄲學院學報，第 25 卷第 3 期，2015.09）。

潘小慧：〈荀子的解蔽心〉（臺北：哲學與文化，第 25 卷第 6 期，
　　1998.06）。

鮑國順：〈論荀子善從何來與價值根源的問題〉（臺北：孔孟學報，第 62
　　期，1998.09）。

韓德民：〈荀子性惡論的哲學透視〉（臺北：孔孟學報，第 76 期，
　　2010.09）。

張德蘇：〈荀子的「法後王」與儒學的走向政治〉（山東：管子學刊，
　　2005）。

張亨：〈荀子法後王解〉（臺北：孔孟月刊，第 1 卷第 3 期，1962.07）。

張蕾：〈《荀子・成相》的文學價值〉（江西：安徽學院學報，第 23 卷第
　　1 期，2011.02）。

劉又銘：〈合中有分——荀子、董仲舒天人關係論新詮〉（臺北：臺北大
　　學中文學報第二期，2007.01）。

劉昱：〈從孟荀心性論異同看尋子的社會建構〉（山東：長江大學學報
　　（社會科學版），第 34 卷第 12 期，2011.12）。

儲昭華：〈關於荀子思想特徵與地位的再認識〉（河北學刊・哲學天地，
　　第 5 期，2012）。

四、學位論文（依時間先後排序）

劉文起：《荀子正補》，國立臺灣師範大學／中國文學研究所博士論文，
　　　1979 年。

劉騰昇：《荀子思想研究》，中國文化大學／哲學研究所博士論文，1987
　　　年。

張靜如：《荀子思想中的人、社會與政治》，政治作戰學校／政治研究所
　　　博士論文，1993 年。

柳熙星：《荀子哲學的秩序性建構及其困境》，東海大學／哲學系博士論
　　　文，1998 年。

伍振勳：《荀子「天生人成」思想的意義新探》，國立清華大學／中國文
　　　學系博士論文，2004 年。

王靈康：《荀子哲學的反思，以人觀為核心的探討》，國立政治大學／哲
　　　學研究所博士論文，2007 年。

陳禮彰：《荀子人性論及其實踐研究》，國立臺灣師範大學／國文學系博
　　　士論文，2008 年。

洪巳軒：《《荀子》知識理論之建構與分析》，國立臺灣大學／哲學研究
　　　所博士論文，2010 年。

夏春梅：《內聖與外王——荀子的人文化成之道》，輔仁大學／中國文學
　　　系博士論文，2013 年。

陳景黼：《從假物到自得——《荀子》由禮見理的學習向度》，國立清華
　　　大學／中國文學系博士論文，2013 年。

李欣霖：《荀子生命教育思想研究》，逢甲大學／中國文學系博士論文，
　　　2015 年。

張胤賢：《齊、魯視野下之荀子思想研究——以「禮義源頭」、「稷下學
　　　風與光明思想」為中心》，國立清華大學／中國文學系博士論文。
　　　2016 年。

曾暐傑：《孟子之後——荀子「倫理經濟學」的建構及其儒學回歸》，國

立政治大學／中國文學系博士論文，2016 年。

王淑理：《荀子之政治哲學與其人性論研究》，國立中山大學／中國文學系/研究所博士論文，2016 年。

范家榮：《先秦儒家論「情」思想之研究——以《論語》、〈性自命出〉、《孟子》、《荀子》為核心家榮》，輔仁大學／哲學系博士論文，2018 年。

葉冰心：《荀子的人觀——以社羣倫理為核心的探究》，中國文化大學／哲學系博士論文，2019 年。

國家圖書館出版品預行編目(CIP) 資料

荀子天人分合之哲學思想/金春燕著. -- 初版. --
　臺北市 : 元華文創股份有限公司, 2021.11
　面 ；　公分

　ISBN 978-957-711-226-2 (平裝)

　1.(周)荀況　2.荀子　3.研究考訂　4.學術思想

121.277　　　　　　　　　　　　　　110011977

荀子天人分合之哲學思想

金春燕　著

發 行 人：賴洋助
出 版 者：元華文創股份有限公司
聯絡地址：100 臺北市中正區重慶南路二段 51 號 5 樓
公司地址：新竹縣竹北市台元一街 8 號 5 樓之 7
電　　話：(02) 2351-1607　　傳　真：(02) 2351-1549
網　　址：www.eculture.com.tw
E - m a i l：service@eculture.com.tw
主　　編：李欣芳
責任編輯：立欣
行銷業務：林宜葶
出版年月：2021 年 11 月 初版
定　　價：新臺幣 480 元

ISBN：978-957-711-226-2 (平裝)

總經銷：聯合發行股份有限公司
地　址：231 新北市新店區寶橋路 235 巷 6 弄 6 號 4F
電　話：(02)2917-8022　　　　傳　真：(02)2915-6275